Nelles Guides...zeigen wo's lang geht.

LIEFERBARE TITEL

Ägypten
Australien
Bali / Lombok
Berlin mit Potsdam
Bretagne
Florida
Hawaii
Indien Nord
Indien Süd
Indonesien West
  (Sumatra, Java, Bali, Lombok)
Kalifornien
Karibik:
  Große Antillen
  Bermuda, Bahamas
Karibik:
  Kleine Antillen
Kenia
Kreta
Marokko
Mexiko
München und Umgebung
Nepal

Neuseeland
New York und New York State
Paris
Provence
Spanien Nord
Spanien Süd
Thailand
Türkei
Ungarn
Zypern

IN VORBEREITUNG

China
Kambodscha / Laos
Kanada Ost
Malaysia
Moskau / St. Petersburg
Philippinen
Rom

MÜNCHEN und Umgebung
©Nelles Verlag GmbH, 80935 München
  All rights reserved

Erste Auflage 1993
ISBN 3-88618-323-8
Printed in Slovenia

Herausgeber:	Günter Nelles	**Kartographie**:	Nelles Verlag GmbH,
			mit freundl.Genehmigung:
Chefredakteur:	Dr. Heinz Vestner		Freytag & Berndt, Wien
Project Editor:	Peter Herrmann		Städt. Vermessungsamt, München
Redaktion:	Dr. Alex Klubertanz	**Lithos:**	Priegnitz, Gräfelfing
	May Hoff	**Druck:**	Gorenjski Tisk, Kranj

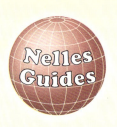

MÜNCHEN

und Umgebung

Erste Ausgabe
1993

INHALTSVERZEICHNIS

GROSSRAUM
MÜNCHEN

0   2,5 km

KARTENVERZEICHNIS

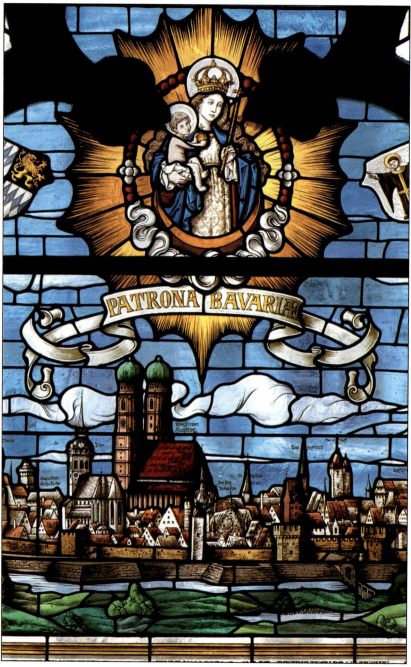

GESCHICHTE UND KULTUR MÜNCHENS

Seit etwa 530 wurde das Gebiet rund um das heutige München von aus dem Osten zuwandernden Bajuwaren besiedelt. Es entstanden überall Siedlungen mit der Endung -ing, wie Sendling, Pasing und Schwabing, lange bevor von „Munichen" überhaupt die Rede war. Der Name der Stadt München *(Munichen)* deutet ebenso wie das spätere Stadtwappen, das einen Mönch darstellt, auf eine Mönchssiedlung hin. Waren es Benediktiner aus dem 746 gegründeten Kloster am Tegernsee? Oder kamen die Mönche aus dem seit 762 bestehenden Kloster Schäftlarn? Wir wissen es nicht.

Kaiser Friedrich Barbarossa jedenfalls bestätigte 1158 auf dem Reichstag in Augsburg, daß die Isarbrücke sowie das Markt- und Münzrecht bei der über 200 Jahre alten Siedlung „ze den munichen" bleiben sollte. Damit sanktionierte er im nachhinein einen Gewaltstreich des Welfen-Herzogs Heinrich (des Löwen), den er zwei Jahre zuvor selbst zum Herzog von Bayern gemacht hatte. Der Welfen-Herzog hatte nämlich die Isarbrücke und den dazu gehörenden Ort *Feringa* (Oberföhring) niedergebrannt, um dem Freisinger Bischof Otto den Brückenzoll wegzuschnappen. Bei der Mönchssiedlung *Munichen* hatte sich Heinrich der Löwe anschließend eine eigene Brücke über die Isar bauen lassen. Die Salzhändler mußten nun den Brückenzoll für das damals einzige Konservierungsmittel an ihn bezahlen. So wuchs und gedieh die neue Siedlung prächtig. Freilich wurde auf dem Reichstag von 1158 dreist gescha-

Vorherige Seiten: Begrüßung auf Münchner Art. Reges Leben auf dem Marienplatz. Im Biergarten am Chinesischen Turm. Links: Stadtansicht des historischen München mit der „Patrona Bavariae".

chert: Heinrich mußte schließlich ein Drittel der Einnahmen aus dem Brückenzoll an den Bischof von Freising abführen. Das Datum der Reichstagsurkunde gilt seither als offizielles Gründungsdatum der Stadt München.

Nachdem Heinrich der Löwe 1172 ins Heilige Land gepilgert war, forderte jedoch Adalbert, der neue Bischof von Freising, 1180 die Revision des Augsburger Schiedsspruches. Dieses Begehren kam Kaiser Barbarossa sehr gelegen, denn er hatte die süddeutschen und italienischen Gebiete von Welf VI. geerbt. Weil ihm 1176 Heinrich der Löwe die Unterstützung gegen den oberitalienischen Lombardenbund verweigert hatte, führte der Kaiser 1179 in Worms, Magdeburg und Kaina einen Landrechtsprozeß, zu dem Heinrich nicht erschien. Es kam deshalb zu einem lehensrechtlichen Verfahren, in dessen Verlauf Heinrich Sachsen und Bayern genommen wurden. Barbarossa erklärte ihm den Reichskrieg. Auf dem Regensburger Reichstag 1180 widerrief der Kaiser die Rechtmäßigkeit der Verlegung von Markt und Brücke nach München. Ein Zerstörungsurteil wurde über die Stadt gefällt, aber nicht vollzogen – München war bereits zu bedeutend geworden. Neuer Stadtherr aber wurde der Freisinger Bischof. Heinrich fiel in Reichsacht und flüchtete nach England. Mit dem Herzogtum Bayern wurde nun der Pfalzgraf Otto von Wittelinespach (Wittelsbach) belehnt.

München wird Residenz

In den folgenden Jahren entwickelte sich München stetig aufwärts. Nach den Chronikberichten lieferten Münchner Kaufleute seit 1190 Tuche nach Kloster Schäftlarn. 1208 wurde das erste Münchner Krankenhaus, das Heiliggeistspital, gegründet. Zwei Jahre danach errichtete man die erste Synagoge. Ab 1213 gab es am anderen Isarufer ein Lepra-Krankenhaus, St. Nikolai. Im Folgejahr tauchte

erstmals die Bezeichnung „Stadt" auf. Diese *civitas* hieß *Munichen, Muenichen* oder auch *Muoenechen,* je nach Urkunde. 1221 kam es zum ersten der zahlreichen Stadtbrände, da die meisten Häuser damals noch aus Holz gebaut waren.

Ludwig der Strenge wurde 1255 der erste Wittelsbacher Herzog, der München zu seiner Residenzstadt machte. Er erbaute den Alten Hof für sich als Hofburg. An der „Salzstraße" ließ er vor dem Talbrucktor außerhalb der Stadt einfache Herbergen für die Fuhrmänner bauen. Noch heute stehen deshalb hier viele Wirtshäuser. Da wegen der in München ganzjährig vorherrschenden Westwinde alle übelriechenden Gewerbe (wie etwa Gerbereien) in den Osten vor den Ring der Stadtmauer verbannt wurden, waren diese Fuhrmannsquartiere ziemlich billig. Damals stieg die Einwohnerzahl beträchtlich an. Eine allgemeine Steuergesetzgebung wurde eingeführt und ein Stadtrat (Rat der Zwölf) von den reichen Patriziern gebildet. Es kam aber auch zu wachsenden sozialen Spannungen mit der armen Bevölkerung, die sich in einer Revolte entluden. Ihr Anlaß war die zunehmende Münzverschlechterung. Nach dem Sturm auf die Münze am Marktplatz verlegte man sie deshalb in die sichere Nähe des Alten Hofes.

Wie überall in Europa, wurden auch in München im Mittelalter Juden verfolgt. Ihnen gab man die Schuld am Ausbruch von Pestilenzen und Feuersbrünsten. In Wirklichkeit war man auf ihren Reichtum neidisch, viele Bürger waren bei den Juden verschuldet. Sie allein hatten nämlich die Erlaubnis, Geld gegen Zins zu verleihen. 1285 ermordete man 180 Juden wegen eines angeblichen Ritualmordes und zerstörte die Judengasse.

München wird Kaiserstadt

Der bayerische Herzog Ludwig IV. (der Bayer) wurde 1314 von den deut-

Oben: Heinrich der Löwe gibt Anweisungen für den Aufbau Münchens. Rechts: Mittelalterliche Idylle im Alten Hof.

schen Fürsten zum König gewählt, 1328 erhielt er in Rom die Kaiserkrone. München wurde in dieser Zeit zum Zentrum des Heiligen Römischen Reiches Deutscher Nation. Es erhielt die Reichsfarben schwarz-gold und führt sie bis auf den heutigen Tag im Stadtwappen.

Ludwig der Bayer war 53 Jahre lang Herzog von Bayern, in dieser Zeit aber selten in München. Die Reichsinsignien Krone, Reichsapfel, Heilige Lanze, Zepter, Königsmantel, Zeremonien-, Reichs- und Mauritiusschwert wurden damals in der Kapelle des Alten Hofes in München aufbewahrt. München verdankt Ludwig dem Bayern viel. Er erweiterte die zu eng gewordenen Stadtmauern, sanierte marode Stadtviertel und verschaffte durch eine Goldene Bulle den Bürgern das süddeutsche Salzhandelsmonopol. Die bedeutendsten Geister der Zeit hielten sich während seiner Regierungszeit in München auf: Marsilius von Padua, Wilhelm von Occam, Michael von Cesena, Bonagratia von Bergamo, Heinrich von Talheim und Heinrich der Preisinger. Die

Stadt entwickelte sich durch sie zu einem Mittelpunkt europäischer Geisteskultur.

Ein weiterer großer Brand wütete 1327 in der Stadt. Die mit Schilf oder Holzschindeln gedeckten Holzhäuser brannten wie Stroh. Ein Drittel der Stadt wurde ein Raub der Flammen. Ludwig der Bayer erließ daraufhin eine Bauordnung: Die Straßen mußten verbreitert werden, Neubauten sollten aus Stein errichtet und mit Ziegeln gedeckt werden. Leider hielten sich die Bürger zuwenig an diese Bauordnung, und deshalb kam es ständig zu neuen Stadtbränden.

Pest und Revolution

Als in den Jahren nach 1348 die Pest in ganz Europa wütete, wurde auch München vom Schwarzen Tod heimgesucht. Vermutlich wurde die Seuche mit Waren aus dem Süden eingeschleppt. 1349 brach die Pest zum ersten Mal aus. Bis 1680, dem letzten Pestjahr, traten insgesamt 25 Epidemien auf. Der Rat der Stadt versuchte verzweifelt, hygienische Vor-

15

schriften durchzusetzen, die Straßen sauber zu halten und Abwässer in den Stadtbach zu leiten. Der Handel kam wegen der Pest immer wieder zum Erliegen, Märkte durften nicht mehr abgehalten werden. Die Stadttore wurden streng bewacht, um zu verhindern, daß Menschen aus pestbefallenen Orten in die Stadt kämen. Machtlos dem Sterben ausgesetzt, von hilflosen Ärzten betreut, wandten sich die Bürger an Gott. Man unternahm große Wallfahrten, oft zu Tausenden. Die bevorzugten Ziele waren der Berg von Andechs, Freising und Ebersberg. Die Schäffler (Faßmacher) tanzten erstmals 1517 ihren berühmten Schäfflertanz und gelobten, ihn alle sieben Jahre zu wiederholen, was sie bis zum heutigen Tage auch gehalten haben.

Das religiöse Leben des Spätmittelalters war bunter als man heute denkt. Der Mönch Jakob Dachauer fand in Andechs

Oben: Seit 1517 führen die Schäffler ihren Tanz auf. Rechts: Agnes Bernauer wird als angebliche Hexe in die Donau gestürzt.

Reliquien (Teile der Dornenkrone Christi und Wunderhostien). Herzog Stefan III. konnte daraufhin Papst Bonifaz IX. überreden, 1392 das „Münchner Gnadenjahr" zu erlassen. Wer damals nach München pilgerte, erhielt einen vollständigen Ablaß, als hätte er eine Romfahrt unternommen. Das Ganze war ein Riesengeschäft. An manchen Tagen kamen über 40.000 Besucher nach München, fast unglaublich bei einer Bevölkerung von damals nur 11.000 Einwohnern. Kaufleute und Gaukler eilten von überall herbei, um vom Geld der Vielen, die sündenfrei in den Himmel wollten, zu profitieren.

Die Wende vom 14. zum 15. Jh. verlief in München politisch sehr unruhig. In den Jahren 1397 bis 1403 wollten sich die Bürger von der Bevormundung durch die Patrizierfamilien befreien. Die Wortführer waren Zunfthandwerker, die mehr Einfluß wollten und das Volk hinter sich brachten. Man besetzte das Rathaus, Bürgermeister Jörg Kazmair mußte abdanken und die Adligen wurden in das Gefängnis, den sogenannten „Armesünder-

Turm", geworfen. Die Revolution gelang, die Aufständischen gründeten den „Großen Rat der Dreihundert" und erklärten den Herzögen die Fehde. Fürstentreue wurden geköpft, zu dieser Zeit wurde in München erstmals gefoltert.

Bis 1403 übten die Handwerker in der Stadt die Macht aus. Daraufhin belagerten die Herzöge Wilhelm III. und Ernst die Stadt, brannten die Vorstädte nieder und gruben den Münchnern buchstäblich das Wasser ab. Am 1. Juni 1403 ritt Herzog Ernst mit dem vertriebenen Bürgermeister Kazmair triumphal in die Stadt ein. Die Patrizierfamilien kehrten zurück. Trotzdem war die Revolution nicht folgenlos: Durch den sogenannten „Wahlbrief", einer Art Verfassung, wurde das städtische Gemeinwesen neu geordnet: Dem „gemeinen Mann" und den Handwerkszünften wurden mehr Mitspracherechte eingeräumt.

Die große Zeit der Händler

Von 1403 bis 1433 lag die Münchner Bürgerschaft in ständiger Fehde mit den Raubrittern. München stieg trotzdem zu einer der führenden Handelsstädte neben Augsburg und Nürnberg auf. Erhaltene Handelsbücher zeigen den Warenreichtum der Stadt, die zum Knotenpunkt zwischen Süd und Nord wurde. Waren aus dem Orient wurden aus Venedig, der bedeutendsten Kaufmannsstadt der europäischen Welt, bezogen: Gold, Silber, Korallen, Juwelen, Gewürze, exotische Früchte – und selbstverständlich Weine. Tuche wurden in Flandern eingekauft, von der Münchner „Gewandindustrie" weiterverarbeitet und über Wien in den Osten verkauft.

Neben dem weltoffenen Unternehmungsgeist der Händler und Patrizier gediehen aber auch Hexenwahn und Aberglauben. Herzog Albrecht III. hatte sich 1432 heimlich mit der Augsburger Baderstochter Agnes Bernauer vermählt. Ihr Schwiegervater Herzog Ernst ließ sie

deshalb als Hexe verfolgen und am 12. Oktober 1435 bei Straubing in der Donau ertränken. Im Jahre 1442 kam es zu einer erneuten Judenaustreibung, nach der die Synagoge in der Gruftstraße von Johann Hartlieb zur Kirche umgebaut wurde.

Man lebte gern auf großem Fuße – 819 Dienstherren beschäftigten 1454 Dienstboten. Auf der Jakobi-Dult (Jahrmarkt) wurde Münchens erstes Pferderennen abgehalten. 1456 kam es zum ersten Preisschießen für Feuerschützen. Unmerklich war damit eine neue Zeit angebrochen, erst acht Jahre zuvor hatten die „fortschrittlichen" Stadtväter die ersten Musketen angeschafft.

Der große Reichtum wollte nicht nur verteidigt, sondern auch gezeigt werden, und so wurde die riesige Frauenkirche gebaut. Herzog Sigmund legte 1468 den Grundstein, der Baumeister war Jörg von Halspach, gen. Ganghofer. Noch heute erzählt man den Besuchern des spätgotischen Monumentalbaus vom angeblichen Fußabdruck des Teufels, den man im Boden sehen kann. Der Sage nach besichtig-

mals noch für Ehemänner, Geistliche und Juden der Eintritt verboten.

Die Herzöge verändern München

Im Jahr 1505 wurde München zur alleinigen Residenzstadt von Ober- und Niederbayern. Zwei Jahre später erließ Herzog Albrecht IV., der Weise, das Primogenitur-Gesetz, demzufolge der älteste Erbe die Herrschaft erlangte. Somit wurden weitere Erbteilungen verhindert. Die Hauptstadt des Herzogtums Bayern hatte damals 13.500 Einwohner.

Albrecht der Weise schätzte üppige Mahlzeiten und ließ die ersten bayerischen Golddukaten prägen. Zu seiner Beerdigung 1508 wurde ein Glanzstück der üppigen Prachtentfaltung der Renaissance aufgeführt: Es handelte sich um ein noch nie gesehenes Schaumahl mit 23 Gängen, von denen jeder eine Illustration zur Bibel darstellte. Der erste Gang zeigte natürlich das Paradies mit Adam, Eva und Schlange; der letzte war ein großer Kuchen, aus dem sich zur allgemeinen Verblüffung lebendige Vögel in die Lüfte schwangen.

Fast ein halbes Jahrhundert regierte Wilhelm IV., von 1508 – 1550. Anfangs sympathisierte er noch mit dem neuen Glauben der Reformatoren. In den Jahren 1519/20 wurden deshalb auch in München die Schriften Luthers gedruckt. Dieser hatte seine Anhängerschaft in Handwerk und Adel der Stadt. Bald erkannte jedoch Wilhelm IV., daß im Gefolge der Glaubensunruhen seine eigene Autorität in Frage gestellt wurde. Damit war seine strikte Entscheidung zugunsten des katholischen Glaubens unumgänglich geworden. 1522 ließ er einen Bäckerknecht wegen Schmähung der Mutter Gottes köpfen und erließ in den Folgejahren drei scharfe Erlasse gegen die lutherischen Lehren. Ihre Anhänger wurden in Gefängnisse geworfen, zu Geldstrafen verurteilt, des Landes verwiesen oder im Extremfall sogar hingerichtet. 1527 ließ er

te der Teufel die neue Kirche und stampfte mit dem Fuß auf vor Freude, daß man – scheinbar – vergessen hatte, Fenster zu bauen. Tatsächlich ist von dieser Stelle aus kein Fenster sichtbar.

Wie später auch, wurde in München nichts so schnell fertig, deshalb erhielt das heutige Münchner Wahrzeichen erst 1524 seine später barockisierten Hauben, eine einzigartige Zusammenstellung, die zwar etwas eigenartig wirkt, aber immerhin den Stadtsäckel schonte. Zu den Sonnwendfeiern wurden auf dem Marktplatz für damalige Zeiten gewagte Tänze aufgeführt. Einen Eindruck der leicht bizarr anmutenden Bewegungen vermitteln die von Erasmus Grasser 1477 für das Rathaus geschnitzten Moriskentänzer-Figuren. Ein bald sehr beliebtes Freudenhaus war auf Befehl von Herzog Ernst bereits 1436 im Henkergäßl am Anger eingerichtet worden. Allerdings war da-

Oben: Herzog Wilhelm IV. (1493-1550). Rechts: Stadtansicht von München aus dem Jahr 1586.

einen Pfarrvikar verbrennen und einen Messerschmied enthaupten wegen ihres lutherischen Glaubens.

Während der Renaissance-Zeit mischten sich höchst finstere mit prachtvollen Ereignissen, sowie ersten Zeichen geistigen Fortschritts: 1537 wurde die *Odyssee* erstmalig ins Deutsche übersetzt, 1548 erließ der Herzog eine allgemeine Schulordnung. Abgesehen von diesen verheißungsvollen Anzeichen einer stetig fortschreitenden Geisteskultur gab man sich gern Festen und Genüssen hin. Beim Besuch Kaiser Karls V. in München 1530 wurde ein Kriegsspiel vor der Stadt aufgeführt, auf dem Marktplatz ein Feuerwerk und in der Burggasse das Bühnenstück *Die Geschichte des Königs Kambyses von Persien*.

Auf Herzog Wilhelm IV. folgte Albrecht V., der von 1550 bis 1579 regierte. Seine Herrschaft war von prunkvollen Festlichkeiten und tatkräftiger Förderung der Wissenschaften geprägt. Die Jesuiten gründeten ein Gymnasium, das viel Zulauf erhielt. Neben der Frauenkirche wurde eine Poetenschule eröffnet. Überall in Europa galt die 1566 nach genauen Vermessungen gezeichnete geographische Karte von Bayern als vorbildlich. Das Ende des Jahrhunderts jedoch war eine dunkle, von Angst und Aberglauben geprägte Zeit. 1590 wurden Regina Lutz, Anna Aubacher, Regina Pollinger und Brigitta Anbacher der Hexerei bezichtigt, bis zum „Geständnis" gefoltert und dann verbrannt. Zehn Jahre später wurden weitere elf Personen wegen Hexerei getötet. Noch 1721 erdrosselte und verbrannte man die Tochter des Hofstallknechts Dellinger als Zauberin.

Wegen seiner Bauwut und Prasserei war Herzog Wilhelm V. (1579 - 97) ständig in Geldnot. Er holte sich deshalb den italienischen Goldmacher Bragadino an seinen Hof, um aus Blei Gold zu machen. Während seiner anspruchsvollen Tätigkeit lebte Bragadino in Saus und Braus und hielt sich 36 Diener. Als er keine Erfolge vorweisen konnte, ließ ihn der Herzog als Zauberer anklagen, foltern und schließlich hängen.

Die Zeit der Kurfürsten (1597-1799)

Im Jahr 1597 wurde Maximilian I. Herzog, 1623 Kurfürst und regierte anschließend bis 1651. Damals lebten in München bereits etwa 20.000 Menschen. Es gab 1790 Handwerksbetriebe in 58 Zünften, allein die Goldschmiedezunft hatte 50 Meister. München verlor nun vollständig sein mittelalterliches Aussehen. Als Symbol seiner Macht ließ Maximilian die Residenz erbauen und den Hofstaat von 150 auf 500 Personen erweitern. Die Münchner Bürger wurden mit hohen Steuern belegt. Doch bald geriet der höfische Glanz unter das Dunkel des heranziehenden Heeres der Schweden. Der Dreißigjährige Krieg (1618-48) verwüstete ganz Europa. 1632 ergab sich München kampflos den Schweden und kaufte sich für 450.000 Gulden frei. König Gustav Adolf blieb einen Monat lang in der Stadt. Zu der „Schwedenplage" gesellte sich noch die von der spanischen Soldateska eingeschleppte Pest: Allein in diesem Jahr starben 7000 Personen.

Unter dem Kurfürsten Ferdinand Maria (1651-79) machte sich in München die „Italomanie" breit, und bekanntlich wird München noch heute gern als die „nördlichste Stadt Italiens" bezeichnet. Ferdinand Maria war mit der Italienerin Adelheid von Savoyen verheiratet. München wurde nun zunehmend barock ausgestaltet. Italienische Baumeister veränderten das Stadtbild, bauten die Theatinerkirche und Schloß Nymphenburg. Das barocke Hofleben nach französischem Vorbild nahm teilweise phantastische Züge an. Auf dem Starnberger See feierte der Kurfürst glanzvolle Feste auf der *Bucentaurus*, einem nach venezianischem Vorbild gebauten Prunkschiff, das von 219 Ruderern bewegt wurde. Italienische Kaufleute ließen sich in der ganzen Stadt nieder.

Rechts: Dieses Relief zeigt eine Szene aus der „Sendlinger Mordweihnacht".

Kurfürst Max Emanuel regierte von 1679 bis 1726. Nach dem Dreißigjährigen Krieg drohte erneut große Gefahr: 1683 stand das riesige türkische Heer unter Befehl des Großwesirs Kara Mustafa vor den Toren Wiens. Die Rettung des christlichen Abendlandes war nicht zuletzt das Verdienst der bayerischen Soldaten unter Führung des „Blauen Kurfürsten", wie Max Emanuel wegen seiner Rüstung genannt wurde. Die Bayern eroberten den Feldherrnhügel des Großwesirs im Handstreich und drangen als erste in das Hauptlager der Türken ein. Sie kämpften noch fünf Jahre, bis auch Belgrad befreit und die Türken endgültig besiegt waren. 1688 kehrten die Sieger heim – aber 30.000 Mann waren gefallen und 15 Millionen Gulden verbraucht.

Der Sohn von Max Emanuel und der polnischen Prinzessin Therese Kunigunde, dem man die Krone Spaniens zugedacht hatte, starb als Sechsjähriger in Nymphenburg. Nun stritt man um die Nachfolge auf dem spanischen Thron. Im Spanischen Erbfolgekrieg, diesem verheerenden gesamteuropäischen Krieg der Barockzeit, bildete Max Emanuel eine Allianz zwischen Bayern und Frankreich gegen England und Österreich. Sein Schwiegervater, der Kaiser in Wien, besiegte ihn jedoch. Nach dem verlorenen Krieg wurden hohe Steuern erhoben und fremde Truppen einquartiert. Bayerische Soldaten mußten für Österreich in Italien und Ungarn kämpfen. 1705 jedoch war das Maß voll, es kam zur sogenannten „Sendlinger Mordweihnacht".

Man wollte sich in Bayern nicht mehr vom Kaiser zwingen lassen. 3000 ungenügend bewaffnete Bauern zogen am 25. Dezember gegen die besetzte Stadt München, um sie von den Österreichern zu befreien. Doch sie waren vorher denunziert und eingekreist worden. 250 Mann suchten auf dem Friedhof der Sendlinger Kirche Schutz, wo sie barbarisch abgeschlachtet wurden. Die Anführer brachte man nach Wien, um sie dort zu köpfen

und zu vierteilen. Der tapferste Held in der Sendlinger Bauernschlacht war der Sage nach der hünenhafte „Schmied von Kochel", der mit seinem gewaltigen Hammer zahllose Besatzer trotz des Verrats erschlagen konnte. Sein überlebensgroßes Standbild befindet sich gegenüber der Sendlinger Kirche, in deren Innenraum Malereien die verzweifelte Schlacht zeigen. Die Schreckensherrschaft der Österreicher dauerte noch weitere zehn düstere Jahre lang an, dann erhielt Max Emanuel nach dem Frieden von Rastatt durch französische Hilfe endlich Bayern zurück. Das Land war wieder befriedet – aber ausgeplündert und bettelarm. In München jedoch führte man 1724 die (erst wenige Jahre vorher abgeschaffte) Spielkartensteuer ein, um den Bau der Oper zu finanzieren.

Kurfürst Karl Albrecht (1726-45) und seine Zeit spiegeln den Glanz und das Elend des Rokoko wieder. 1731 z. B. wurden in München die ersten Straßenlampen aufgestellt. Auf Betreiben Preußens ließ sich der Kurfürst 1742 in Frank-

furt zum deutschen Kaiser (Karl VII.) krönen. Aus Geldmangel wegen seiner üppigen Hofhaltung verkaufte er sogar 8000 Bayern zum Stückpreis von 36 Gulden an Österreich. Kaiserin Maria Theresia wollte allerdings keinen kaiserlichen Rivalen, und so marschierten wieder einmal die Österreicher in Bayern ein.

Nach dem Tod Karl Albrechts wurde Max III. Joseph (1745-77) Kurfürst von Bayern. Er versuchte zunächst, die trostlosen Staatsfinanzen in Ordnung zu bringen. 1758 gründete er deshalb die staatliche Porzellanmanufaktur Nymphenburg, die schon bald ein profitables Unternehmen wurde. Gegen die überhandnehmende Prunksucht vieler Münchner Bürger erließ er 1750 eine gutgemeinte und oft zu Unrecht belächelte Kleiderordnung. 1770 verkaufte der Kurfürst aus Mitleid mit den nach einer Mißernte hungerkranken Münchnern sogar seine Juwelen.

Von 1777 bis 1799 regierte in München Kurfürst Karl Theodor. Ein Jahr nach seinem Regierungsantritt versuchte Österreich, sich Bayern im Bayerischen

Erbfolgekrieg einzuverleiben. Dank der Hilfe des preußischen Königs Friedrich II. konnte Bayern jedoch unabhängig bleiben, verlor allerdings das Innviertel.

Das Heraufdämmern der Aufklärung unterdrückte der Kurfürst, wo er nur konnte. Er führte eine strenge Zensur ein, verbot die Freimaurer und den Illuminaten-Orden. Der in München ungeliebte Kurfürst hat dennoch positive Spuren in der Stadt hinterlassen. So beauftragte er z. B. den Amerikaner Benjamin Thompson und den Gärtner Friedrich Ludwig Sckell damit, den ersten Volksgarten auf dem europäischen Kontinent, den „Englischen Garten", anzulegen. 1793 wurde den Münchnern der Chinesische Turm übergeben, dem sie allerdings (wie den meisten Neuerungen) eher ablehnend gegenüberstanden. Als Karl Theodor 1799 starb, waren die Gasthöfe überfüllt und die Münchner in Hochstimmung, ihn los

Oben: Fürstlicher Glanz in Schloß Nymphenburg. Rechts: Kurfürst Karl Theodor. Ganz rechts: Kurfürst Maximilian I. Joseph.

zu sein. Von 1799 bis 1825 regierte Kurfürst Max IV. Joseph, der 1806 König Max I. wurde, in München.

Napoleon in München

Im Juni 1800 besetzten französische Truppen unter General Moreau die Stadt. Max Joseph floh mit seiner Familie nach Amberg, wo er mehrere Monate verweilte. Zu Kämpfen kam es nicht, denn der Kurfürst verbündete sich, zusammen mit 16 anderen deutschen Fürsten, mit Frankreich. Dies war der Anfang vom Ende des Heiligen Römischen Reiches Deutscher Nation (1806).

Am 24. Oktober 1805 fuhr Napoleon unter Glockengeläut und Kanonensalut im Sechsspänner durch das Karlstor in die festlich illuminierte Stadt ein. Monate später nahm er als Gast an der Hochzeit seines Stiefsohnes Eugène de Beauharnais mit der Wittelsbacherin Auguste Amalie teil. Ihren Vater Max Joseph hatte er zwei Wochen vorher zum König von Bayern und die „churbairische" damit zur

königlichen Hauptstadt gemacht: Am Neujahrstag 1806 verlas ein Landesherold in den Straßen Münchens die Ernennung Bayerns zum souveränen Königreich (von Napoleons Gnaden) und die Erhebung des Kurfürsten Max IV. Joseph zum König Max I. Joseph, ein Ereignis, das dieser mit den Worten „Wir bleiben die Alten" quittierte. Eine Krönung fand nicht statt.

Ende 1813 wechselte Bayern im Vertrag zu Ried wieder auf die österreichisch-preußische Seite über. Bevor es als Feind behandelt werden konnte, ließ sich Bayern von Metternich seinen territorialen Besitzstand garantieren und wurde Mitglied des auf dem Wiener Kongreß konstituierten Deutschen Bundes.

Max I. Joseph wollte ein aufgeklärter, volksverbundener und toleranter Regent sein. Ihm zur Seite stand Graf von Montgelas, der bereits 1799 mit dem Kurfürsten vom pfälzischen Hof nach München gekommen war. Er schuf in wenigen Jahren eine moderne Staatsverwaltung und arbeitete eine Verfassung (1818 unter-

zeichnet) aus, die den Bürgern wichtige Grundrechte gewährte. Lutheraner und Reformierte wurden endlich den Katholiken gleichgestellt, der Strafvollzug humanisiert. Im Rahmen der Säkularisation wurden 18 Klöster aufgehoben. Sogar der Mönch mußte aus dem Münchener Stadtwappen weichen und wurde 1808 durch ein klassizistisches Tor mit Löwen ersetzt. Erst 1835 führte Ludwig I. das alte Mönchswappen wieder ein.

Vom Dorf zum Neuen Athen

„Ein Dorf, in dem Paläste stehen", so beschrieb Heinrich Heine einst die bayerische Residenzstadt. Seit den späten Regierungsjahren Karl Theodors wurden immer wieder Pläne für ein größeres München entworfen. Die Festungsmauern wurden 1805 fast gänzlich niedergerissen. Im Westen der Stadt entstand anstelle der Stadtgräben eine breite, von Bäumen gesäumte Allee (die heutige Sonnenstraße). Im Februar 1808 wurde mit dem „Generalplan für die Stadterwei-

terung am Maxtor" der erste städtebauliche Wettbewerb Deutschlands ausgeschrieben. Zwei Jahre später erhielten Ludwig von Sckell und Karl von Fischer den Auftrag, einen „Generalplan über die neuen Bauanlagen in der Umgebung der Stadt" zu entwerfen. Dabei sollte das Gebiet zwischen Karls- und Schwabinger Tor sowie zwischen Karls- und Sendlinger Tor projektiert werden. Die beiden Stadtteile sollten Maxvorstadt und Ludwig-Vorstadt heißen.

1815 (damals lebten 45.000 Menschen in München) traf Ludwig I., damals noch Kronprinz, in Paris den Architekten Leo Klenze, mit dem er das neue München gestalten wollte. Im Baustil waren sich beide einig: Die Schönheit klassischer griechischer Bauwerke sollte die Stadt prägen. Der Kronprinz deckte Klenze ordentlich mit Arbeit ein: Glyptothek, Königs- und Festsaalbau der Residenz, Alte Pinakothek, die Allerheiligen-Hofkirche,

Herzog-Max-Palais, Kriegsministerium, Ruhmeshalle und Propyläen sind allesamt Schöpfungen Klenzes.

Am Schwabinger Tor (heute steht dort die Feldherrnhalle), war noch 1816 München im Norden zuende. Klenze zog völlig neue Straßenzüge durch grüne Wiesen und setzte seine Prachtbauten neben Mohnblumen und grasende Kühe. Sein Münchner Erstlingswerk, die Glyptothek am Königsplatz, wurde vom Volk „kronprinzlicher Narrenstadl" tituliert. Sein Meisterstück vollbrachte Klenze mit der Planung der Ludwigstraße als einer großstädtischen Prachtstraße, die er bis ins Detail gestaltete; er legte sogar die Farbe des Putzes fest. Die überschwenglichen Architekturelemente des Barock und Rokoko versuchte er gänzlich aus dem Stadtbild zu tilgen. Am Nymphenburger Schloß verschwanden 1826 das kurbayerische Wappen und die Schaugiebel mit allen Skulpturen. Sogar das Residenztheater (Cuvilliéstheater) sollte eigentlich Klenzes klassizistischer Manie zum Opfer fallen.

Oben: Die Staatsraison hat sie getrennt – König Ludwig I. und Lola Montez.

Das Interesse Ludwigs für die klassizistische Mode verblaßte jedoch bald. Klenze fiel in Ungnade und Friedrich von Gärtner wurde als sein Nachfolger bestimmt, der auch das Ludwigstraßen-Projekt übernahm und den strengen Stil der Bauten Klenzes durch neuromantische Anklänge milderte. Die Monumentalbauten der *via triumphalis*, Ludwigskirche, Staatsbibliothek, Universität, Feldherrnhalle und Siegestor, Georgianum und Max-Joseph-Stift, sind Werke Gärtners.

Münchner Festfreude

Münchens erstes Oktoberfest fand am 17. Oktober 1810 anläßlich der Hochzeit des Kronprinzen Ludwig mit Therese von Sachsen-Hildburghausen statt. Auf einer Wiese in der Nähe des Dorfes Sendling bei München, der später nach der Braut benannten Theresienwiese, wurde ein großes Pferderennen mit anschließendem Volksfest abgehalten, in dessen Verlauf 2000 Portionen Braten, 16.000 Würstel, 50 Zentner Käse, 32.000 Stück Brot, 320 Eimer braunes Bier und 8000 Maß Weißbier ausgegeben wurden. 1811 wurde zusätzlich eine Zuchtviehausstellung veranstaltet, und wenige Jahre später erwartete die Münchner bereits ein reiches Angebot an Schaustellern, Schaukeln, Buden und Karussells.

Während der zweiten Hälfte des 19. Jh. zog es Künstler aus ganz Europa nach München. Es begann die Zeit der großen Kunstausstellungen; man vereinigte sich in Künstlergesellschaften und feierte spektakuläre Feste. Zu den Höhepunkten des Münchner Faschings zählte das „Dürerfest" von 1840 mit einem Maskenumzug von nahezu 600 Künstlern.

Lola Montez und die Revolution

Als Ludwig I. 1825 im Alter von 39 Jahren den bayerischen Thron bestieg, ahnte niemand, daß seine Regierung bald eine restaurative Wende nehmen würde.

Hatte er zuvor den Wert der Verfassung stets betont, ersetzte er bald das Wort „Staatsbürger" in allen neuen Gesetzen konsequent durch „Untertan", er führte 1832 die Pressezensur ein und gab 1834 den Anstoß zu einer Verhaftungswelle gegen Studenten, Professoren und Journalisten, die ihm mit ihren Forderungen nach Freiheit und nationaler Einheit zu aufsässig geworden waren. Als gläubiger Katholik unterstützte er die Wiedergründung von Klöstern in Bayern. An der 1826 von Landshut nach München verlegten Universität favorisierte er den *Eos-Kreis* um die Philosophen Görres, Baader und Schelling, die eine Erneuerung des christlichen Denkens anstrebten. Ludwig hielt die Religion für das „Beste und Notwendigste für den Menschen". 1847 änderte er allerdings seine Meinung – wegen Lola Montez! Die Münchner waren schockiert, als die blutjunge Tänzerin 1846 das Herz des 60jährigen Bayernkönigs eroberte. Die Mahnung von Papst Pius IX., zurückzukehren zum „Weg der Tugend und Ehre" blieb ebenso fruchtlos wie die des Erzbischofs von Freising, dem Ludwig entgegnete: „Bleib er bei seiner Stola, ich bleib bei meiner Lola." Als Ludwig im Februar 1847 Lola nach Bayern einbürgern wollte, kamen vier Minister zu ihm und erklärten: „Wir oder die Tänzerin" – Ludwig ließ die Minister gehen. Er wollte von dem „Weibergremium der Frommen" nichts mehr wissen.

In der neuen liberalen Regierung saß nun im erzkatholischen Bayern erstmalig auch ein Protestant. Die Liberalen setzten auf Lolas Einfluß beim König, um die verärgerten Katholiken niederzuhalten, und gaben dafür ihre Zustimmung zu einem Adelstitel für die Tänzerin. Doch die Katholiken gaben nicht auf. Ihr Aktionszentrum lag an der Universität. Nach Unruhen und Krawallen wegen der neuen Regierung ließ Ludwig die Hochschule schließen. 2000 Demonstranten forderten am 10. Februar 1848 vor der Königsresidenz die Wiedereröffnung der Universität

und die Vertreibung Lolas aus der Stadt. Der König gab nach, und Lola emigrierte nach Mexiko. Die Affäre Lola Montez ging Hand in Hand mit den fast ganz Europa erfassenden bürgerlichen Revolutionsunruhen von 1848. 10.000 Münchnern (von 90.000) forderten durch ihre Unterschrift Pressefreiheit und viele von ihnen stürmten am 4. März das Zeughaus am Jakobsplatz. Der König machte den Unruhen schließlich ein Ende und übergab sein Amt an seinen Sohn Max. Am 22. März 1848 unterschrieb er die Abdankungsurkunde. Die Fortsetzung seines Bauprogramms ließ er sich garantieren.

Max II. und die „Nordlichter"

Max II. war ein liberalerer Herrscher als sein Vater. Sein Interesse galt den Wissenschaften und der Kunst. Er berief bedeutende Gelehrte, Künstler und Dich-

Oben: „Max Zwo" (1848-64). Rechts: Die Totenmaske von Ludwig II.

ter nach München. Sie kamen zum größten Teil aus dem Norden Deutschlands und wurden im Volksmund bald die „Nordlichter" genannt. Auch technischen Neuerungen gegenüber war Max II. aufgeschlossen. Die Eisenbahnstrecke, die 1839 von München nach Lochhausen eröffnet worden war, ließ er erweitern, ebenso den von Bürklein erbauten Hauptbahnhof, dessen Halle eine damals hochmoderne Eisenkonstruktion war. Eine kühne Eisenbahnbrücke ließ er 1857 über die Isar bauen, einer der frühesten reinen Ingenieurbauten Deutschlands. Im Alten Botanischen Garten entstand ein Glaspalast nach Londoner Vorbild, in dem 1854 die Allgemeine Deutsche Industrieausstellung stattfand. Er ist 1931 abgebrannt.

Hatte der Vater noch antike Monumentalität bevorzugt, so ließ sich der Sohn eher von der englischen Neo-Gotik inspirieren und garnierte seine Bauten mit Büschen, Bäumen und kleinen Rasenflächen. Es entstanden die mit üppigem Filigran verzierten Gebäude der Regierung von Oberbayern, des Maximilianeums und des Völkerkundemuseums. Max II. starb 1864 und hat den Abschluß der Bauarbeiten nicht mehr erlebt. Sein Sohn König Ludwig II. hatte mit der ungeliebten Residenzstadt wenig im Sinn; er ließ lediglich einen Wintergarten in seine Residenz einfügen und verwirklichte seine architektonischen Träume lieber in den bayerischen Bergen.

Der Märchenkönig

Ludwig II. überließ politische Entscheidungen lieber der Beamtenschaft. Seine Leidenschaften waren das Bauen und die Musik. So begeisterte er sich für die Musik Richard Wagners, von dessen Opern etliche in München uraufgeführt wurden. Ludwig nahm den Komponisten in der Residenzstadt auf, wo er frei von finanziellen Problemen seine großen Opern schrieb: *Tristan und Isolde* (1865), *Die Meistersinger von Nürnberg* (1868),

Rheingold (1869) sowie *Die Walküre* (1870). Der König unterstützte Wagner derart großzügig aus der Hofkasse, daß die Münchner bald zu murren und spotten begannen. Unter dem Druck der Öffentlichkeit schickte Ludwig ihn im Dezember 1865 fort aus München.

Auch in der Politik war Ludwig kein Glück beschieden. Er ließ sich zu einem Krieg gegen Preußen überreden – Bayern verlor ihn und mußte 30 Millionen Gulden Reparationen leisten. Die preußische Machtpolitik unter Bismarck wurde in München alles andere als begrüßt. Denn die Einigung Deutschlands von 1871 bedeutete das Ende der seit 1806 bestehenden staatlichen Selbstständigkeit Bayerns. Nur Bahn und Post blieben weiterhin „königlich-bayrisch".

Die Bauleidenschaft des Königs, der außer Neuschwanstein, Herrenchiemsee und Linderhof bereits mehrere andere Schlösser plante, verschlang Unsummen, die den Staatshaushalt überstrapazierten. Die Minister waren nicht mehr bereit, der Verschwendungssucht des Königs zuzusehen und betrieben seine Entmündigung. Ohne den König untersucht zu haben, erstellte der Münchner Nervenarzt Prof. von Gudden ein Gutachten, demzufolge der König unheilbar geisteskrank sei. Ludwig wurde in Schloß Berg am Starnberger See eingesperrt. Zusammen mit dem Arzt kam er unter mysteriösen Umständen am 13. Juni 1886 im Starnberger See ums Leben. Beim Volk war Ludwig II. so beliebt wie sonst kein Herrscher. Die Nachricht von seinem Tod löste tiefe Trauer und Vorwürfe gegen die Regierung und den Prinzregenten Luitpold aus, der für Ludwigs – tatsächlich – geisteskranken Bruder Otto die Regierungsgeschäfte übernahm.

Die „gute alte Münchner Zeit"

Luitpold, der dritte Sohn König Ludwigs I., übernahm 1886 65jährig die ihm angetragene Regentschaft. Aufgrund der

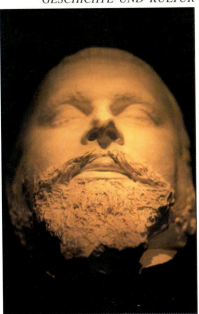

Ansiedlung von neuen Industriebetrieben wuchs München in seiner Ägide von 230.000 auf fast 600.000 Einwohner an. Unter den Architekten von Seidl und Thiersch entstanden die Prinzregentenstraße, das Prinzregententheater, das Nationalmuseum, der Friedensengel, der Justizpalast und das Deutsche Museum. Das Neue Rathaus im neugotischen Stil wurde 1908 vollendet. Als „Stadt der Künste" erlebte München seine unbestrittene Blütezeit. Lange dominierten die „Malerfürsten" August Kaulbach und Franz von Lenbach das Münchner Kunstgeschehen. Damals galt es in München als „chique", sich von Lenbach „à la Tizian" porträtieren zu lassen, was ihm dann schließlich ermöglichte, sich eine prachtvolle Villa zu bauen.

Franz von Stuck war unter den ersten, die die Abspaltung von den herkömmlichen Ausstellern, die „Secession", bewirkten und in die Tat umsetzten. Sein Bild *Die Sünde* war 1893 bei einer der alljährlichen Ausstellungen des „Kunstvereins" die künstlerische Herausforde-

rung des Tages. Der „Stuck-Stil" wurde Mode. Schon gab es Baumeister in der Stadt, die die Gesimse und Ballustraden ihrer launigen Architekturen mit feisten Kentauren, mit Faunen und Athleten bevölkerten. Stucks Mischform aus Jugendstil, klassizistischen Elementen und düsterer Mystik blieb ein Phänomen seiner Epoche und deren Geschmack.

1910 schockierten August Macke und Wassily Kandinsky Zuschauer und Presse erstmals mit expressionistischen und abstrakten Gemälden auf der Avantgarde-Ausstellung der „Neuen Künstlervereinigung München". So faßte die moderne Kunst Fuß in München, obwohl noch in den ersten Ausstellungen die Bilder der 1911 gegründeten Künstlergruppe „Blauer Reiter" (mit Kandinsky, Klee, Marc) jeden Abend von der Spucke empörter Besucher gereinigt werden mußten.

München war damals auch die Wahlheimat zahlreicher Literaten, die – vor al-

Oben: Gute Stimmung im Festsaal des Hofbräuhauses im Jahr 1911.

lem in Schwabing – ein unkonventionelles Leben führten. Erich Mühsam nannte sie eine „Massenansammlung von Sonderlingen", an deren Ungewöhnlichkeit München sich gewöhnte und die sie mit Toleranz ertrug. Franziska von Reventlov hat das legendäre Schwabinger Leben dieser Zeit in ihren Briefen und Tagebüchern beschrieben. In Schwabing entstand 1901 das erste Münchner Künstlerkabarett, „das beste deutsche Überbrettl", deren Aufführungen „Exekutionen" genannt wurden und eine Kampfansage an das Spießbürgertum, alles Unechte, die Lüge und den Kitsch waren. Lebendiger Ausdruck der Schwabinger Kulturatmosphäre war die satirische Zeitschrift *Simplicissimus,* für die die bedeutendsten Zeichner (Gulbransson, Slevogt, Kubin, Kollwitz etc.) und Schriftsteller (Th. Mann, L. Thoma, Wedekind, Meyrink, Hesse, Rilke) tätig waren. Bei Karl Wolfskehl trafen sich die in München versammelten Intellektuellen zu Gesprächen über Dichtung, Mythos und Geschichte. Es entwickelte sich im Gefolge der Industrialisierung aber auch ein neues politisches Bewußtsein. Die SPD in Bayern erlebte unter der Führung Georg von Vollmars einen bemerkenswerten Aufstieg. Auch Lenin lebte eine Zeitlang in München. Unter dem Pseudonym „Meier" begann er in der Schwabinger Kaiserstraße seine Schrift *Was tun?*

Die Münchner Räterepublik

Die Regierung Ludwigs III., der nach dem Tod seines Vaters Prinzregent Luitpold den Thron bestieg (1913-1918), war überschattet vom 1. Weltkrieg. Den Beginn des Krieges feierte man in München wie in anderen europäischen Städten auch mit patriotischen Liedern. Doch die Ernüchterung folgte schon bald: Arbeitslosigkeit, Lebensmittelwucher und Hunger bestimmten den Alltag und ließen die Menschen den Frieden herbeisehnen.

Am 7. November 1918 versammelten sich mehr als 100.000 Menschen auf der Theresienwiese und demonstrierten für den Frieden. Erhard Auer von der SPD und Kurt Eisner von der USPD forderten in ihren Reden eine demokratische Verfassung. Mit der Kundgebung begann die Revolution. Einige Hundert unabhängige Sozialisten und Spartakus-Anhänger gingen in die Kasernen und brachten die kriegsmüden Soldaten auf ihre Seite. Mit ihrer Hilfe besetzten sie den Bahnhof, das Telegraphenamt und den Landtag. Um Mitternacht wählte ein Arbeiter- und Soldatenrat Kurt Eisner zum Ministerpräsidenten, verkündete den Sieg der Revolution und die Absetzung der Wittelsbacher. Ludwig III. mußte fliehen, dankte aber nicht ab.

Die lange Zeit so monarchietreuen Bayern leisteten keinen Widerstand. Eisner beließ die alte Führungsschicht in ihren Ämtern und war auf Ausgleich bedacht, während sich die rechten mit den linken Sozialdemokraten und die Anarchisten mit den Kommunisten darüber stritten, wie man weiter vorzugehen habe. Eisner wurde von der Rechten, aber auch von der Presse der Rechts-SPD scharf verurteilt und verleumdet. Auch bei der Landbevölkerung hatte er keine Anhänger. Das bewiesen die zwei Monate später abgehaltenen Landtagswahlen, die mit der Niederlage Eisners endeten. An dem Tag, als er seinen Rücktritt bekanntgeben wollte, wurde er auf dem Weg ins Parlament von dem jungen Grafen von Arco auf Valley erschossen.

Am 17. 3. 1919 wurde der Sozialdemokrat Hoffmann zum Ministerpräsidenten gewählt, der eine demokratische Republik schaffen wollte. Damit war er jedoch vielen Teilen der Arbeiterschaft nicht radikal genug. Ein Generalstreik wurde organisiert. Anfang April riefen die Schriftsteller Gustav Landauer, Erich Mühsam und Ernst Toller die Räterepublik aus. Die Regierung Hoffmann mußte nach Bamberg fliehen. Am 14. 4. übernahmen die Kommunisten unter Eugen Leviné und Max Levien die Führung. Inzwischen organisierte jedoch die Reaktion von außen eine Hungerblockade gegen die Stadt. Unter der Führung von Franz Xaver Ritter von Epp rückten Reichswehr und Freikorps auf München vor. Die Reichstruppen setzten zur Eroberung Münchens ihre Artillerie, Flammenwerfer und Panzerwagen ein. Wer ihnen mit Waffen in die Hände fiel, wurde standrechtlich erschossen. Einige Führer der Räterepublik, darunter auch Landauer, wurden bestialisch ermordet. Im Blut von Massenerschießungen starb die Münchner Räterepublik. Hoffmann kehrte als Ministerpräsident nach München zurück – aber er blieb es nicht lange.

Der Hitler-Putsch

Am 14. März 1920 machte seine SPD-Regierung einem rechtsgerichteten Regime unter Gustav von Kahr Platz. Die Politik nahm einen konservativen, nationalistischen Kurs. München wurde Sitz zahlreicher reaktionärer Bewegungen.

Adolf Hitler, der seit 1919 in München lebte, trat einer der neugegründeten Splitterparteien bei. Diese machte durch Massenveranstaltungen im Hofbräuhaus von sich reden und nannte sich später Nationalsozialistische Deutsche Arbeiterpartei (NSDAP).

Mit den Themen Arbeitslosigkeit, Inflation und Antisemitismus gewann Hitler die Kampfverbände verschiedenster rechter Gruppierungen für sich und wagte 1923 den Sturz der Regierung: Am 9. November organisierte er gemeinsam mit General Ludendorff einen Demonstrationszug zur Innenstadt. Auf der Höhe der Feldherrnhalle trieb die Polizei die Demonstranten auseinander und verhaftete Ludendorff. Hitler selbst floh, wurde aber schon zwei Tage später gefaßt. Er erhielt in einem Gerichtsverfahren ein äußerst mildes Urteil und konnte Weihnachten 1924 das Landsberger Gefängnis bereits wieder verlassen.

Oben: Die Niederwerfung der Räterepublik.
Rechts: Das Karlstor im Jahr 1946.

Die Zwanziger Jahre in München

Auch in der Zeit der Wirtschaftskrisen und der Inflation ging die Entwicklung Münchens vor allem bei Handel und Technik weiter. Am 7. Mai 1925 wurde das Deutsche Museum seiner Bestimmung übergeben. Ein Jahr vorher hatte der Bayerische Rundfunk mit seinen ersten Ausstrahlungen begonnen. Der erste Münchner Flughafen entstand auf dem Oberwiesenfeld, dem heutigen Olympiagelände. In Neuhausen, Freimann und Ramersdorf wurden große Wohnanlagen geschaffen. Eine der reizvollsten ist bis heute die „Borstei" in der Dachauer Straße geblieben, mit ihren idyllischen Hof- und Gartenanlagen, kleinen Läden und Cafés.

Kulturell versank München in den zwanziger Jahren jedoch unaufhaltsam in der Provinzialität. Viele junge Künstler und Schriftsteller verließen die Stadt. Thomas Mann beschrieb in einer Rede 1926 das geistige Klima der Stadt: „Wir mußten es erleben, daß München in

Deutschland und darüber hinaus als Hort der Reaktion, als Sitz aller Verstocktheit und Widerspenstigkeit gegen den Willen der Zeit verschrien war...".

„Hauptstadt der Bewegung"

Am 30. Januar 1933 wurde Adolf Hitler zum Reichskanzler gewählt – noch im Frühjahr 1933 wurde in Dachau, vor den Toren Münchens, mit dem Bau des ersten Konzentrationslagers begonnen.

1935 verlieh Hitler München die Bezeichnung „Hauptstadt der Bewegung". Die Zentrale der NSDAP behielt ihren Sitz im „Braunen Haus" in der Briennerstraße. Der Königsplatz wurde mit Granitplatten belegt – und vom Volksmund in „Plattensee" umgetauft. Hier fanden die großen Aufmärsche und Kundgebungen der Nationalsozialisten statt. Die Platten ließ man erst 1988 entfernen und durch Rasenflächen ersetzen. Der Platz vor der Feldherrnhalle, wo der Hitler-Putsch 1923 gescheitert war, wurde zur Märtyrerstätte erklärt: Ständig hielten

zwei SS-Männer dort Wache, wer daran vorbeiging, mußte die Hand zum Hitlergruß erheben. Um das zu vermeiden, wählten viele Münchner den Umweg über die Viscardigasse, die darum bald den Namen „Drückebergergasse" erhielt. An der Arcisstraße entstanden „Führerbauten" im „Reichsstil", in denen heute u.a. das Institut für Klassische Archäologie und die Musikhochschule untergebracht sind. 1938 unterzeichneten Chamberlain und Hitler hier das „Münchner Abkommen". Das Haus der Kunst in der Prinzregentenstraße wurde 1937 von Goebbels persönlich mit der „Großen Deutschen Kunstausstellung" eröffnet – einen Tag vor Eröffnung der berüchtigten Ausstellung „Entartete Kunst". Für die Juden begann die große Leidenszeit. Ihre Synagoge wurde niedergerissen, von den mehr als 10.000 Münchner Juden überlebten nur 200 die brutale Verfolgung der Nazi-Zeit. Doch auch Widerstandskreise bildeten sich in München immer wieder seit Beginn des Dritten Reiches von Seiten der Kommunisten, Sozialdemokraten und Monarchisten. Als Exponenten des kirchlichen Widerstandes sind die Patres Alfred Delp SJ und Rupert Mayer zu nennen. Delp endete im Zusammenhang mit dem Attentat am 20 Juli 1944 auf Hitler am Galgen, Pater Rupert Mayer verbrachte lange Jahre in Dachau im KZ. Die Mitglieder der Widerstandsgruppe „Weiße Rose" verteilten nach der Niederlage von Stalingrad Flugblätter gegen das nationalsozialistische Regime im Lichthof der Universität. Die Studenten Hans und Sophie Scholl, Alexander Schmorell, Wilhelm Graf, Hans Leipelt, Christoph Propst, sowie Professor Kurt Huber mußten ihren Mut mit dem Leben bezahlen.

Der Wiederaufbau

Der 2. Weltkrieg brachte die größte Katastrophe in Münchens 800jähriger Geschichte. 22.346 Münchner Soldaten fielen, 6632 Münchner fanden bei Luftangriffen den Tod, 16.000 wurden verletzt und 80.000 gerieten in Gefangenschaft. Auf das Stadtgebiet fielen ca. 60.000 Spreng- und 500.000 Brandbomben. In 16.000 Großbränden wurden 12.507 Gebäude vernichtet oder beschädigt. Fast die Hälfte der baulichen Substanz der Stadt war zerstört, kein Stadtviertel blieb verschont. Ein Drittel aller Wohnungen lag in Schutt und Asche, so daß sich bei Kriegsende die Bevölkerung in den verbliebenen rund 182.000 Wohnungen zusammendrängen mußte. Der Verkehr war lahmgelegt, die Hauptverkehrsstraßen unter dem Gebäudeschutt begraben. Abwasserkanäle, Gas-, Wasser-, Strom- und Postleitungen waren unterbrochen, Krankenhäuser, Schulen und wichtige Versorgungsbetriebe zerstört.

Am 30. April 1945 besetzten amerikanische Truppen die Stadt. Die amerikanische Militärregierung setzte Karl Schar-

Rechts: Eine der vielen „Schönen Münchnerinnen" während einer Radltour im Englischen Garten.

nagl, Münchens Oberbürgermeister aus der Vorkriegszeit, wieder in sein Amt ein. Unter ihm und seinem Stellvertreter Thomas Wimmer stand München unter dem Motto „Rama dama" (etwas frei übersetzt: „Laßt uns aufräumen"): Über 10 Millionen Kubikmeter Schuttmassen mußten von Straßen und Plätzen weggeräumt werden. Durch die Rückkehr von Evakuierten und die Aufnahme zahlreicher Heimatvertriebener wuchs die Stadt von 1945-47 um 233.000 Einwohner an. Die ersten freien Wahlen im Jahr 1946 gewann die neu gegründete christlichkonservative CSU.

Das moderne München

Durch den „Eisernen Vorhang" zwischen Ost und West profitierte München wirtschaftlich in den folgenden Jahrzehnten enorm und entwickelte sich allmählich zur größten Industrie- und Handelsstadt Süddeutschlands. Viele große Konzerne siedelten sich im Großraum München an. Die Stadt wurde eine wichtige Verlags- und eine bedeutende Filmstadt. 1957 überstieg die Einwohnerzahl Münchens bereits die Millionengrenze – das „Millionendorf" war geboren. Nur wenig später, in den sechziger Jahren, begann die unselige Umwandlung Münchens in eine „autogerechte Stadt". Im Norden, Osten und Westen der Stadt schuf man riesige Trabantenstädte wie z. B. Neuperlach, die bald neue soziale Probleme aufwarfen. Der Zeitgeist der sechziger Jahre verschonte auch München nicht. Erst im Zuge der Vorbereitung der Olympischen Sommerspiele 1972 besann man sich wieder auf die Menschen und schuf in der Innenstadt eine verkehrsfreie Zone.

Heute ist München trotz aller stadtplanerischen Sünden eine der schönsten und beliebtesten Städte Deutschlands, größte Universitätsstadt nach Berlin, mit hohem Freizeitwert, einem vielfältigen Kulturangebot und – nicht zuletzt – einem großartigen Hinterland.

MÜNCHNER LEBEN

Beim Klang des Namens „München" schlagen nicht nur deutsche Herzen höher – die bayerische Landeshauptstadt zieht wie ein Magnet Millionen von Menschen aus aller Welt an, und das beileibe nicht nur während des zweiwöchigen Oktoberfestes. Kaum eine Stadt der Welt hat so viele Ehrentitel eingeheimst wie München: Millionendorf, heimliche Hauptstadt Deutschlands, Weltstadt mit Herz, Isar-Athen, europäisches Silicon Valley. Angeblich möchte jeder dritte Deutsche gern in München leben. Schon längst stellen die „Zuagroasten", wie nicht in München geborene Einwohner von den „echten" Münchnern genannt werden, die Mehrheit der 1,2 Millionen Einwohner der „Münchner Stadt".

Was also macht die Faszination, die besondere „Lebensqualität" dieser Stadt

Oben: Ein Händler auf dem Viktualienmarkt.
Rechts: Herbststimmung im Englischen Garten.

aus? Lassen wir zunächst einen der wohl prominentesten „Zuagroasten" sprechen. „Es war eine Atmosphäre der Menschlichkeit, des duldsamen Individualismus, der Maskenfreiheit sozusagen; eine Atmosphäre von heiterer Sinnlichkeit, von Künstlertum; eine Stimmung von Lebensfreundlichkeit, Jugend, Volkstümlichkeit, jener Volkstümlichkeit, auf deren gesunder, derber Krume das Eigentümlichste, Zarteste, Kühnste, exotische Pflanzen manchmal, unter wahrhaft gutmütigen Umständen gedeihen konnte." So Thomas Mann über München vor dem Ersten Weltkrieg. Recht hatte er, der Thomas Mann, der jahrelang als „Wahlmünchner" sein „Zamperl" zum Gassi-Gehen an der Isar entlang führte – zumindest für die Zeit vor dem 1. Weltkrieg und (trotz Faschismus) ein gutes Stück anschließender Geschichte. Es kann ja kein Zufall gewesen sein, daß es (nicht erst) Ende des 19. und Anfang des 20. Jh. längst berühmte Künstler und Intellektuelle wie magisch nach München (genau gesagt: nach Schwabing) gezogen hat – von Th. Mann selbst bis Stefan George, von Wassily Kandinsky bis W. I. Lenin.

Und heute? Ist München nur noch ein (sorgfältig gepflegter) Mythos oder tatsächlich „die einzige Stadt, in der man leben kann"? Antwort: beides. Denn in der Tat trägt München all seine Ehrentitel zu Recht – einfach, weil jeder ein Stückchen Wahrheit über diese zugleich weltstädtische und provinzielle, zutiefst bayerische Metropole ausdrückt.

Wenn man früh um 6 Uhr mit der U-Bahn fährt, wird man viele unausgeschlafene Menschen auf dem Weg zur Arbeit sehen. Denn München ist die zweitgrößte Industriestadt Deutschlands, was hier fast nicht auffällt, weil viele der morgendlichen U-Bahnfahrer in den Münchner High-Tech-Betrieben (ohne Fabriktore und -Schlote) arbeiten – bei Siemens, MBB, Dornier, MTU, MAN, und natürlich beim „weißblauen Riesen" BMW am Olympiagelände. München ist aber auch

die zweitgrößte Verlags- und Medienstadt der Welt (nach New York) – über 75.000 Mitarbeiter recherchieren, redigieren und tippen bei den fünf großen Münchner Tageszeitungen, Buch- und Zeitschriftenverlagen, Repro-Anstalten und Druckereien. Und „natürlich" ist München auch die deutsche Filmstadt schlechthin, dank des riesigen Filmgeländes der Bavaria GmbH draußen im noblen Geiselgasteig. Nicht zu vergessen das vieltausendköpfige Heer der Beamten, denn schließlich wird in München regiert, am straffen Zügel der CSU, der bayerischen „Staatspartei". Und wer weiß schon, daß München größter deutscher Versicherungsplatz und zweitgrößtes Bankenzentrum ist?

Das alles aber schafft auch eines der größten Probleme in dieser Stadt: die Lebenshaltungskosten und die immens steigenden Mieten vor allem, die sich schon bald nur noch wenige leisten können. Viele kleinere Beamte weigern sich mittlerweile, hierher versetzt zu werden, weil es ihnen viel zu teuer ist. Konzerne zahlen teilweise die Mieten ihrer Spitzenkräfte, um sie überhaupt in München halten zu können. Der üble Geruch des Mietwuchers hängt schier unauflöslich über all den vielzuvielen Luxus- und vielzuwenigen Sozialwohnungen. Für viele Sozialhilfeempfänger hat die „Weltstadt mit Herz" längst nur noch einen harten Überlebenskampf zu bieten. Ähnliches gilt für die derzeit 107.000 Studenten (wen wundert's noch, daß München auch die zweitgrößte deutsche Universitätsstadt ist?), die oft horrende Zimmermieten bezahlen müssen. Das Flair des Studentischen in der Maxvorstadt zum Beispiel, wo sich die Ludwig-Maximilian-Universität und die Technische Universität breitmachen, ist längst dem Siegeszug der Luxussanierung zum Opfer gefallen. Aber nicht nur die Mietpreise, sondern auch die hohen Lebenshaltungskosten haben München den traurigen Ruhm eingebracht, die teuerste Stadt Deutschlands zu sein – was mittlerweile so manchen Möchtegern-„Zuagroasten" davon abhält, den Möbelwagen in Rich-

tung München zu steuern. Granteln und schimpfen doch die Münchner selbst mehr und mehr über die hohen MVV-Fahrpreise, die sündhaft teure Maß Bier und dazugehörige Brezn. Und was soll man davon halten, daß der klassische Schweinsbraten in München gut und gern drei bis vier Mark mehr kostet als im nicht allzuweit entfernten Nürnberg? Soviel zum Alltag in München.

Aber jede Stadt ist wie ein Kaleidoskop – man dreht, und schon entstehen neue glitzernde Muster. Natürlich gibt es da z. B. die sattsam bekannten Münchner „Schicki-Mickis" – und wie viele gleich! Sicher, sie sind in Paris, Berlin oder Rom genauso zu finden. Aber nirgendwo bilden sie eine derartige Melange aus Adel, Industrie, Film, Starlets und Chefköchen wie in München. Nirgendwo sind sie so stolz darauf, daß ihre ewig gleich „originellen" Feste zum x-ten Mal in der Bou-

Oben: Badefreuden am „Flaucher". Rechts: Alljährlich im Fasching kehrt der Engel Aloysius nach München zurück.

levardpresse breitgetreten werden – zum Neid, aber auch zur Belustigung der „normalen" Münchner. Die ewig „schöne Münchnerin" oder der coole BMW-Fahrer – den „gstandnen" Münchnern stoßen sie eher auf wie Sodbrennen –, sie lieben sich und niemand sie. München atmet deshalb nicht schneller.

Womit wir beim Sommer wären. Oder soll man sagen: beim Winter? In jedem Fall geht es um ein Wort, das jeder zwischen Kiel und Oberammergau kennt: der Freizeitwert Münchens. Der Sommer gehört der Isar, den „Nackerten" und den Grillern, den Radlfahrern und den Joggern, den Alten in der Sonne und den Kindern auf den Spielplätzen. Die Isar „lebt" wie kaum ein anderer Fluß, der eine Großstadt durchfließt, trotz Badeverbot und Überfüllung. Die Isar ist Münchens Nabelschnur zu den Alpen, in denen sie entspringt. Und dort liegt die zweite Heimat des Münchners; denn sie gehören eigentlich ihm. Vor allem natürlich im Winter, über den man bereits im Herbst spricht, wenn man noch am Her-

zogstand oder im Ahornboden in den satten Farben der Blätter schwelgt. Daß es von dort nur noch zwei Stunden bis zum Gardasee oder nach Verona sind, ist dem Münchner eher selbstverständlich. München liegt eben mal im Norden – von Italien! Aber all die Seen, Wiesen, Hügel und Wirtshäuser dazwischen – welch ein Glück, mitten in dieser schönen Landschaft „freizeitln" zu können! Wenn der Münchner dann am Sonntagabend wieder in seine Stadt zurück will, steht er im Stau, was ihn jedoch nicht vom Kölner oder Berliner unterscheidet. Hier ist der Münchner ganz Großstädter. Obwohl er sich ja sonst ganz gern als Bewohner des vielzitierten „Millionendorfes" versteht.

Aber mehr und mehr verliert diese Stadt ihren dörflichen Flair. Die Kneipen werden immer schicker, die Läden immer protziger. Ganze Stadtteile verlieren ihren spezifischen Charakter. Schwabing fing an damit, Haidhausen, das Lehel und das Westend folgten. Eine Art Leviathan von Eigentumswohnungen frißt sich wie eine Raupe durch die Stadt, ohne deren

Bewohner mit einer Metamorphose zum schönen Schmetterling zu erfreuen. Und so findet man in einer Stadtteilkneipe nur noch sehr selten jenen urigen Münchner, der als Herr Hirnbeiß in der *Abendzeitung* berühmt wurde: den „Grantler", der derb bis zynisch, jedoch immer von sich überzeugt, auf alles und jeden schimpft, vor allem auf Politiker und Preußen, auf das Wetter und auf schlecht eingeschenkte Maßkrüge.

Sobald der Tag anbricht, steht München – auch hier keine Ausnahme – vor dem Infarkt. Die Innenstadt ist völlig überlastet, der Mittlere Ring erwürgt sich selbst, die Luft ist voller Abgase, und Pläne zur Abhilfe werden seit Jahren diskutiert und diskutiert. Trotz des guten Nahverkehrssystems wird die Verstopfung eher chronisch. Gehen Sie also mit gutem Beispiel voran: Benutzen Sie den MVV! Dann haben Sie nämlich mehr von der Stadt und ihren Bewohnern.

Zum Beispiel, wenn Sie Essen gehen wollen – etwa im Tal oder in der Neuhauserstraße, gleich „neben" dem Marien-

platz. Dort nämlich, wo die bayerische Küche besonders gepflegt wird. Hier gibt es ihn, den echten Schweinsbraten, das Beuscherl, Lüngerl und Züngerl und natürlich die „Semmelnknödln" und die Weißwürst mit dem süßen Senf! Dort kann der traditionsbewußte Münchner genauso wie der vorsichtige Italiener in der deftigen Münchner Küche schwelgen, serviert von Kellnern und Kellnerinnen, bei denen man leicht eingeschüchtert „Entschuldigen Sie bitte, aber könnte ich vielleicht doch ..." sagt. Falls Sie jedoch aus Überzeugung Ihre Landesküche bevorzugen sollten – in München sind sie alle zuhause: die Italiener, Chinesen, Griechen, Spanier, Japaner, Thailänder usw. Nur die englische Küche fehlt, was aber vielen gar nicht auffällt. Hier ist die Stadt polyglott und oft sehr gediegen.

Münchner Leben, das heißt natürlich auch Trinken in München. Wer dächte da

Oben: Auf diesem Tisch steht eine Maß Bier zu wenig! Rechts: Für Unterhaltung ist auf dem Marienplatz immer gesorgt.

nicht sofort ans Münchner Bier? Wenn Ende September die geschmückten Rösser die riesigen Holzfässer zur Eröffnung der „Wiesn" ziehen und der Welt größtes Besäufnis beginnt, wird jedem Besucher klar: München ist tatsächlich die Hauptstadt des Bieres! Ob in den immer weniger werdenden Großgaststätten, ob in den zahlreichen Biergärten, um die München so beneidet wird, oder in den noch zahlreicheren Wirtshäusern, Kneipen, Bars und Bistros, die seit neuestem aus dem Boden schießen – überall wird gesessen und getrunken. Denn der Durst wird in dieser Stadt nicht als Bedürfnis, sondern als alle verpflichtendes und verbindendes Ritual gepflegt.

Was bei Diskotheken und „Edelschuppen" so nicht behauptet werden kann. Dort finden sehr häufig „Gesichtskontrollen" statt, das Publikum wird handverlesen und gar mancher geht mit einer gehörigen Wut im Bauch früher ins Bett als gewollt – womit wir schon beim Münchner Nachtleben wären, Münchens Achillesferse, wie viele meinen, die zu wissen glauben, was alles so zu einer Weltstadt gehört. In der Tat – in puncto Nachtleben gibt sich München, verglichen mit anderen Weltstädten, eher dörflich-provinziell. Natürlich gibt es Lokale, die bis tief in die Nacht geöffnet haben. Aber ein Berliner oder Pariser z. B. würde sich die Haare raufen über das, was sich in München „Nachtleben" nennt.

Statt dessen protzt München mit seinem Kulturangebot, obwohl in den Feuilletons Neuinszenierungen selten als wegweisend oder aufregend auftauchen – und das trotz architektonisch prachtvoll-pompöser Theaterhäuser als Rahmen, wie z. B. dem Nationaltheater, dem Cuvilliés-Theater, dem Residenztheater, dem Prinzregententheater und dem Theater am Gärtnerplatz.

Der durchaus lebendigen und vielfältigen alternativen Kultur- und Theaterszene hingegen werden die Gelder gestrichen – wohingegen der Generalintendant mehr verdient als sogar der bayerische Ministerpräsident! Was aber wieder ein Zeichen dafür ist, wie wert und teuer dieser Stadt die Kultur ist. Und wie schwer zu genießen. Denn für eine Karte der Münchner Opernfestspiele zum Beispiel braucht man beste Beziehungen zum Portier eines Nobelhotels oder einen Daunenschlafsack für die Drei-Tages-Schlange vor der Theaterkasse.

Was Sie aber auf keinen Fall versäumen sollten, ist ein Besuch in einer der Münchner Bier-Oasen. Und das nicht nur wegen des Bieres. Sie sind die eigentlichen Wahrzeichen dieser Stadt, und in ihnen finden Sie die besten Beispiele des „Münchner Lebens". Die vielgerühmte *Liberalitas Bavariae* – hier sitzt sie unter den Kastanienbäumen und blickt wohlwollend auf ihre Freunde und Feinde. Da sitzt der krachlederne Bayer vor seiner vierten Maß Bier, in seinem Rücken der blauhaarige Punk mit zerrissenen Jeans; vier ältere Damen in hellbraunen Kostümen werfen abschätzige Blicke auf beide, während sie gemeinsam an einem Maß-

krug nippen. Die grauen Eminenzen lokkern die Krawatte und prosten ihren Sekretärinnen zu. Das Ganze ist „garniert" von „Normalmünchnern", die ständig ihre Kinder unter den Kastanien suchen.

Im Biergarten dürfen sie alle gleich sein, sich gehen lassen und sich zeigen. Der Biergarten – vor allem der am Chinesischen Turm – ist ein Jahrmarkt der Eitelkeiten, quasi der freigelegte Großstadtnerv. Aber auch Treffpunkt der Menschen aus dem jeweiligen Stadtviertel, die gute Stube für alle. Ein Münchner Biergarten summt wie ein Bienenstock, ist frivol und ordinär, voll und nie besetzt. Er ist Debattierclub und „Kartl-Tisch" – er wird auch von den Hunden geschätzt, den heißgeliebten „Zamperln", deren Risthöhe vom knurrigen Rauhaardackel bis zum friedfertigen Bernhardiner reicht. Also aufgepaßt, wohin Sie Ihre Füße unter dem Tisch strecken! Wenn der Frühling seine ersten warmen Boten sendet, heißt es deshalb seit Generationen in München: „Du, heit hoams die Biergartensaisong ofanga lassn!"

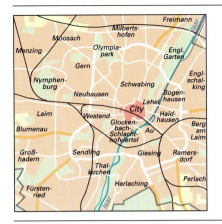

DIE INNENSTADT

BAHNHOFSVIERTEL

STACHUS / LENBACHPLATZ

FUSSGÄNGERZONE

MARIENPLATZ / IM TAL

VIKTUALIENMARKT

JAKOBSPLATZ

HACKENVIERTEL

RESIDENZ / KREUZVIERTEL

BAHNHOFSVIERTEL

Zu Tausenden kommen sie täglich angefahren aus den Dörfern und Städten Oberbayerns, im altmodischen Zweite-Klasse-Wagen der Nahverkehrszüge, alle Fenster offen, ein ohrenbetäubendes Geratter, leicht klebende Plastiksitze, aber pünktlich auf die Minute auf Gleis 26: Hausfrauen zum Einkauf – alles gibt es eben doch nicht in den Kleinstadtläden, einmal im Monat fährt man also in die „Münchner Stadt" –, ein paar Alte, Türken, Gymnasiasten und natürlich Pendler.

Kurz darauf, auf Gleis 12, steigen aus dem Intercity-Zug Herren mit Aktenköfferchen, eilig, wegen der obligatorischen zehn Minuten Verspätung, Fernpendler, noch in die letzte Seite ihrer Zeitung vertieft, Reisende aus Norddeutschland mit schwerem Gepäck, ein halbes Dutzend Jugendlicher aus aller Welt mit Rucksäcken und Inter-Rail-Paß. Auf dem Gleis daneben läuft geräuschlos der silbergraue Eurocity-Zug mit den Grüppchen von dunkel gekleideten Herren ein, die schon im Zug die erste Besprechung abgehalten haben, die eleganten Damen, die sofort

Vorherige Seiten: Münchner Panorama mit Frauenkirche und Neuem Rathaus. Die Ludwigstraße mit Feldherrnhalle und Theatinerkirche. Links: Die Mariensäule.

ins Taxi zum Hotel Bayerischer Hof steigen, drei arabische Scheichs, die schon von zwei ebensolchen erwartet werden.

Fast alle in dieser bunt gemischten Menschenmenge, die sich ununterbrochen aus dem Münchner Hauptbahnhof ergießt, haben meist dasselbe Ziel: Vom Bahnhof über die geschäftigen Einkaufsstraßen zum Stachus und von dort aus in die Innenstadt – jenes Rund von etwa eineinhalb Kilometer Durchmesser, das verkehrsumwogt innerhalb des heutigen Altstadtrings liegt und dessen Grenzen etwa denen der mittelalterlichen Stadtmauer entsprechen, die „gute Stube Münchens". Neben Geschäften aller Art bietet sie Cafés und Gaststätten, Biergärten und Straßenmusik, Theater, Museen, Kinos und manch sehenswerte Kirche. Hier, wo heute kaum noch 9000 Menschen wohnen, arbeiten täglich etwa 90.000, und 300.000 weitere kommen hierher, um Einkäufe und Besorgungen zu erledigen.

Man kann es sich kaum vorstellen, daß der **Hauptbahnhof**, als er Mitte des letzten Jahrhunderts gebaut wurde, noch am Stadtrand lag. Die ausufernde Bautätigkeit der Gründerzeit hatte ihn aber bald „umzingelt". Hitler wollte diesen Kopfbahnhof um zweieinhalb Kilometer zurückversetzen und die freiwerdende Trasse für Repräsentationsbauten, die neue Oper, ein monumentales Denkmal

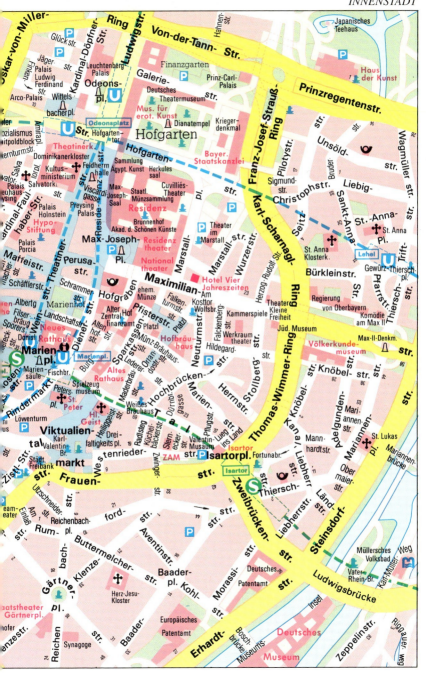

und ähnliche Gigantomanien nutzen. Aber München wurde doch nicht „Hauptstadt der Bewegung" und der Bahnhof blieb, wo er war. Im Krieg wurde er weitgehend zerstört, und im Modernisierungswahn der Nachkriegszeit riß man auch die stehengebliebene Fassade des alten Baues von F. Bürklein ab. Erneute Modernisierungen – mit Glas-Aluminium-Konstruktionen im Inneren – Ende der achtziger Jahre haben den Hauptbahnhof zu einer Drehscheibe für den gesamten Süd- und Südost-Bahnverkehr Deutschlands und des S- und U-Bahnverkehrs in München gemacht. Die kleinen, überteuerten Läden im Bahnhof und seinem weitverzweigten „Untergrund" sind für manchen Münchner nach Geschäftsschluß die letzte Rettung.

Im Stil ursprünglich zur alten Bahnhofs-Fassade passend, stand schon zu Beginn dieses Jahrhunderts gegenüber das erste Münchner Kaufhaus, das **Kauf-**

Oben: Gleich gegenüber vom Alten Justizpalast liegt der Alte Botanische Garten.

haus Hertie (ursprünglich Tietz), zwischen Schützen- und Prielmayerstraße. Das Gebäude aus Eisenbeton unter einer lichten Glaskuppel galt zu seiner Zeit als ein architektonisches Non-plus-ultra. Erweiterungsbauten haben in den siebziger Jahren das Kaufhaus fast bis zum Stachus ausgeweitet. Im Untergeschoß bieten die **Käfer-Markthallen** dem eiligen Feinschmecker erlesene Lebensmittel zu ebenso erlesenen Preisen. Dem „Hertie" gegenüber liegt ein gerade für Touristen, aber auch für Münchner wichtiges Gebäude, das **Telegrafenamt**, das einzige Münchner Postamt, das jeden Tag rund um die Uhr geöffnet hat – was für Eilsendungen und Geldwechsel oft „lebensrettend" ist. Das moderne Gebäude mit seiner blau schimmernden Glasfassade unweit vom „Hertie", der sogenannte **Elisenhof**, entstand ebenfalls in dem Bestreben, das Einkaufsflair der Innenstadt bis zum Bahnhof auszudehnen. In großzügigen Innenpassagen sind hier eine Reihe von Geschäften, ein Kino und diverse Lokale untergebracht.

Trotz dieser Großprojekte ist das Bahnhofsviertel jedoch das geblieben, was es schon in den sechziger Jahren war: Durchgangszone und Anlaufpunkt für die vielen Ausländer, die Arbeit suchend nach München kamen und hier Aufnahme und erste Auskunft bei Landsleuten fanden; wo es die neuesten Zeitungen aus aller Herren Länder gibt; wo sich Lebensmittelgeschäfte der wichtigsten Gastarbeiter-Nationen angesiedelt haben, gleich neben den vielen Import-Export-Geschäften, die billigste, aber nicht immer „saubere" Ware anbieten, vom Walkman bis zur Waschmaschine.

In der angrenzenden Zone zwischen **Schiller-** und **Goethestraße**, die beide senkrecht auf die **Bayerstraße** stoßen, hat sich in den letzten Jahren auch die Computerbranche ausgebreitet und hier die größte Konzentration im ganzen Stadtgebiet erreicht. Und natürlich hat das Bahnhofspublikum nicht nur Hifi- und Elektronikgeschäfte nach sich gezogen, sondern auch diverse Lokale, vom Schnell-Italiener bis zum Red-Light-Etablissement. Obligate Sex-Kinos, Peep-Shows, Spielhöllen und halbschaurige Striptease-Schuppen ergänzen das Vergnügungspanorama.

Von den etwa 450 offiziell registrierten Münchner Hotels und Pensionen liegen gut 20% in dem kleinen Karree zwischen Hauptbahnhof, Mittererstraße, Sonnenstraße und Landwehrstraße. Das **Informationsbüro** im südlichen Querflügel des Hauptbahnhofs bietet Hilfe bei der Zimmersuche und versorgt den Ankömmling mit Stadtplan und ersten wichtigen Informationen.

Wenige Schritte vom Bahnhof, angrenzend an den Stachus (Karlsplatz), lädt die Parkanlage des **Alten Botanischen Gartens** (L. v. Sckell, 1808-14) zur Erholung ein. Ungeachtet des sie umbrausenden Verkehrs sitzen auf den Bänken am Neptunbrunnen, unweit des klassizistischen (ehemaligen) Eingangsportals am Lenbachplatz gleichermaßen Rentner und

Sekretärinnen des direkt gegenüber liegenden **Alten Justizpalastes**, um in der Mittagspause ein paar Sonnenstrahlen zu tanken. Der Alte Justizpalast selbst ist ein pompöses Bauwerk in einem merkwürdigen Stilgemisch von Barock- und Renaissance-Elementen (1891-97).

AM STACHUS

Dem **Karlsplatz** kam als Bindeglied zwischen Altstadt und Bahnhofsviertel schon immer eine wichtige Rolle als Verkehrsknotenpunkt zu. Sein ursprünglicher – und offizieller – Name geht auf den damals beim Volk unbeliebten Kurfürsten Karl Theodor zurück – weshalb er bis heute von den Münchnern hartnäckig „Stachus" genannt wird, wahrscheinlich nach der 1755 dort eröffneten Gaststätte „Stachusgarten" des Gastwirtes Eustachius Föderl, den die Münchner erheblich höher schätzten als den Kurfürsten. Heute ist er mit Straßenbahnen, U- und S-Bahn sowie seinem tosenden Autoverkehr der mit Abstand verkehrsreichste Platz der Stadt, angeblich ganz Europas.

Das Hotel und Restaurant **Königshof**, der **Kaufhof** und eine Reihe von Geschäften drängen sich an der Bahnhofsseite des Platzes eng zusammen, ebenso wie die berühmten **Mathäser-Bierhallen**, ohne Zweifel das größte Wirtshaus der Welt, in dem es von frühmorgens bis spät abends hoch und zünftig hergeht. Im gleichen Gebäudekomplex befindet sich auch eines der größten Kinos der Stadt und die **Mathäser-Passage**.

Nach rechts führt die **Sonnenstraße** in weitem Bogen auf der Trasse der ehemaligen Befestigungsanlagen bis zum Sendlinger Tor. An ihr liegen viele der Münchner Großkinos und viele Geschäfte. Und nur wenige Meter weiter in die **Schwanthalerstraße** hinein (Hausnummer 13) befindet sich das **Deutsche Theater**, seit fast 100 Jahren das beliebteste Revuetheater der Stadt und eine ihrer Faschingshochburgen.

49

Unter dem Stachus empfängt einen ein undurchdringliches Dickicht von kleinen Geschäften; Wegweiser zeigen zu Bus- und Bahnhaltestellen, zu U- und S-Bahn, zum Parkhaus im x-ten Untergeschoß. Sozusagen verkehrt herum ist hier nämlich in den sechziger Jahren ein ganzes Hochhaus unter der Erde entstanden. Für den Nicht-Eingeweihten ist es fast unmöglich, sich hindurchzufinden; nirgends verheißt der Blickkontakt, wohin einen die nächste Rolltreppe befördern wird. Da hilft nur, dem breitesten Passantenstrom zu folgen. Das dennoch unvermeidliche Umherirren bringt einen an Orten vorbei, die man nie gefunden hätte, hätte man sie bewußt aufsuchen wollen. Stadt und Umweltamt haben hier ihre Informationskioske, die Broschüren über die vielen kleinen Alltagsprobleme des Münchner Bürgers ausgeben: vom Sperrmüllplan bis den den neuesten Schadstoffbelastungs-Meßwerten – für jeden Fremden ein kleiner Einblick in das komplizierte Räderwerk, das diese Großstadt am Laufen hält. Auch die Maulwurfsgänge der großen Kaufhäuser kann man bei solch einem unterirdischen Irrweg entdecken. Der lange Tunnel, der die Verbindung des Hertie-Kaufhauses vom Bahnhof in die Fußgängerzone komplett macht, ist zwar von innen nur nach dem dritten München-Lehrjahr zu finden, lockt einen aber vom Untergeschoß aus durch unwiderstehliche Gerüche zielsicher an. Eine Unzahl von Läden bieten hier für den Vorbeieilenden alle Leckereien an, die er vergeblich in den Schnellrestaurants an der Oberfläche gesucht hat.

RUND UM DEN LENBACHPLATZ

Wer von der ober- und unterirdischen Hektik am Stachus genug hat und vor Durchschreiten des Karlstors, hinein in die von Menschenmassen brodelnde Fußgängerzone, eine Verschnaufpause einlegen will, sollte unbedingt den kur-

Oben: Fontänenrauschen am Lenbachplatz. Rechts: Hier am Stachus (Karlsplatz) beginnt die Fußgängerzone.

zen Weg linkerhand hinüber zum **Lenbachplatz** einschlagen – es lohnt sich!

Er ist ein typisches und eindrucksvolles Beispiel für den Städtebau um die Jahrhundertwende. Zahlreiche neoklassizistische Gebäude aus dem 19. Jh. säumen den Platz – im Haus Nr. 2 residiert die Deutsche Bank und pulsiert die **Bayerische Börse**; Nr. 3 ist das **Bernheimer-Haus**, eines der ersten kombinierten Wohn- und Geschäftshäuser Münchens (erbaut 1887-89 von Friedrich von Thiersch), bis heute im Besitz der gleichnamigen jüdischen Familie.

Gegenüber, auf der anderen Seite des Platzes, liegt das **Künstlerhaus am Lenbachplatz**, ein quadratischer Festsaalbau mit geschwungenen Giebeln, der 1900 von G. von Seidl fertiggestellt und weitgehend von Lenbach ausgestattet wurde. Gedacht als Vereinshaus der damaligen Münchner Künstler, dient es heute als Schauplatz von eher vornehmen Veranstaltungen und rauschenden Faschingsbällen. Außerdem beherbergt es das distinguierte Restaurant **Mövenpick**, wo

Sie sommers auch draußen Entspannung finden können. Den optischen und ästhetischen Mittelpunkt des Platzes jedoch bildet ohne Zweifel der prachtvolle klassizistische **Wittelsbacherbrunnen** von Adolf von Hildebrandt (1893-95), hinter dessen Baumgruppen sich die Grünanlage des **Maximiliansplatzes** hinüber bis zum **Platz der Opfer des Nationalsozialismus** erstreckt.

DURCH DIE FUSSGÄNGERZONE

Aber vielleicht sind Sie uns gar nicht bis hierher gefolgt, weil Sie vom Stachus aus durch die Fußgängerzone zum Marienplatz wollen. Nun denn, früher oder später hat man den richtigen Ausgang Richtung Marienplatz gefunden und kommt wieder ans Tageslicht. Im Gewühl zwischen Los- und Gemüseverkäufern, Müßiggängern, die am kreisrunden Fontänenbrunnen hocken, und den vielen Menschen, die unbekannten Zielen zustreben, erheischt man einen Blick durch das Neuhauser- oder Karlstor in die Neu-

hauserstraße – leicht abschüssig, eine wogende Masse von Köpfen und Körpern. Die knapp achthundert Meter, die es von hier bis zum Marienplatz sind, geht man in menschenleeren Abendstunden in zehn Minuten, zu Geschäftszeiten oder an einem sonnigen Sonntag jedoch mag derselbe Weg gut eine dreiviertel Stunde kosten. Er führt an den wichtigsten Kaufhäusern der Stadt vorbei, an Billigmärkten wie noblen Einkaufsadressen – all jenen Firmen, die es in den siebziger und achtziger Jahren durch kapitalkräftiges Aufkaufen der alten Ladenlokale vermocht haben, sich bei ins Unendliche schießenden Bodenpreisen gegen die Konkurrenz durchzusetzen. Fast alle kleinen Geschäfte sind diesem Trend zum Opfer gefallen, die Geschäftsfronten haben leider oft den internationalen Einheitslook angenommen.

Aber selbst diese City-Vereinheitlichung hat es nicht geschafft, die Spuren der Vergangenheit ganz auszulöschen. Der Beginn des Weges, das **Karlstor**, ist der Rest der alten Stadtmauer, die, als es den Bürgern im 14. Jh. zu eng wurde, in einem weiten Rund um die ältere Stadtmauer aus dem 12. Jh. gebaut wurde. An der breiten Schneise des Altstadtrings läßt sich der Mauerverlauf noch gut erkennen. Nach dem Abriß wurde um 1800 rechts und links vom Karlstor das symmetrische Halbrund erbaut, die Öffnung der Stadt nach außen symbolisierend. Der Platz selbst wurde 1972 nach Einweihung der S-Bahn neu gestaltet.

Das Tor selbst, ehemaliger Hauptturm einer großen Toranlage, wurde in das Stadtbild integriert. Heute wird es außer durch hübsche Musikantenfiguren auch durch eine Gedenktafel für den Stadtbaurat Jensen geschmückt, der in den 60er Jahren die Einrichtung der Münchner Fußgängerzone kräftig voran trieb – allem Widerstand zum Trotz, denn die Münchner Geschäftsleute waren sich damals sicher, daß die breite Straßentrasse langweilig und gähnend leer sein würde.

Oben: Erst nach Ladenschluß wird die Fußgängerzone zur fast südländischen Idylle.

Inzwischen hat man die meisten der 1972 aufgestellten Vitrinen wieder aus der Fußgängerzone entfernt, da sie den vielen Passanten nicht mehr genügend Platz bot.

Neuhauserstraße heißt der am Karlstor beginnende Abschnitt der Fußgängerzone. Links und rechts von ihr liegen die größten Geschäfte der Innenstadt. Daß ein heute florierendes Kaufhaus nicht unbedingt ein störender Klotz im Stadtbild sein muß, beweist das um die Jahrhundertwende erbaute **Haus Oberpollinger**, das mit seiner klar gegliederten Fassade an die Form von Altstadt-Giebeln anknüpft.

In der Häuserfront dahinter verschwindet fast der **Bürgersaal**, ein Barockbau von Viscardi (1710) und für die Marianische Männerkongregation als Versammlungssaal gebaut – eine von den Jesuiten inspirierte Bürgervereinigung, die eine nicht unbedeutende Rolle in der Gegenreformation spielte. Der Bau ist zweigeschossig und wird als Kirche genutzt. In den Gewölben der Unterkirche befindet sich seit 1948 das Grabmal für Pater Rupert Mayer. Dieser von den Münchner Bürgern verehrte Pater hatte nie aufgehört, gegen das Naziregime zu predigen, was ihm mehrfache Haft- und Konzentrationslager-Aufenthalte einbrachte, an deren Folgen er 1945 starb.

Auf derselben Straßenseite, ein Stückchen weiter, rückt die Häuserfront nach hinten und spart eine der wenigen ruhigen Ecken dieser geschäftigen Straße aus. Kaum wärmen im Frühjahr die ersten Sonnenstrahlen, ziehen die Münchner hier die Stühle in die schützende, weitläufige „Straßenbucht", laden die beschwerlichen Einkaufstüten ab und sitzen, noch in dicken Wintermänteln, rund um den **Richard-Strauss-Brunnen**.

Das Gebäude, vor dem sich dieser Platz öffnet, wurde Ende des 16. Jh. als Jesuitenkolleg errichtet. Nach dem Escorial soll es das größte Bauwerk seiner Zeit gewesen sein. Nach Aufhebung des Jesuitenordens wurde es im 18. Jh. Sitz

der Akademie der Wissenschaften. Seither heißt es auch heute noch **Alte Akademie**, obwohl das wiederaufgebaute Gebäude inzwischen nur das Statistische Landesamt beherbergt.

Die angegliederte **Michaelskirche** gilt als eine der prächtigsten Renaissance-Kirchen nördlich der Alpen. Die Giebelfront ist zum Platz hin gewandt und zeigt neben der Figur Karls des Großen die bedeutendsten Wittelsbacher. Der Stifter, Herzog Wilhelm V., ist als dritte Figur von rechts in der ersten Reihe zu sehen. Zwischen den beiden Portalen, über dem Wappen der Wittelsbacher, triumphiert der Erzengel Michael über den Teufel.

Das Innere ist – dem Renaissance-Verständnis entsprechend – als Wandpfeilerkirche mit Emporen gestaltet. Der lichtdurchflutete Raum lenkt alle Aufmerksamkeit auf den Altar mit einer weiteren Erzengel-Michael-Darstellung. Der gotische Schrein der Zwillingsbrüder Cosmas und Damian, die als Märtyrer unter Kaiser Diokletian starben, in der dritten Kapelle rechts stammt vom Ende des 14. Jh. und zeigt schöne Reliefarbeiten in vergoldetem Silber. Das Grab des Kirchenstifters befindet sich im Mausoleum unter dem Chorraum, der sogenannten Fürstengruft mit 41 Gräbern der Wittelsbacher. Auch der „Märchenkönig" Ludwig II. ist hier bestattet.

Der angrenzende Monumentalbau, die ehemalige **Augustinerkirche**, ist schon seit der Säkularisation 1803 zweckentfremdet; 1911 wurden dann zur Straßenseite hin Geschäfte eingebaut, die heute mit zu den letzten kleinen Ladenlokalen in der Fußgängerzone gehören. In den sechziger Jahren wurde in den ehemaligen Kirchengewölben schließlich das **Deutsche Jagd- und Fischereimuseum** eingerichtet. Ein wenig unerwartet stößt man deshalb im Fußgängerstrom dort auf ein Wildschwein und einen Fisch aus Bronze, die den Eingang bewachen.

Auf der anderen Straßenseite, hinter einer prachtvollen Renaissance-Fassade,

befindet sich der **Augustiner-Bräu**, das authentischste der traditionellen Münchner Brauerei-Wirtshäuser. Um einen stimmungsvollen Innenhof mit lauschiger Biergarten-Atmosphäre gruppieren sich eine ganze Reihe schöner Säle mit Dekorationen der Jahrhundertwende, von denen jeder sein eigenes Fluidum hat. Hier findet man alte Münchner Gastlichkeit im besten Stil, allerdings nicht billig.

Die Frauenkirche

Auf der Höhe der Augustinerstraße und des Färbergrabens sieht man noch heute, wie die beiden Straßen rechts und links im Bogen die alte Stadtbegrenzung markieren. Der Bach der Färber floß jahrhundertelang an ihr entlang. Der **Färbergraben** selbst präsentiert sich heute mit Postamt, Süddeutschem Verlag und Parkhaus nur wenig attraktiv. Von ihm

Oben: Sommerliches Treiben vor der Michaelskirche. Rechts: In der warmen Mittagssonne rund um die Frauenkirche.

zweigt, parallel zur Fußgängerzone, die Straße **Altheimer Eck** ab – bevor Heinrich der Löwe die Stadt München gründete, gab es nämlich an dieser Stelle das Dorf Altheim. Die Straße ist buchstäblich zur Kehrseite der Münchner Prachtmeile geworden. Hier dringt ununterbrochen der Verkehr herein, der zu den Parkhäusern strömt, hier ergießt sich der gesamte Zulieferverkehr. In der letzten Zeit streckt jedoch der kommerzielle Erfolg der nahen Fußgängerzone die Fühler bis hierher aus. Ein aufwendiger Passagendurchbruch namens „Arkade" wird bald 100 Läden und Lokalen Platz bieten.

Auf der anderen Seite folgt die **Augustinerstraße** dem ehemaligen Mauerrund. Linkerhand ist sie flankiert von der etwas düsteren, rückwärtigen Front des **Polizeipräsidiums**, dessen Eingang in der parallel verlaufenden **Ettstraße** liegt – ein Name, der sowohl für unbescholtene wie „bescholtene" Münchner synonym ist für das Polizeipräsidium selbst. Die Augustinerstraße selbst jedoch führt zum **Frauenplatz** vor dem Dom und da-

mit ins frühere „Eremitenviertel". Der freie Platz vor den 99 und 100 Meter hohen Türmen der Frauenkirche, *dem Wahrzeichen Münchens*, ist die meiste Zeit im Jahr kühl und zugig. An heißen Sommertagen jedoch wird er zum begehrten Rastplatz. Dann sind alle Steinstufen der Brunnenanlage besetzt und Kinder erfrischen sich an den sprudelnden Fontänen.

Die **Frauenkirche** steht auf einer heute kaum mehr wahrnehmbaren Anhöhe und war, unter dem Namen *Marienkapelle*, die zweite Pfarrkirche Münchens. 1468 wurde der Grundstein für die *Kirche zu Unserer Lieben Frau*, kurz: Frauenkirche, gelegt, einem spätgotischen Backsteinbau mit 109 m Länge und 40 m Breite – ohne jegliches schmückende Rankwerk außer den „welschen Hauben" (seit 1525), die als Modell für die im Barock so beliebten bayerischen Zwiebeltürme gedient haben sollen.

Der Gesamtbau ist schlicht und mächtig, eine große Hallenkirche ohne Querschiff. Im Inneren ist nur noch wenig

vom ursprünglichen gotischen Dom des Baumeisters Jörg von Polling übrig geblieben. Gegenreformation, religiöse Eiferer, neugotische Perfektionisten, die zur „richtigen" gotischen Gestaltung der Kirche auch wirklich Gotisches ausmerzten, Kriege und schließlich mehrere Generationen von Rekonstrukteuren aller Schattierungen haben seit dem 17. Jh. der Innenausstattung ihren Stempel aufgeprägt. Geblieben ist lediglich die Grundarchitektur des Gebäudes: die drei schmalen hohen Kirchenschiffe, durch engstehende schlanke Säulen getrennt, und die langgestreckten großen Fenster. Ein Fußabdruck im Stein am Eingang geht zurück auf die Legende vom „Teufelstritt". Polling, so die Legende, habe einen Pakt mit dem Teufel geschlossen, der ihm beim Bau helfen sollte, aber dafür verlangte, daß man in der Kirche kein Fenster sehen könne. Nach Fertigstellung führte der Baumeister den Teufel an den Eingang und gewährte ihm einen Blick ins Mittelschiff. Es war von dort aus wahrhaftig kein Fenster zu sehen, aber der Teufel er-

blickte überall zufriedene Gläubige in einem lichtdurchfluteten Raum. Vor Wut soll er so fest aufgestampft haben, daß sein Fußabdruck sich in den Stein einprägte. Unter den Sehenswürdigkeiten im Kircheninneren ist das Grabmal von Ludwig dem Bayern aus schwarzem Marmor hervorzuheben. Am Hauptaltar sind einige der gotischen Apostelfiguren von Erasmus Grasser aufgestellt, die aus den Kriegstrümmern geborgen werden konnten. Darunter befindet sich die Fürsten- und Bischofsgruft, in der viele Wittelsbacher Herrscher und die Münchner Erzbischöfe beigesetzt sind.

Die Gassen im Schatten des mächtigen Doms sind alle verkehrsfrei und voll einladender kleiner Geschäfte und Lokale. Die italienischen Imbisse in der **Sporerstraße** sind genauso empfehlenswert wie das alteingesessene, gemütliche „Nürnberger Bratwurst-Glöckl".

Oben: Der Fischbrunnen am Marienplatz. Rechts: Das Glockenspiel am Neuen Rathausturm lockt zahllose Touristen an.

AM MARIENPLATZ

Der letzte Abschnitt der Fußgängerzone innerhalb der ersten Stadtmauer ist die **Kaufingerstraße**, die Verlängerung der Neuhauserstraße ab der Augustinerstraße und dem Färbergraben. Je mehr sie sich dem Marienplatz nähert, desto dichter wird der Passantenstrom und desto begehrter sind die dortigen Läden und Lokale. Zur Rechten ist bereits ein Durchbruch mit Innenhöfen entstanden, die **Löwenhof-Passage**, ein weiterer ist im Bau.

Vor allem beim Bummel durch die Kaufingerstraße (aber auch schon in der Neuhauserstraße) bietet sich die Möglichkeit, die multikulturelle Vielfalt Münchens zumindest für einige Minuten erleben und genießen zu können. Linkerhand stimmen vielleicht gerade drei farbenprächtige Kolumbianer Panflöte und Gitarre zum Welthit *El Condor Pasa;* 50 Meter weiter auf der anderen Straßenseite umringt eine Menschentraube einen New Yorker Juden, der virtuos auf seiner Marimba Mozarts *Alla Turca* spielt; ein paar

Schritte weiter entlockt ein Clown Kindern und Erwachsenen helles Gelächter.

Schließlich schiebt sich der schier unübersehbare Menschenstrom auf den weiten rechteckigen **Marienplatz**. Der ehemalige Schrannen-, d. h. Marktplatz, war schon immer das Herz Münchens. Von stattlichen Bürgerhäusern und dem Alten Rathaus begrenzt, war er einst Zentrum der mittelalterlichen Stadt, wo Turniere, Feste und Zunftfeiern abgehalten wurden. Aber der Markt wurde schon im letzten Jahrhundert verlagert, dem Bau des Neuen Rathauses (1876-1908) fielen 24 alte Bürgerhäuser zum Opfer, der 2. Weltkrieg räumte mit den Häusern an der Südseite und dem Alten Rathaus auf, und der Kaufhof-Konzern riß schließlich die Jugendstilhäuser an der Südwest-Ecke ab, um seine klotzige **Kaufhof-Fassade** hochziehen zu können.

Nach wie vor jedoch dominiert, monumental und unübersehbar, das **Neue Rathaus** mit seiner neugotischen Fassade und dem 85 m hohen Rathausturm den Platz. Es ist um insgesamt sechs Innenhöfe herum gebaut, und in seinem Kellergeschoß befindet sich der beliebte „Ratskeller". Täglich um 11, 12 und 17 Uhr stauen sich die Menschenmassen auf dem Marienplatz, wenn sich das berühmte **Glockenspiel** am Rathausturm in Bewegung setzt. Seit 1903 erfreut es die Münchner; 43 Glocken läuteten früher, heute wird nur noch ein Tonband abgespielt. Die 32 Figuren stellen einen Ritterkampf bei dem größten gesellschaftlichen Ereignis dar, das dieser Platz erlebt hat – nämlich die Hochzeit von Herzog Wilhelm V. im Jahr 1568. Darunter drehen sich im Reigen die Schäffler, wie die Zunft der Faßmacher genannt wird. Diesen Tanz haben sie erstmals 1517 aufgeführt, als die Stadt eine der vielen Pestepidemien überwunden hatte. Die Schäffler wagten sich als erste wieder auf die Straße, um den Menschen ein wenig Freude zu bringen. Abends um 21 Uhr spielt das Glockenspiel noch einmal:

„Das Münchner Kindl wird zu Bett gebracht", heißt es dann; der Nachtwächter, der zum Kind verniedlichte Mönch des Münchner Stadtwappens und der Friedensengel erscheinen dann an der Rathausfront.

Die golden leuchtende **Mariensäule** in der Mitte des Platzes mit der um 1590 entstandenen Marienfigur bildet das Vermessungs-Zentrum ganz Bayerns, und es heißt, hier schlage auch das Herz der Stadt. Die zur Schutzpatronin der Stadt gewordene Figur wurde 1638 von Kurfürst Maximilian I. zum Dank dafür gestiftet, daß die Schweden München verschont hatten. Am Fuß der Säule wird allegorisch der Kampf gegen Pest, Hunger, Krieg und Ketzerei dargestellt.

Heiterer geht es dagegen an dem nur wenige Meter daneben gelegenen **Fischbrunnen** zu. Dort wird an die feuchtfröhliche Gesellentaufe der Metzgerlehrlinge erinnert, die früher an diesem Brunnen stattfand. Seinem Wasser wird außerdem glücksbringende Kraft nachgesagt. Wer am Aschermittwoch seinen Geld-

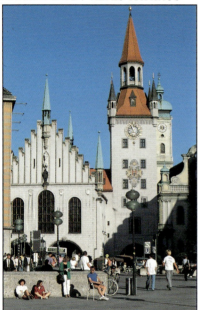

In den restlichen Gebäuden rund um den Marienplatz rangeln sich Kaufhäuser – der schon erwähnte Kaufhof und das bekannte Bekleidungshaus Ludwig Beck „am Rathauseck" –, Gaststätten und Geschäfte um den knappen Raum. Das **Café Glockenspiel** oder die Gaststätte **Peterhof**, wo man sich rühmt, die Weißwurst erfunden zu haben, bieten aus ihren Obergeschossen gute Aussicht auf den weitläufigen Platz. Im **Donisl**, einer Gaststätte, die bis auf das Jahr 1715 zurückblicken kann, gibt es zwar keine solche Aussicht, dafür geht es hier, bei Zitherklängen, sehr bayerisch zu.

Mit der Verkehrsberuhigung seit 1972 hat der Marienplatz viel an Urbanität und Lebensqualität gewonnen. Straßencafés, Blumentröge und viele Sitzplätze machen ihn zum beliebten Treffpunkt. In der Vorweihnachtszeit lockt der meist leider allzu überfüllte **Christkindlmarkt** mit Glühwein, Lebkuchendüften und individuellen Weihnachtsgeschenken. Der Verkehr ist in mehreren Stockwerken in den Untergrund hinabgelegt worden, wo sich eine der wichtigsten U- und S-Bahn-Kreuzungen Münchens befindet.

Hinter dem Rathaus hat eine nach der Kriegszerstörung unbebaut gebliebene Freifläche, **Marienhof** genannt, viel von sich reden gemacht. In diesem Baublock befand sich im Mittelalter das Gassengewirr des Juden-Ghettos. Nach jahrelangem Ringen hat man kürzlich durchsetzen können, daß hier mit Glaspavillons umbaute Grünanlagen entstehen sollen.

beutel darin wäscht, dem wird er nie leer werden, sagt der Volksmund. Der Oberbürgermeister pflegt diesen Brauch noch heute und kommt alljährlich, um hier symbolisch den Stadtsäckel zu waschen.

An der Ostseite des Platzes ist nach dem 2. Weltkrieg das fast völlig zerstörte **Alte Rathaus** rekonstruiert worden, das von Jörg von Halspach im 15. Jh. erbaut wurde. 1972 erhielt es, als letzter Teil des gotischen Baukomplexes, auch seinen Turm wieder. Besonders liebevoll restauriert hat man den gotischen Tanzsaal über der Tordurchfahrt. Eine kunstvolle Holzdecke und Nachbildungen der Moriskentänzer von Erasmus Grasser (die Originale stehen im Stadtmuseum) schmücken diesen historischen Festsaal, in dem bereits Karl V. gespeist haben soll. Die engen Turmstuben beherbergen heute das **Spielzeugmuseum** mit der Privatsammlung des Karikaturisten Ivan Steiger.

Oben: Das Alte Rathaus begrenzt den Marienplatz an seiner Ostseite. Rechts: „Solang der Alte Peter noch steht…"

Der Alte Peter

Vom Marienplatz aus, von der Gaststätte Peterhof rechts ums Eck, kommt man nach wenigen Schritten zum **Rindermarkt**. In der Mitte dieses Platzes zeugt eine bukolische Brunnenanlage von der ehemaligen Nutzung des Ortes als Viehmarkt. Auf beiden Seiten des Platzes befanden sich einst Türme. Der einzig verbliebene **Löwenturm** (15. Jh.)

war kein Teil der inneren Befestigungsanlage, sondern diente als Wohn- und Wasserturm. Auf der anderen Seite, am Durchgang zur Sendlinger Straße, sieht man am **Ruffinihaus** lediglich noch das Bild des Ruffiniturms, der 1808 abgerissen wurde. Doch auch das Haus, ein dreieckig um einen Innenhof angeordnetes Ensemble, ist betrachtenswert.

Von hier ist es nur noch ein Katzensprung zum **Alten Peter**. Dort, auf dem Petersbergl, einer leichten Anhöhe, befand sich einst die Keimzelle des alten Münchens, wo sich die Mönche, die der Stadt den Namen gaben (*Monachium*), im 11. Jh. niedergelassen hatten. Der Kirchturm kann bestiegen werden, Stufe für Stufe, 297 Stück – und es lohnt sich! Denn von oben gesehen, breitet sich die gesamte Stadt vor einem aus. Auf alten Stichen sieht man noch die zwei Turmspitzen, die früher den ungewöhnlich rechteckigen Turm abschlossen. Seit der Blitz 1607 hier einschlug, ziert ihn jedoch sein heute charakteristischer Laternen-Abschluß, der für echte Münchner mehr noch als die Frauentürme als Wahrzeichen ihrer Stadt gilt.

Gleich acht Uhren schmücken ihn – nach der Erklärung Karl Valentins, „damit acht Personen gleichzeitig auf die Uhr schauen können." Die Glocken hört man am eindrucksvollsten beim Einläuten des Sonntags, jeden Samstag um 15 Uhr. In den Sommermonaten wird auf der Aussichtsplattform des Turms (ebenfalls jeden Samstag) eine Bläser-Turmmusik dargeboten.

Die Kirche selbst ist in einem Altmünchner Lied verewigt worden, das jeder Fremde nach der dritten Maß im Hofbräuhaus mitsingen kann: *„Solang der alte Peter, der Petersturm noch steht, solang stirbt in der Münchnerstadt, d' Gmüatlichkeit net aus."* Und eben deshalb war es den Münchnern eine selbstverständliche Pflicht, für den Wiederaufbau des Alten Peter nach dem Krieg zu spenden. Inzwischen erstrahlt er wieder

in all der Pracht, in der die ehemals gotische Kirche in der Barockzeit umgestaltet wurde. Auch das Innere vereint auf verblüffende Weise Gotisches mit Barockem. Der Hochaltar zeigt eine lebendige Szene der Verehrung des St. Peter. Während der Altar und die Figuren der Kirchenväter von Egid Quirin Asam 1753 geschaffen wurden, ist die zentrale Petrus-Figur ein Meisterwerk von Erasmus Grasser (1517). Die seitlich angeordneten spätgotischen Teile des ursprünglichen Flügelaltars von Jan Polack zeigen Szenen aus dem Leben Petri, der auch im Mittelpunkt der barocken Chorkuppel-Bemalung steht. Im nördlichen Seitenschiff steht der berühmte Schrenkaltar. Nicht versäumen sollte man in der vordersten Seitenkapelle des linken Seitenschiffes einen frühgotischen Sandstein-Altaraufsatz. Er zeigt Christus in der Mandorla, eine herrlich anschauliche Jüngstes-Gericht-Szene mit den zwölf Aposteln sowie eine Kreuzigung. In der Kapelle gegenüber steht eine anmutige Rokoko-Gruppe der Anna-Selbdritt.

59

IM TAL

Durch das Tor des Alten Rathauses blickt man vom Marienplatz ins **Tal** „hinunter". Diese Straße verdankt ihren heute etwas verblüffenden Namen ihrem früher abschüssigen Verlauf bis zur Isar. Unweit der einstigen Floßlände, an der massenweise die Baumstämme aus den Bergen angeschwemmt und aufgestapelt wurden, hatten sich die Schreinereien der Stadt angesiedelt, aus denen später die hier auffallend zahlreich vertretenen heutigen Möbelgeschäfte wurden. Jahrzehntelang ging man in München wie selbstverständlich zum Möbelkauf „ins Tal", doch diese Tradition bröckelt wegen der großen Möbelmärkte am Stadtrand langsam ab. Stattdessen sind hier große Schnell-Imbisse und Steakhäuser wie Pilze aus dem Boden geschossen.

Der breite Straßenzug, auf dem früher die Ladefuhrwerke parkten, ist im Gegensatz zur Fußgängerzone nach wie vor befahrbar und einer der unruhigsten Teile der Innenstadt. Jede Menge Touristenbusse entladen sich hier, ganze Schulklassen werden abgespeist, Taxis rasen über schon rote Ampeln. Erfreulicherweise haben sich aber auch noch einige der alten Gasthäuser gehalten, die hier anno dazumal die Fuhrleute verköstigten. Das berühmteste davon ist das **Weiße Bräuhaus**, nur einige Meter hinter dem Alten Rathaus, dessen „Schneiderweiße" als bestes Münchner Weißbier gilt. Wesentlich ruhiger geht es im nur wenig weiter gelegenen **Bögner** auf der anderen Straßenseite zu, einem der ältesten Wirtshäuser Münchens.

Vom Tal aus hat man linker Hand Zugang zum **Graggenauer-Viertel**, in dem früher auf winzigen Parzellen unzählige Handwerkerhäuser standen. Bekannt geworden ist nur jener Teil des Viertels mit dem wohl berühmtesten Wirtshaus der

Links: Vor dem Alten Hackerhaus in der Sendlinger Straße.

Welt, dem **Hofbräuhaus**, das für die meisten ausländischen Besucher neben dem Brandenburger Tor und Rothenburg zu den wichtigsten Sehenswürdigkeiten Deutschlands gehört.

„In München steht ein Hofbräuhaus, oans, zwoa, g'suffa...", wer kennt das nicht! 1589 wurde unter Wilhelm V. ein eigenes Bräuhaus errichtet, das zu Beginn dort stand, wo sich heute das Zerwirkgewölbe befindet. Es ging 1852 in den Besitz des bayerischen Staates über, wurde aber bereits 1873 an den damaligen Stadtrand, nach Haidhausen, verlegt. In der Altstadt blieb nur der Ausschank. Das Gebäude wurde erst 1897 von Max Littmann in seine heutige Neorenaissance-Form gebracht, die dem Massentourismus auch von den Räumlichkeiten her standhalten kann. Neben der „Schwemme", wo bis zu 1000 Gäste an blanken Holztischen ihre Bierseligkeit durch lautes Mitsingen zu den Klängen diverser bayrischer Musikkapellen steigern können, bieten Jägerstüberl, Fischerstüberl und der Wappensaal Aufnahme-Kapazitäten für jede Menge „Gemütlichkeit" suchender Fremder. Daß die Bedienungen in all dem Trubel oft ein wenig resolut, ja derb auftreten, ist gewissermaßen eine Überlebensfrage.

Das Umfeld des Hofbräuhauses hat sich in den letzten Jahren, seit die Altstadtgassen des Graggenauer Viertels zur Fußgängerzone umgewandelt wurden, sehr verändert. Zwar finden sich dort noch weitere urbayerische Lokale, wie z.B. die berühmte Volksbühne **Platzl**, in der der Weiß Ferdl über 30 Jahre lang die Leute zum Lachen brachte und später noch der Blädel-Schorsch und Michl Lang. Es gibt jedoch inzwischen auch zunehmend ruhigere Wirtshäuser, wo Besucher versorgt werden, denen nicht nach Schunkeln und Auf-den-Tischen-Tanzen zumute ist.

Ähnliche Gegensätze spiegeln sich auch im Spektrum der Geschäfte: Entlang der **Orlandostraße** hat sich die An-

denken- und Sex-Shop-Szene ausgebreitet, in anderen Sträßchen dagegen, wie in der **Bräuhausstraße**, findet man hübsche Geschäfte mit bayerischen Trachten oder Musikinstrumenten. Der alte Häuserblock zwischen Platzl, Pfister- und Falckenturmstraße wurde ganz renoviert, die Innen-Passagen wurden **Platzlgassen** genannt. Alte Bürgerhäuser aus dem 15. und 16. Jh. wurden aufwendig restauriert und bieten Raum für elegante Geschäfte und Lokale. Auf der Rückseite desselben Blocks befindet sich die alte **Pfistermühle**, in deren Gewölben aus dem 16. Jh. sich jetzt ein gutes Restaurant befindet. Noch immer ist das Brot aus der „Hofpfisterei", deren Filialen heute über die ganze Stadt verteilt sind, das beste und beliebteste in München, aber den Pfisterbach, der hier 500 Jahre lang das Mühlrad antrieb, gibt es schon lange nicht mehr. Ein weiteres, sehr schön renovier-

tes altes Bürgerhaus ist in der Ledererstraße 10 zu sehen.

Der Bereich zwischen **Kosttor**, Hofbräuhaus und Altstadtring birgt den am wenigsten bekannten Teil der ganzen Altstadt. **Neuturm-, Hildegard-, Marien-, Herrn-** und **Stollbergstraße** sind richtige Wohnstraßen mit gut renovierten Bürgerhäusern aus der Gründerzeit. Die vereinzelten Geschäfte, Bistros und ruhigen Hotels wirken durchaus einladend. Den Abschluß dieses Viertels zum Altstadtring hin bildet der Neubau der **Stadtsparkasse**. In dessen Innenhof integriert hat man die freigelegten Grundmauern der alten Stadtmauer und des Wachtturms **Lueg-ins-Land** (1374). So heißt auch die kleine Gasse, die von hier zum Isartor führt. Auf dem **Vindeliker-Haus** ist eine Abbildung des alten Turmes zu sehen und eine Gedenktafel ruft ihn mit einem Sprüchlein in Erinnerung: *Hier stund der Wachthurm Lueg ins Land, ob seiner Fernsicht so genannt.*

Am Ende des „Tals" bildete einst das **Isartor** (1337) den Ausgang der Salz-

Oben: Original bayerisches Ambiente im Hofbräuhaus. Rechts: Völlig restauriert präsentiert sich das Isartor.

straße zur Isar hin. Sowohl die achteckigen Verteidigungstürme als auch der große Aussichtsturm auf der Stadtseite, der als Zollstelle diente, sind erhalten geblieben. An der Außenfassade zeigt ein breites Fresko die Schlacht, die Ludwig der Bayer 1322 bei Ampfing schlug. Im Nordturm befindet sich seit 1959 das kuriose **Valentin-Musäum** sowie das Archiv der Münchner Volkssänger. Im Turmstüberl bietet ein heimeliges Café hervorragende Weißwürste, Schmalznudeln und guten Ausblick. Ob man einen solchen wünscht, sei dahingestellt. Denn der Altstadtring weitet sich hier, bevor er in den engen Straßen der Isarvorstadt verschwindet, zu einer monströsen Kreuzung. Die zehn Fahrspuren erscheinen unüberwindlich und der Weg zur nahen Isar wenig verlockend, so daß es manch einer vorziehen wird, in Richtung Viktualienmarkt abzubiegen.

Am Eingang zur **Westenriederstraße** fällt der große Glas-Pavillon des **Pelzhaus Rieger** auf. Im weiteren Verlauf der Straße sind in Häusern aus dem 15. und 16. Jh. Stehimbisse, das Käse-Fachgeschäft *Kasladl,* Trachtenläden und Kunsthandwerkläden bunt gemischt zu finden. In den Seitengassen haben sich zahlreiche Antiquitäten-Geschäfte zusammengefunden. Wer es auf alten Schmuck abgesehen hat, ist besonders im *Radlsteg* gut aufgehoben. Vor allem das volkstümliche Wirtshaus „Beim Sedlmayr" hat nach dem gewaltsamen Tod des bekannten Volksschauspielers neu an Popularität gewonnen. In der Durchgangspassage von der Hausnummer 26 zum „Tal" hinüber befindet sich ein höchst seltsames Sammelsurium: **Zentrum für außergewöhnliche Museen** (ZAM) nennt es sich und vereint gleich sieben in der Tat kuriose Ausstellungen – neben Tretauto-, Nachttopf-, Osterhasen- und Korkenzieher-Sammlungen gibt es dort auch ein Sissy-Museum mit Exponaten über die österreichische Kaiserin.

Dort, wo die Westenriederstraße einen Knick nach links macht, stößt man auf den **Dreifaltigkeitsplatz**, an dem die Heiliggeiststraße beginnt. Die **Heilig-**

geist-Kirche, ursprünglich eine Spitalkirche des 13. Jh., wurde nach dem großen Stadtbrand 1327 als typisch bayerische Hallenkirche ohne Querschiff wieder aufgebaut. Von ihrer gotischen Form ist jedoch kaum etwas geblieben: In der ersten Hälfte des 18. Jh. wurde sie barockisiert, und statt der in der Säkularisierung abgebrochenen Spitalbauten wurde die Kirche im 19. Jh. um drei Joche verlängert. Innen sind die Fresken des Mittelschiffs von C. D. Asam nach dem Krieg wieder vollständig rekonstruiert worden. Neben dem Eingang ist das Bronze-Grabmal des Herzogs Ferdinand von Bayern (1608) zu sehen. Mit dem Rücken an die Kirche gelehnt, bilden ein paar kleine Läden den Einschlupf in die **Heiliggeiststraße** – eine kleine Gasse, die man leicht übersieht. Traditionelle Läden verkaufen hier echte bayrische Lederhosen und handgemachte Bürsten, das **Marktcafé** bietet einen hübschen Innenhof, die **Weinschänke** einen schnellen Schluck zum Aufwärmen. Am Ende mündet die Gasse in den lauschigen Dreifaltigkeitsplatz mit seinen Lokalen, vor denen man unter schattigen Bäumen angenehm sitzen kann.

AM VIKTUALIENMARKT

Von hier aus bietet sich ein Blick über den großen Platz, der früher der Anger der Stadt war, wo sich Kutschenparkplätze, Wiesen, Lager- und Bleichplätze erstreckten. In den kleinen umliegenden Häuschen wohnten Handwerker und Wäscher, Wagenhalter und Holzarbeiter – die „kleinen Leute" eben.

Seit 1807 dehnt sich hier der größte und volkstümlichste Münchner Markt aus: der **Viktualienmarkt**. „Viktualien", das ist ein gelehrt-bayerisches Wort für Lebensmittel. Hier gibt es einfach alles, was Genuß verheißt. Eine Vielzahl von

Rechts: Blick vom Viktualienmarkt auf St. Peter und Altes Rathaus.

kleinen Buden drängte sich früher auf engem Raum, von Straßen gesäumt und gekreuzt. Mittlerweile ist dieser Markt zum Mekka der Gourmets geworden. Was macht man schon im Büro mit einer Tasche voller Kohl! Aber ein Stückchen Delikatess-Käse kann man schon einstecken, eine Flasche erlesenen Weins, einen Hasenschlegel, ein paar Hummerkrabben, eine Mango oder ein paar Lychies. Und in der Mittagspause bummelt manch einer über den Markt, kauft sich eine Leberkäs-Semmel oder hockt sich unter dem weiß-blauen Maibaum in den Biergarten zu den Alten, die dort schon den ganzen Morgen um einen Bierseidel herum die letzte Herbstsonne genießen. Internationale Spezialitäten von chinesischem Tofu bis zu griechischem Ziegenkäse werden angeboten, neben den einheimischen frischen Produkten der jeweiligen Jahreszeit natürlich. Und kräftig gevolkstümelt wird: Die Petersilie wird gleich zweisprachig angeboten, auf Hochdeutsch für die „Saupreißn" und als *Bädasui* für die, die keinesfalls mit letzteren verwechselt werden wollen. Der Übergang vom Traditionellen zum bayerischen Edelkitsch, vom Bodenständigen zum Imitations-Nepp ist rund um den Viktualienmarkt fließend.

Seit 1975 die Fußgängerzone erweitert wurde, ist ein Großteil des Marktes vom Verkehr frei. Den Markständen wurde ein einheitliches Aussehen gegeben, die Buden wurden wind- und wetterfest gestaltet. Auch der Bauernmarkt, der zweimal die Woche im hinteren Teil die Produkte der Landwirte aus der Umgebung anbietet, erhielt dauerhafte Stände. All dies im oberbayerischen Markt-Look, der dafür allerdings die Preise gewaltig in die Höhe trieb. 1991 hat man auch den Durchgangsverkehr vom Rosental her verbannt und so dankenswerterweise den letzten Autofahrer-Geheimtip für die Innenstadtdurchquerung zunichte gemacht. Gehupe, Staus und Gestank auf der am südlichen Ende des Viktualienmarkts vorbei-

führenden Blumen- bzw. Frauenstraße
mindern aber immer noch das Markt-Ver-
gnügen. Und über die oft wild klingeln-
den Fahrradfahrer „granteln" die Marktfrauen sowieso. Ihr lautstarkes Schimpfen ist schon legendär, und meist mehr
Spaß als wirklicher Ärger. Aber so mancher nichtsahnende Besucher weicht
schon mal erschrocken zurück, wenn er
knurrig angefahren wird mit einem „Sie
da, gengensmawegda, die Ware ist zum
Kaufen da, net zum Ograbschen!"

Die Marktfrauen sind so wichtig für
das Ambiente des Marktes wie ihre Waren. Eine Schlüsselrolle spielen sie im
Fasching, der bayerischen Variante des
Karnevals. Der Karneval hat in München, anders als im Rheinland, eigentlich
keine Tradition. Es wird zwar ein Prin-
zenpaar ernannt und ein Karl-Valentin-
Orden vergeben, aber die offiziellen Ak-
tionen beschränken sich dennoch auf ein
Minimum. Mit Künstler- und Studenten-
festen begann es um die Jahrhundertwende, und die Marktfrauen des Viktualienmarktes fanden Gefallen daran. Im Mor-

gengrauen des Faschingsdienstages, nach
Öffnung ihrer Stände, feierten sie mit den
letzten Zechern, die den Weg nach Hause
noch nicht gefunden hatten, ihren eigenen Fasching, tranken ein gutes Schlück-
chen, um sich aufzuwärmen, und tanzten
dazu. Das sprach sich herum und immer
mehr Münchner gesellten sich dazu.
Heutzutage sind am Faschingssonntag
und -dienstag die gesamte Fußgängerzone und der Viktualienmarkt ein riesiger
Festplatz.

Die Marktfrauen tanzen nach wie vor,
aber sie werden begleitet von Frühaufste-
hern, Kindern, die seit Wochen darauf
warten, ihr Kostüm auszuprobieren, den
letzten Nachtschwärmern im schon etwas
verrutschten Smoking und sorgfältig ge-
schminkten Transvestiten. Es gibt kein
besonderes Angebot. Musik dröhnt aus
allen Lautsprechern, Konfetti rieselt einem von hinten in den Mantelkragen. Die
Kälte muß man alle hundert Meter mit einem Schnaps bekämpfen, während der
ganze Viktualienmarkt in überschwengli-
cher Laune wogt.

Zum Bummel über den Markt können Sie die hübschen Brunnen als Wegmarken nehmen. Immerhin sechs Stück sind es, die man aufspüren kann. Neben der zeitlosen **Marktfrau** ehren sie die noch immer populären Münchner Volkssänger. Zuvörderst natürlich den unsterblichen **Karl Valentin** (und trauen Sie sich ja nicht, das V weich auszusprechen, ein gezischtes Vogel-Vau muß es sein) und seine Partnerin **Liesl Karlstadt**. Selten wird man diese kleinen Denkmäler ohne einen kleinen Blumenstrauß sehen, den irgendjemand dorthingesteckt hat. Auch der **Weiß Ferdl** wird geehrt, der so wunderschön den Wagen von der Linie Acht besang, eine der vielen inzwischen eingestellten Trambahnlinien. Sie stehen nicht von ungefähr hier, diese Volkssänger – sie sangen wirklich fürs Volk. In den zwanziger Jahren, als in Berlin Revues und Kabaretts die Bevölkerung anzogen,

Oben: Hier läuft einem das Wasser im Mund zusammen – Marktstände am Viktualienmarkt. Rechts: Am Karl-Valentin-Brunnen.

hatte München zwar seinen *Simplicissimus*, aber das Gros der Bevölkerung war wenig weltstädtisch. Die bayerischen Volkskünstler traten in den Bierkellern der zahlreichen Brauereien auf, auf den Bühnen des Platzl und der längst nicht mehr existenten „Blumensäle" hier am Viktualienmarkt; es waren Vergnügungslokale, die gleichermaßen bei Münchnern und Besuchern aus dem Umland beliebt waren. Schlichte und derbe Verballhornungen bayerischer Eigenheiten und Besonderheiten wurden mit ebensoviel Beifall bedacht wie die feinsinnig-skurrilen Szenen von Karl Valentin.

UM DEN ST. JAKOBSPLATZ

Am südlichen Ende des Viktualienmarktes wird ein großes, noch unbebautes Grundstück entlang der **Blumenstraße** als Parkplatz genutzt. Hier stand einst die 400 m lange „Schrannenhalle", ein Marktgebäude aus der Zeit von Maximilian II., von dem nur noch ein kleiner Teil als städtische **Freibank** erhalten ist.

Der begrünte Korridor grenzt heute eine der verträumtesten Ecken der Innenstadt vom vielbefahrenen Altstadtring ab.

Am nahegelegenen **Sebastiansplatz** zwischen Prälat-Zistl-Straße und Nieser-straße hat man für ein Alten-Service-Zentrum Raum gefunden, das alten Leuten ermöglicht, in ihrem Wohnviertel zu bleiben. Gegenüber bildet das letzte erhaltene Ensemble von mittelalterlichen Gebäuden der Stadt den sogenannten **Sebastiansblock**, der Bestandteil des städtischen Sanierungsprogramms ist. Dabei geht es darum, die Hausbesitzer bei der Renovierung von erhaltenswerten Gebäuden organisatorisch und finanziell zu unterstützen, ohne daß die oft nicht besonders zahlungskräftigen Bewohner darunter leiden müssen. So hofft man, daß die Zahl von nur noch 9000 Einwohnern in der Münchner Innenstadt nicht noch weiter absinkt – um die Jahrhundertwende lebten hier immerhin noch 40.000 Menschen.

Um den Sebastiansblock mit seinem Altstadtflair findet der müde Stadtläufer eine Menge von kleinen Cafés und Lokalen, die in der Fußgängerzone nur vereinzelt zu finden sind. Das **Café Frischhut**, mit Hausmadonna und Moriskentänzer geschmückt, gehört dabei zu den bekanntesten Münchner Einrichtungen: Ab 5 Uhr morgens geöffnet, ist es bei den Frühschicht-Straßenfegern und bei jenen, die nach einer durchzechten Nacht in den frühen Morgenstunden Stärkung brauchen, gleichermaßen beliebt. Ein dampfender Kaffee und eine frische, in heißem Fett ausgebackene Schmalznudel bringen so manchen schnell wieder auf die Beine.

Der nur wenige Schritte entfernte **St. Jakobsplatz** wirkt heute unfertig, etwas vergessen und ist momentan meistens mit Autos und Reisebussen zugeparkt. Hier erstreckte sich früher ein Klostergelände. Der Verkehr ist inzwischen weitgehend vom Platz selbst verbannt, so daß die dörflich anmutende Stimmung nicht getrübt wird. Hinter dem Angerbach mit der

„Roßschwemme" stand im 16. Jh. das städtische Korn- und Büchsenhaus, das spätere Zeughaus, und um einen Hof herum gruppierten sich daneben die Gebäude des städtischen Marstalls. Seit 1888 sind all diese Bauten erst zum Historischen Museum, dann zum **Stadtmuseum** umfunktioniert worden, das durch seinen ständigen Ausbau zu einem der interessantesten Museen Münchens geworden ist. Das kleine „Café im Stadtmuseum" mit Sommerbetrieb im Innenhof hat sich zum beliebten Szene-Treff gemausert. Hier können sich erschöpfte Museumsbesucher aber auch abendliche Stadtbummler bei köstlichen Kuchen und italienischen Snacks regenerieren.

Das Stadtmuseum

Der der Stadt München gewidmete Museumsteil (1. Stock) zeigt verschiedene Pläne und Stiche der Stadt aus allen historischen Entwicklungsstufen. Modelle verdeutlichen, daß München auf den Gletscherschottern der Voralpen wie auf

einer schiefen Ebene thront; Wappen und viele Dokumente aus der Geschichte der Stadt werden hier gezeigt. Das Prunkstück ist das „Sandtner'sche Stadtmodell", eine doppelt vergrößerte Replik des Originals (im Bayerischen Nationalmuseum), das Herzog Albrecht V. von Bayern 1570 anfertigen ließ. Dieses Modell wurde in den ersten hundert Jahren noch angepaßt, wenn städtebauliche Veränderungen vorgenommen wurden, und zeigt das mittelalterliche München sehr genau. Jedes Haus ist repräsentiert, die Gassen etwas zu breit, damit man die Häuserfronten auch erkennen kann, und auch die längst verschwundenen Stadtbäche nördlich des Alten Hofes, am Färbergraben, am Oberanger und am Viktualienmarkt sind zu sehen.

Weit über die Stadtgrenzen hinaus bekannt ist das Museum für sein **Film-Museum**. Zweimal täglich werden hier im

Oben: Was kostet eine Schmalznudel im Café Frischhut? Rechts: Die berühmten Moriskentänzer von E. Grasser.

Kinosaal Filme vorgeführt, oft Streifen, die man sonst nirgends zu sehen bekommt. Einen weiteren Leckerbissen für Film- und Fotofreunde bietet das **Fotomuseum**, das anschaulich die Geschichte der Fotografie dokumentiert. Von der Camera Obscura bis hin zum „Daumenkino" fehlt hier keine Stufe der technischen Entwicklung und eine alte Feinoptiker-Werkstatt macht sie wieder lebendig. Nicht versäumen sollte man das „Kaiserpanorama" aus dem 19. Jh., ein hölzernes Rundgestell, in dem nach einem ausgeklügelten Verfahren Dias dreidimensional projiziert werden. Die Beschauer sitzen auf Hockern außen und können die Bilder durch Gucklöcher betrachten.

Der 4. Stock mit seiner **Musikinstrumenten-Sammlung** läßt das Herz von Musik-Liebhabern höher schlagen: Hier befindet sich eine der bedeutendsten europäischen Sammlungen dieser Art. Die Instrumente aus allen Kulturen sind allerdings recht nüchtern ausgestellt, man erwartet eigentlich Klangproben, aber leider bleiben die Instrumente stumm.

Gar nicht steril hingegen wirkt die weite Zimmerflucht, die mit vollen Wohnraum-Ausstattungen **Bürgerliche Wohnkultur von 1650 bis zur Gegenwart** darstellt (2. Stock). In die meisten dieser Räume würde man sofort liebend gern einziehen. Allein sieben Zimmer sind dem Biedermeier gewidmet. Auch eine vollständige alte Weinschänke und ein typisches Künstleratelier sind dabei.

Besonders liebevoll ist das **Puppentheater-Museum** eingerichtet (3. Stock). An einem verregneten Wochenende bietet es sich als ideales Ausflugsziel für Erwachsene und Kinder an, zumal hier auch in Vorführungen die Puppen lebendig werden. Etwa 50.000 Figuren aus allen Zeiten und in allen Größen reflektieren die Verzauberung, die das Puppentheater von jeher auf Kinder und Erwachsene ausübte. Mit der Sammlung sind auch Erinnerungsstücke an das Schausteller- und Gaukler-Gewerbe aufbewahrt. Schaurig realistisch wird die Faszination des Abstrusen auf früheren Jahrmärkten illustriert. Im Erdgeschoß sind die berühmten **Moriskentänzer** von Erasmus Grasser ausgestellt. Man ist sich darin einig, daß es sich um die bedeutendsten profanen Schnitzarbeiten der Gotik handelt. Sie waren im 15. Jh. von dem Künstler für den alten Rathaussaal geschaffen worden, der um 1480 eingeweiht wurde. Auf Konsolen unter der Decke standen dort 16 solcher Figuren, von denen leider nur noch zehn erhalten sind.

Damals führten die fahrenden Schausteller in ganz Europa zur allgemeinen Belustigung gern solche Moriskentänze auf: *Danzas Moriscas* hießen sie ursprünglich, nach den Tänzen der konvertierten Mauren im mittelalterlichen Spanien. Übertriebene Bewegungen und geckenhafte Kleidung waren kennzeichnend für die Tänzer, die karikaturhaft Prototypen der damaligen Gesellschaft darstellten. Die Figuren sind aus Lindenholz geschnitzt, zwischen 60 und 80 cm groß und bunt bemalt – jede einzelne ein kleines Kunstwerk.

Ebenfalls im Erdgeschoß befinden sich die **Waffenhalle** mit den Ausstattungen des ehemaligen Zeughauses und ein kleines **Brauerei-Museum**.

In der kleinen Gasse hinter dem Museum, der **Nieserstraße**, stößt man auf eine ganz besondere Museumsabteilung: die **Artothek**, ein städtischer Kunstverleih. Hier kann man sich für ein paar Mark alle zwei Monate ein anderes Original ausleihen und so Abwechslung in die Eintönigkeit des Wohnzimmers bringen.

Die Verwaltung des Museums ist gegenüber im **Ignaz-Günther-Haus** untergebracht, einem attraktiven Rokokobau, der 1761-75 die Werkstatt des gleichnamigen bekannten Bildhauers war. Es wurde mit viel Mühe vor dem Abriß gerettet und seine Erdgeschoßräume für wechselnde Ausstellungen hergerichtet.

DAS HACKENVIERTEL

Die **Sendlinger Straße** – vom Stadtmuseum aus in nur wenigen Schritten über die **Dorfstraße**, vom Marienplatz aus über die **Rosenstraße** in wenigen Minuten erreichbar – bildet den südwestlichen Arm des Straßenkreuzes, das die Innenstadt am Marienplatz viertelt. Diese ehemalige alte Landstraße führte am Sendlinger Tor aus der Stadt hinaus. Seit im letzten Jahrhundert der Bahnhof der Ost-West-Achse die deutlich höhere Bedeutung verliehen hat, ist die Sendlinger Straße jedoch etwas „zurückgeblieben" – in ihrer Entwicklung, in den Baupreisen und in Bezug auf Abrisse. Zu ihrem Glück. Die zahlreichen hier ansässigen Geschäftsinhaber vermarkten inzwischen das Kleinstadt-Flair ihrer Straße recht geschickt. Leider ist sie immer noch nicht für den Verkehr gesperrt und deshalb zum größten Freiluftparkplatz der Innenstadt geworden.

Den Anfang der Straße prägen große Sport- und Bekleidungshäuser, sowie das Verlagshaus der *Abendzeitung* und der

Rechts: Der Eingang zur „Hundskugel", dem ältesten Wirtshaus Münchens.

Süddeutschen Zeitung, doch je mehr man sich dem Sendlinger Tor nähert, desto kleiner werden die Geschäfte. Durch gestiegene Mieten sind auch hier alteingesessene Geschäfte von zahlungskräftigeren Firmen verdrängt worden. Dennoch gibt es noch einige Läden in Familienbesitz (z. B. die Seilerei in Nr. 60). Sogar einen richtigen Tante-Emma-Laden kann man hier noch finden. An der Ecke Hermann-Sack-Straße befindet sich über einem Schmuck-Geschäft ein hübsches Glockenspiel: Ein Moriskentänzer dreht sich zum feinen Gebimmel unzähliger Glöckchen. Einige Lokale und die Eisdiele mit dem tropischen Copacabana-Eis (Nr. 54) runden das Angebot ab.

Einige der Gebäude in der Sendlinger Straße sind es wert, daß man wenigstens einmal den Kopf von der Schaufenster-Front nach oben hebt. Dabei wird man beobachten, daß die Numerierung der Häuser hier, wie noch in vielen Altstadtstraßen, auf der einen Straßenseite mit 1, 2, 3 beginnt und dann die andere Straßenseite wieder herunterkommt. An manchem Haus sieht man über dem Eingang noch eine Haus-Madonna; am Eingang zum Haus Nr. 89, an der Ecke zum Färbergraben, in dem Münchens bekanntestes Sportgeschäft, der „Sport-Scheck" residiert, weist eine Zeichnung darauf hin, daß hier einmal das Himmelsschäffler-Haus stand, von dem im 16. Jh. der Schäfflertanz ausging.

Das **Singlspieler-Haus** (Nr. 29) mit den überlebensgroßen Bildern an seiner Außenmauer ist erst vor kurzem sorgfältig restauriert worden. Das Gebäude hat früher eine Brauerei beherbergt, ebenso wie das **Alte Hackerhaus** (Nr. 75), das schon eine ganze Menge erlebt hat. Bereits im 15. Jh. wurde hier Bier gebraut. Später fusionierte die Hackerbräu mit der Pschorr-Brauerei. Nachdem es mehrfach abgebrannt und umgebaut worden ist, bildet heute nur noch ein Bruchteil des alten Brauhauses einen schönen Gasthof. Bei den Renovierungsarbeiten kam im

ersten Stock der **Silbersalon**, ein Neo-Rokoko-Salon, zum Vorschein, den sich der damalige Brauereibesitzer Mathias Pschorr im letzten Jahrhundert hat ausstaffieren lassen.

Die **Hackenstraße**, eine Querstraße zur Sendlingerstraße auf Höhe des Alten Hackerhauses, ist das Herzstück dieses Altmünchner Stadtviertels. Handwerksläden, Hausmadonnen und stimmungsvolle Lokale prägen sie. In der Nummer 10 mit der kunstvollen Madonna über dem Eingang waren früher die Hofbildhauer zu Hause und bedeutende Künstler des 18. Jh. wie Straub oder Boos wirkten von hier aus. An der Ecke zur **Hotterstraße** winkt mit freundlichen Geranien vor den Fenstern ein „halbes" mittelalterliches Haus. Der Giebel mit dem typischen Balken für den Lastenaufzug scheint in der Mitte durchgeschnitten. Darunter zeigt eine Darstellung Hunde, die einem Ball nachlaufen, eine Illustration des Namens **Hundskugel**. Bis ins Jahr 1440 geht die Tradition dieses ältesten Wirtshauses Münchens zurück. Sei-

ne holzgetäfelten Räume sind niedrig und heimelig, jedoch leider allzusehr im Edel-Bajuwarenstil renoviert worden. Gegenüber befindet sich das neoklassizistische **Radspielerhaus**, das ehemalige Palais Rechberg, von dem ein schöner Innenhof und ein fast burgartiger Söller erhalten sind.

Das Erbe der Gebrüder Asam

Als Baumeister und Freskenmaler waren die Brüder Egid Quirin und Cosmas Damian Asam in der ersten Hälfte des 18. Jh. die angesehensten Künstler der Stadt, die weit über Bayern hinaus großen Ruhm genossen. Egid Quirin hatte in der Sendlinger Straße selbst Baugrund erworben und baute hier ab 1733 sein eigenes Wohnhaus, das **Asam-Haus** mit seiner prachtvollen Stuckfassade, und eine der eindrucksvollsten Rokoko-Kirchen Süddeutschlands samt einem Priesterhaus, die zusammen ein harmonisches Ensemble bilden – die **Asamkirche**. Dem hl. Johann Nepomuk geweiht, ver-

dar. Der Altar selbst wird von einer Strahlenglorinole geschmückt. Ein Glasschrein zeigt eine Wachsfigur des hl. Nepomuk mit eingelassenen Reliquien freischwebend, darüber ist der Gnadenstuhl angebracht, von dem Gottvater der Menschheit seinen gekreuzigten Sohn präsentiert. Die Eingangstüren zeigen in meisterhafter Schnitzarbeit Szenen aus dem Leben des Heiligen. Interessant sind auch die fast expressionistischen Darstellungen über den Beichtstühlen, die den Tod, das Jüngste Gericht, die Seligkeit und die Verdammnis symbolisieren. Die Gebrüder Asam selbst sind übrigens auf den unscheinbaren Bildern über den Türen zur Sakristei zu sehen. Nur unweit davon befindet sich eine weitere Kirche, die durch den Genius der beiden Brüder geprägt wurde, die **St.-Anna-Damenstiftkirche**.

Hinter der Asamkirche führt eine Passage in den **Asamhof**. Hier ist in den 80er Jahren einer jener Baukomplexe entstanden, die versuchten, sich im postmodernen Stil mit teuren Eigentumswohnungen in die umgebende Viertel-Struktur einzupassen. Über das Resultat gehen die Meinungen auseinander. Tatsache ist, daß hier über hundert Wohnungen geschaffen wurden, und man sogar hin und wieder ein spielendes Kind gesehen haben soll. Die Geschäfte – weitgehend Boutiquen – sind den hohen Mieten entsprechend sortiert. Darunter finden sich solche Kuriositäten wie ein Do-it-yourself-Kosmetikstudio oder der „Linkshänderladen", in dem man von der Schere bis zum Füller alles für diese bislang wenig zu Wort gekommene Minderheit finden kann. Dazwischen eingestreut sind kleine Lokale, die eine idyllische Hinterhof-Atmosphäre verbreiten wollen und mit Kombi-Titeln wie „Café-Bistro-Bar" jeden potentiellen Kunden ansprechen sollen. Ein paar moderne Skulpturen, fast mahnend dazwischen ein zusammengekauerter Penner aus Gips, versuchen der ganzen Anlage das Flair eines Gesamtkunstwerkes zu verleihen.

schwindet sie heutzutage allerdings fast in der Häuserfront der Sendlinger Straße. Nirgends bietet sich der räumliche Abstand, der eigentlich nötig wäre, um den Gesamteindruck dieser berühmten Rokoko-Kirche zu würdigen. Auf symbolischem Fels aufgebaut, ragt die schmale Fassade der Kirche zierlich in die Höhe, gegliedert wie eine Altarfront.

Tritt man aus dem Lärm der Straße hinein in den stillen und dunklen Innenraum, wird man von der Formenvielfalt und der Unzahl von Figuren, Putten und Bildern schier überwältigt. Einem ovalen Vorraum angeschlossen ist der einschiffige, langgestreckte Hauptraum, der von einer Balkongalerie gegliedert wird; den Abschluß bildet das Oval des Altarraums.

Die Deckenfresken von Cosmas Damian Asam stellen Szenen aus dem Leben des hl. Nepomuk und die Wallfahrt zum Grab des Heiligen im Prager Veitsdom

Oben: Rokoko-Pracht in der Asamkirche.
Rechts: Am Sendlinger Tor endet die Sendlinger Straße.

Auf der Rückseite kann man den Asamhof zur **Kreuzstraße** hin verlassen. Dort bekommt man als eine Art Kontrastprogramm zu sehen, wie eine Altstadtidylle wirklich einmal aussah. Besonders empfehlenswert ist dabei „Bodo's Backstube", die jeden Wochentag eine andere Köstlichkeit als Spezialität anbietet. Hier befindet sich auch die **Allerheiligen-Kirche am Kreuz**, ein einschiffiger Backziegelbau der zwischen 1480 und 1485 von Jörg von Halspach erbaut wurde.

Eher kleinstädtisch muten auch die weiteren umliegenden Gassen an. Besonders hübsch ist dabei die Kreuzung der Kreuzstraße mit der Brunn- bzw. Josephspitalstraße, wo sich das **Stadtsteueramt** befindet. Die Hausecken sind in traditioneller Weise mit Madonnen bzw. Heiligenfiguren gekennzeichnet. Neben dem hl. Sebastian ist auch die in der Bevölkerung beliebte „Madonna im Birnbaum" zu sehen.

Die Straßen des Hackenviertels enden am **Sendlinger-Tor-Platz**, der als einer der wichtigsten Münchner Verkehrskno-tenpunkte von Trambahn, Bus und U-Bahn besonders hektisch ist und den Abschluß der Verkehrsader **Sonnenstraße**, sowie den Beginn der **Lindwurmstraße** bildet.

Die evangelische **Matthäus-Kirche** (1953-55) auf der anderen Straßenseite, wegen ihrem kurvigen Grundriß und dem geschwungenen Dach im Volksmund „Badwandl vom lieben Gott" genannt, scheint weit von dem weitläufigen **Fontänenbrunnen** weggerückt, die Pfeile zum Klinikviertel der Universität entlang der **Pettenkoferstraße** verweisen zunächst in den Untergrund.

Das alte **Sendlinger Tor** selbst besteht heute nur noch aus zwei achteckigen Seitentürmen und einem Torbogen in Ziegelbauweise. Es stammt aus dem Jahr 1318, aber der Durchgang der ursprünglichen Toranlage wurde bereits im letzten Jahrhundert dem damaligen Verkehrsaufkommen entsprechend verbreitert. Hier finden sich einige preiswerte Lokale, die bei Sonnenschein trotz ringsum tosendem Verkehr draußen gedeckt haben.

Fürstliches München

Unser bisheriger Spaziergang durch die Innenstadt hat uns, vom Marienplatz ausgehend, ins „Tal der kleinen Leute" geführt. Der folgende Spaziergang führt in einen Teil der Innenstadt, der von ganz anderer Prägung ist.

Die **Burgstraße** weist, am Marienplatz beginnend, den Weg ins Wilbrechtsviertel, in dem die ersten Wittelsbacher Herzöge ihre Residenz angelegt hatten, den **Alten Hof** (13. Jh.). Damals hieß die unter Kaiser Ludwig dem Bayern ausgebaute Residenz noch Ludwigsburg, aber vom ritterlichen Geist der Gotik ist nicht mehr übrig geblieben als ein Reiterstandbild Ludwigs am Hofgraben. Das Burgtor wurde zwar rekonstruiert, aber nur ein Erker im Hof des im Original-Grundriß wieder aufgebauten Gebäudegevierts stammt noch aus der alten Zeit. Er wurde damals im Volksmund „Affenturm" genannt, weil angeblich ein Affe aus der Menagerie den späteren Kaiser Ludwig von Bayern als Baby auf die Erkerspitze verschleppt und erst nach langem Zureden wieder herausgerückt haben soll. Heute residiert hier das Zentralfinanzamt, aber als Fußgänger kann man durch den Hof schlendern und die wohltuende Stille genießen.

In unmittelbarer Nähe befand sich einst der fürstliche Marstall, 1465 gebaut und im 16. Jh. umgestaltet. Das Gebäude mit dem schönen dreigeschossigen Arkaden-Innenhof im Renaissance-Stil war von Anfang des 19. Jh. bis 1983 die **Staatliche Münze**. Inzwischen ist es Sitz des Bayerischen Landesamtes für Denkmalpflege geworden. Gegenüber der Münze, nur durch den Hofgraben getrennt, erstreckt sich die rückwärtige Fassade des ehemaligen Törring-Palais (die vordere Fassade blickt auf die Residenzstraße mit ihren eleganten und teuren Ge-

Links: Noch immer grüßt Max I. Joseph vor der Kulisse des Nationaltheaters.

schäften), das aber seit der 1835-38 erfolgten Umgestaltung durch Klenze als **Hauptpostamt** genutzt wird.

Der Hofgraben selbst stößt schließlich auf die Maximilianstraße bzw. den **Max-Joseph-Platz**, in dessen Mitte in altväterlicher Pose Max I. Joseph, der erste König Bayerns (1806), thront und unablässig sein Volk segnet. Aus derselben Zeit wie die Münze stammt auch die ehemalige Stadtschreiberei, heute das Lokal **Weinstadl**, mit einem nicht minder stimmungsvollen Laubenhof (Burgstraße 5); und auch die ehemalige „Wolfsschlucht", das einstige Wirtshaus der Hofbediensteten, hat im **Jodlerwirt** (Altenhofstr. 4) einen würdigen Nachfolger gefunden.

DIE RESIDENZ

Schon 400 Jahre ehe Bayern Königreich wurde, begannen die bayerischen Herzöge mit dem Neubau einer von der mittelalterlichen Enge befreiten **Residenz** am damaligen Stadtrand. Die „Neu-Veste" entstand in der hintersten Ecke des heutigen Residenzgeländes. Sie wurde Ende des 18. Jh. durch Neubauten ersetzt. Die von vier Bronzelöwen flankierten Prunkeingänge verschwinden zwar optisch nahezu in der engen **Residenzstraße**, allein ihre Ausmaße lassen jedoch schon vermuten, welch riesige Schloßanlage dahinter im Lauf der Jahrhunderte entstanden ist.

Heute erstreckt sich das Areal der Residenz im Geviert zwischen Maximilianstraße, Hofgartenstraße und Marstallplatz. Es ist ein vom 16. bis zum 19. Jh. organisch gewachsener Gebäudekomplex, der Bauelemente der Spätrenaissance, des Barock, des Rokoko und des Klassizismus harmonisch vereint – innen wie außen unbestritten die „Schatzkammer" Münchens, ja ganz Bayerns.

Das heutige **Residenzmuseum** nimmt einen Großteil der Anlage ein, in weiteren Teilen befinden sich die Schatzkammer, die Münzsammlung und die **Staatli-**

che **Sammlung ägyptischer Kunst**,
Theater- und Konzertsäle. Die Rundgän-
ge, die das Residenzmuseum anbietet,
führen durch die wichtigsten Bauphasen
des Schlosses; einen Teil kann man vormittags, einen anderen nachmittags besichtigen. Fast alles, was heute zu sehen
ist, sind jedoch Rekonstruktionen, denn
der 2. Weltkrieg hat auch die Residenz als
großes Trümmerfeld hinterlassen.

Der älteste noch erhaltene Bauteil ist
das **Antiquarium**, ein langgestreckter
Renaissancebau mit einem Tonnenge-
wölbe, der von Albrecht V. (1571) für die
Ausstellung antiker Kunstwerke gedacht
war. Grotesken, Stadtansichten und Fresken mit Allegorien der Tugenden zieren
den Ende des 16. Jh. zum Festsaal ausge-
bauten Raum. Seit seiner Restaurierung
finden hier wieder glanzvolle Staatsemp-
fänge statt. Der Nachfolger Albrechts V.,
Wilhelm V., ließ noch im 16. Jh. den

Trakt zwischen Antiquarium und Residenzstraße errichten. Die meisten der
dortigen Räume wurden im 18. Jh. zu den
sog. **Kurfürstenzimmern** umgestaltet.
Einige davon beherbergen eine interessante Porzellansammlung. Ein kleiner
Flügel vorn an der Residenzstraße ist der
sogenannte **Witwenstock**, der Bau für
die Herzogin Anna. Die Räume gruppieren sich um zahlreiche Innenhöfe, von
denen der **Grottenhof** der auffälligste ist
– er ist in verspielter Manier mit Mu-
scheln und Marmor verziert.

In einer weiteren Bauphase unter Maximilian I. wurden im 17. Jh. der stattliche **Kaiserhof** mit der Maximilianischen
Residenz nördlich davon angebaut. Der
zweite große Innenhof dahinter, der **Apo-
thekenhof**, erhielt im 19. Jh. durch Klenze einen neuen Abschluß zum Hofgarten,
den Festsaaltrakt mit dem Thronsaal.
Nach dem 2. Weltkrieg entstand hier der
Neue Herkulessaal, der einstige Thronsaal, als moderner Konzertsaal. Auch der
Brunnenhof hinter dem Antiquarium erhielt im 17. Jh. seine heutige Gestalt. Der

*Oben: Die Fassade der Residenz am Max-
Joseph-Platz. Rechts: Im Brunnenhof der
Residenz, vor Konzertbeginn.*

prächtige **Wittelsbacher-Brunnen** zeigt die Statue des ersten bayerischen Herzogs und allegorische Darstellungen der vier wichtigsten bayerischen Flüsse: Isar, Inn, Lech und Donau. Die kleine **Hofkapelle** aus dieser Zeit war ausschließlich für die Andacht der Fürsten bestimmt und gleicht heute eher einer vergrößerten Reliquienkammer.

Im 18. Jh. wurden der Anlage ein Gebäudeflügel als Abschluß zum Max-Joseph-Platz und das Alte Residenztheater hinzugefügt. François Cuvilliés d. Ä., kurfürstlicher Oberbaudirektor und Baumeister des Rokoko, stellte das intime Theater im Stil der Zeit 1753 fertig. Das prachtvolle Dekor konnte gottseidank größtenteils in Sicherheit gebracht werden, bevor das Gebäude im 2. Weltkrieg ganz zerstört wurde. Nur deshalb hat man das **Cuvilliés-Theater** an anderer Stelle in seiner ganzen künstlerischen Vollendung wiederherstellen können. Seit 1958 bildet es wieder den prachtvollen Rahmen für ausgesuchte Theater- und Opernaufführungen. An seinem ursprünglichen

Standort, zwischen der Residenz und dem Nationaltheater, wurde in der Nachkriegszeit das **Neue Residenztheater** geschaffen.

Als letzter großer Bauherr der Residenz ließ es sich Ludwig I. nicht nehmen, sie im klassizistischen Stil zu prägen und als repräsentativen Königssitz auszubauen. Besonders die Nord- und Südfassaden wurden durch Leo von Klenze nach italienischen Vorbildern gestaltet. Auf der Nordseite entstand der **Festsaalbau**, heute Sitz der Bayerischen Akademie der Wissenschaften, und auf der Südseite die dreigeteilte Front des **Königsbaus**, dessen Fassade unübersehbar dem Palazzo Pitti in Florenz nachempfunden ist. Die Säle wurden nach klassischen oder literarischen Motiven ausgemalt; besonders beeindruckend sind die **Nibelungensäle**. Im Königsbau der Residenz befindet sich die **Schatzkammer**, wobei das Wort „Kammer" die große und bedeutende Sammlung nur unzulänglich charakterisiert. Neben dem Reichsschatz werden hier zahlreiche Exponate der religiösen

und profanen Goldschmiedekunst von der Spätantike bis zum Klassizismus gezeigt. Von der **Staatlichen Münzsammlung**, die die bayerische Krone seit dem Mittelalter angelegt hat, bekommt das Publikum leider nur einen kleinen, aber interessanten Teil zu sehen.

Gut in das Ensemble am Max-Joseph-Platz paßt der Bau des **Nationaltheaters**, der an Stelle eines während der Säkularisation abgerissenen Franziskanerklosters errichtet wurde. Eine klare Säulenfront mit zwei übereinander gestaffelten dreieckigen Giebelfeldern bestimmt den Bau von Karl v. Fischer. Bereits wenige Jahre nach seiner Vollendung brannte das Theater 1823 nieder, aber Klenze baute es nach den alten Plänen wieder auf. Nach dem 2. Weltkrieg wurde es ein drittes Mal in alter Pracht wiederhergestellt.

In unmittelbarer Nachbarschaft des ehemaligen Franziskanerklosters eta-

blierte sich in guter alter Mönchstradition auch der Franziskanerbräu und die dazugehörige „Einfache Wirtsstube" (1447). Die Gaststätte **Franziskaner-Poststüberl** existiert auch heute noch, wenngleich aus der „Stube" inzwischen eine ganze Serie von Gasträumen mit heimeliger Atmosphäre geworden ist.

Die Maximilianstraße

Vom Max-Joseph-Platz aus bietet sich ein eindrucksvoller Blick hinter der immer noch fahrenden weiß-blauen Trambahn her die **Maximilianstraße** entlang über die Isar hinweg bis zum hoch über dem Isar-Steilufer thronenden Maximilianeum. „Max-Zwo", wie die Bayern König Maximilian II. salopp nennen (1848-64), hat an das klassizistische Ensemble der Residenz anschließend eine neugotische Straßenzeile gesetzt, die am Altstadtring zwar von den Verkehrsplanern der 60er-Jahre grausam zerschnitten wurde, aber dennoch ihren Ensemble-Charakter bewahrt hat.

Oben: Exquisites Dekor in der Maximilianstraße. Rechts: Am „Max-Zwo-Monument".

Die Maximilianstraße ist mit ihren prächtigen Monumentalbauten mittlerweile zu einer Theater-, Museums- und Prachtmeile geworden. Hier befinden sich neben dem National- und dem Residenztheater auch die **Kammerspiele** und die **Kleine Freiheit**; in Nebenstraßen das **Marstall-Theater** und der **Werkraum**, und weiter unten, jenseits des Altstadtringes, die **Kleine Komödie** am **Max-II.-Monument**. Als Bauwerk am schönsten ist ohne Zweifel das um 1900 von Max Littmann und Richard Riemerschmid erbaute **Schauspielhaus**, das bis zu Türgriffen und Wasserhähnen in den Toiletten vollständig im Jugendstil erhalten ist.

Ein gutes Dutzend Galerien, Kunst-Antiquitätenläden, italienische Modegeschäfte und das **Hotel Vier Jahreszeiten**, das zu jenen Münchner Nobelherbergen gehört, deren prominente Gäste in den Klatschspalten der lokalen Boulevardpresse ausgedruckt werden, vervollständigen das edelbayerische Ambiente der Maximilianstraße. (Jenseits des Altstadtrings wird sie auf S. 151 behandelt.)

DAS KREUZVIERTEL

Dem Bau der Residenz fielen eine ganze Menge alter Bürgerhäuser zum Opfer, weil sich deren riesiger Komplex weit in das damalige **Kreuzviertel** hinein ausdehnte. Der Adel suchte natürlich die Nähe des Hofes und begann ebenfalls seine eigene Stadt in diesem Viertel anzulegen. Später wurden aus den Adelshäusern stattliche Paläste, von denen einige bis heute erhalten sind. Die **Residenzstraße** blieb jedoch größtenteils von Bürgerhäusern geprägt, wie auch ihre Parallele, die **Theatinerstraße**, ehemals die direkte Verbindung zum nördlichen Stadtausgang, dem Schwabinger Tor.

Der Umbau jenes Stadttor-Bereichs zum heroischen Odeonsplatz-Ensemble hat die Straßen zwischen Marien- und Odeonsplatz – die Residenz-, Wein- und Theatinerstraße – noch weiter aufgewertet. Nach dem Krieg entwickelten sie sich zu besonders eleganten – und teuren – Geschäftsstraßen. Da die Straßenfronten dem Bedarf bei weitem nicht genügten,

Am nördlichen Ende, zwischen Theatiner- und Residenzstraße, gleich hinter der Feldherrnhalle, liegt das **Preysing-Palais**, das 1728 von Effner fertiggestellt wurde. Ein Großteil dieses Rokoko-Gebäudes wurde im Krieg zerstört, doch konnte es erfreulicherweise originalgetreu rekonstruiert werden.

Weitere ehemalige Adelspalais liegen in der Prannerstraße, der Kardinal-Faulhaber-Straße und am Promenadeplatz. Diese Straßenzüge sind wie durch ein Wunder von der Kriegszerstörung verschont worden, was besonders dem Rokoko-Ensemble in der **Kardinal-Faulhaber-Straße** zugute kam. Hier befinden sich in Nr. 6 das **Graf-Spreti-Palais** (1720), in Nr. 7 das **Palais Holnstein** (1733-37) und in Nr. 12 das **Porcia-Palais**. Einige Jugendstilhäuser passen sich dazwischen gut in die Fassadenfront ein.

In der Prannerstr. 7 befinden sich das ehemalige **Palais Seinsheim** (1764) und das **Palais Gise** (1760). Gegenüber erstreckt sich etwas unerwartet über mehrere Gebäude das **Siemens-Museum**. Unweit der repräsentativen Hauptverwaltung der Firma am Wittelsbacher Platz ist hier eine sehenswerte Dokumentation der technischen Errungenschaften von Siemens aufgebaut worden. Mit viel Liebe zum Detail wird vom ersten Auto-Prototyp über Morseapparate bis hin zur Mikro-Elektronik die technische Seite des Werdegangs dieser Weltfirma gezeigt.

Gegenüber all dieser adligen Pracht wirkt die gotische **Salvatorkirche** (Salvatorplatz 17) eher bescheiden. Dieser schlichte Backsteinbau, 1494-99 unter Albrecht IV. erbaut, war seit dem 18. Jahrhundert seiner Funktion enthoben und wurde einige Zeit zweckentfremdet. 1828 ließ Ludwig I. sie wieder herrichten und übergab sie der neu entstandenen griechisch-orthodoxen Gemeinde. Das Innere wirkt mit all seinen Teppichen, Ikonen und Kerzenleuchtern erstaunlich heimelig und bildet eine kuriose Mischung aus Gotik, bayerischen Bemalun-

begann man, Querpassagen durch die Häuserblöcke zu bauen und Durchgänge zwischen den beiden Straßen zu schaffen. Manch enger Einschlupf überrascht seither mit einer hübschen Innenhof-Lösung.

Die **Theatinerstraße**, die Verlängerung der **Weinstraße**, und der gesamte Bereich bis zum Marienplatz wurden 1975 auf Betreiben der Geschäftsbesitzer ebenfalls zur Fußgängerzone umgewandelt, denn hier glänzen links und rechts die Schaufenster von Nobelgeschäften wie z. B. Etienne Aigner, Burberry und Alfred Dunhill. Die **Hypobank** hat hier eine Kunstgalerie geschaffen, in der dem Einkaufsbummler in wechselnden Ausstellungen Kunst von Weltrang geboten wird. Außerdem befinden sich in der Umgebung dieser Straße drei Viertel aller Cafés der Innenstadt – darunter auch das **Café Arzmiller** inmitten der eleganten Atmosphäre des **Theatinerhofes**.

Oben: Man zeigt in München gern, was man hat. Rechts: Palais-Fassade in der Kardinal-Faulhaber-Straße.

gen und östlicher Mystik. Geht man hinter der Kirche in die **Jungfernturmstraße**, kommt man zum einzig erhaltenen Stück der alten Stadtmauer, die 1337 unter Ludwig dem Bayern errichtet wurde. In der anderen Richtung schließt sich der große Block des **Kultusministeriums** im ehemaligen Theatinerkloster an. Der Innenhof ist begehbar und bietet schon früh im Jahr Schutz, um in der Sonne, dem italienischen Baustil entsprechend, einen Capuccino zu trinken.

In der Kardinal-Faulhaber-Straße und am **Promenadeplatz** residieren in den ehemaligen Adelspalais und auf Grundstücken abgerissener Klöster die großen Banken. Die platzartige Erweiterung der früheren Kreuzstraße verdankt sich dem Salzhandel, der sich hier als wichtigste Einnahmequelle der Stadt bis zum 18. Jahrhundert abspielte. Die Salzstadeln wurden nach der Verlegung des Marktes in die Arnulfstraße 1780 abgerissen. An ihrer Stelle beherrscht heute das **Hotel Bayerischer Hof** den ganzen Platz, das auch das ehemalige **Palais Preysing-Neuhaus** (um 1750, François Cuvilliés d. Ä.) und das klassizistische **Montgelas-Palais** (1811) integriert hat, und seit langem neben dem Hotel Vier Jahreszeiten *die* Nobelherberge der Stadt ist. Gegenüber sieht man die Rokoko-Fassade des **Gunetzrhainer-Hauses**, das der gleichnamige Hofbaumeister 1730 für sich selbst erbaute.

Am westlichen Ende des Promenadeplatzes sieht man die auffällige Fassade der **Dreifaltigkeitskirche**. Sie wurde aufgrund einer Vision erbaut, nach der ein göttliches Strafgericht nur durch einen neuen Kirchenbau abgewendet werden könne. Der zentrale Kuppelbau von Viscardi (1718) ist innen über und über mit Stukaturen und Fresken von C. D. Asam bedeckt. Schräg gegenüber steht der einzig erhaltene Turm der ehemaligen **Maxburg**, der kurfürstliche Alterssitz, der hier Ende des 16. Jh. entstanden ist. Durchquert man deren Hof, kommt man über die **Maxburgstraße** zum Lenbachplatz und damit fast an den Anfang unseres Innenstadtrundgangs zurück.

ZENTRUM / TAL
HAUPTBAHNHOF / MARIENPLATZ

Verkehrsverbindungen

S-BAHN: S1-S8 bis Hauptbahnhof, Karlsplatz (Stachus), Marienplatz, Isartorplatz.
U-BAHN: U1 bis Sendlinger Tor, Hauptbahnhof, Stiglmaierplatz. U2 bis Königsplatz, Hauptbahnhof, Sendlinger Tor. U3/6 bis Sendlinger Tor, Marienplatz, Odeonsplatz. U4/5 bis Hauptbahnhof, Karlsplatz (Stachus), Odeonsplatz.
BUS: Nr. 52 ab Marienplatz bis Blumenstraße. Nr. 53 bis Odeonsplatz. Nr. 56 ab Sendlinger Tor bis Blumenstraße. Nr. 58 ab Hauptbahnhof bis Georg-Hirth-Platz.
STRASSENBAHN: Nr. 18 bis Isartor, Reichenbachplatz, Müllerstraße, Sendlinger Tor, Karlsplatz (Stachus), Ottostraße. Nr. 19 bis Hauptbahnhof, Karlsplatz (Stachus), Lenbachplatz. Nr. 20, 25 und 27 bis Hauptbahnhof, Karlsplatz (Stachus), Sendlinger Tor, Müllerstraße.

Restaurants / Cafés / Nachtleben

TRADITIONELLE BAYERISCHE KÜCHE mit Biergarten: **Augustiner-Bräu**, Neuhauser Str. 16, Tel: 55199257, von 9.00-24.00 Uhr (Bierhalle), 10.00-24.00 (Restaurant, Reservierung ratsam). **Augustiner-Keller**, Arnulfstr. 52, Tel: 594393, geöffnet 10.30-24.00. **Franziskaner-Fuchsenstuben**, Perusastr. 5, Tel: 2318120.
BAYERISCH: **Altes Hackerhaus**, Sendlinger Str. 75, Tel: 2605026, im Sommer Betrieb im kleinen, romantischen Innenhof. **Donisl**, Weinstr. 1, Tel: 220185, 8.00-24.00 Uhr, Traditionslokal am Marienplatz, gehobene Preise. **Haxnbauer**, Sparkassenstr., Tel: 221922, Reservierung zu empfehlen, Mo-So 11.30-24.00 Uhr, Spezialität: am offenen Feuer gebratene Haxn, teuer. **Hofbräuhaus**, Am Platzl 9, Tel: 221676, von 10.00-24.00 Uhr, Touristenlokal mit hohem Bekanntsgrad. **Mathäser**, Bayerstr. 5, Tel: 592896, von 8.00-24.00 Uhr, Riesenbierkeller mit Tradition, normale Preise. **Nürnberger Bratwurstglöckl am Dom**, Frauenplatz 9, Tel: 220385. **Hundskugel**, Hotterstr. 18, Tel: 264272, 9.30-24.00 Uhr, ältestes Münchner Gasthaus, gut aber teuer. **Spöckmeier**, Rosenstr. 9, Tel: 268088, geöffnet 9.00-24.00 Uhr, bayerische Schmankerlküche, gehobene Preise, immer voll. **Straubinger Hof**, Blumenstr. 5, Tel: 2608444, geöffnet 9.00-23.00 Uhr, Sa bis 3.00 Uhr, So geschlossen, normale Preise. **Wirtshaus zum Bögner**, Tal 72, Tel: 2913261, täglich geöffnet von 9.00-24.00 Uhr.
GOURMET-KÜCHE: **Aubergine**, Maximiliansplatz 5, Tel: 598171, geöffnet 12.00-14.00 Uhr, 19.00-24.00 Uhr, So, Mo geschl., sehr feine Küche und Spitzenweine in Witzigmanns Gourmet-

Tempel, sehr teuer. **Boettner**, Theatinerstr. 8, Tel: 221210, Austern, Hummer, Lachs und Kaviar vom Feinsten, feiertags und an Wochenenden geschlossen, gehobene Preise.
SPEZIALITÄTEN: **Bouillabaise**, Falkenturmstr. 10, Tel: 297909, Di-Sa 12.00-14.30 Uhr, 18.00-1.00 Uhr, Mo ab 19.00 Uhr, So geschl., französische Fischspezialitäten, gut und teuer. **Buxs**, Frauenstraße 9, am Viktualienmarkt, Tel: 229482, vegetarisch, Self-Service, große Auswahl an Salaten, biologischer Wein, Mo-Fr 11.00-20.00 Uhr, Sa 9.00-15.00 Uhr. **Goldene Stadt**, Oberanger 44, Tel: 264382, böhmische Küche, Mo geschlossen. **Hammadan**, Augustenstr. 1 (Ecke Karlstr.), Tel: 554210 oder 596058, 11.30-15.00 Uhr, 18.00-24.00 Uhr, persische Küche. **Tong Shinh**, Hochbrückenstr. 3, Tel: 293520, Mo-Mi 13.30-15.00 Uhr, Do-So 11.30-23.30 Uhr, exzellente Kantonküche, gehobene Preise. **Vitamin-Buffet**, Herzog-Wilhelm-Str. 25, Tel: 2607418, Mo-Sa 11-22.00 Uhr, vegetarisch, normale Preise.
SZENE-CAFÉS mit guter Küche: **Café Pacelli**, Promenadeplatz 12, Tel. 227200, 10.00-4.00 Uhr, gutes Frühstück, normale Preise. **Iwan**, Josephspitalstr. 15, Tel: 554933, 11.00-3.00 Uhr, italienische Küche, dienstags thailändisch, mittlere Preislage, im Sommer sitzt man schön draußen im schattigen Hof. **Stadtcafé im Stadtmuseum**, St. Jakobsplatz 1, Tel: 266949, Mo 17.00-24.00 Uhr, Di-So 11.00-24.00 Uhr, italienisch angehauchte Küche, normale Preise, beliebter Frühstückstreff, abends sehr voll.
NORMALE CAFÉS: **Bodo's**, Café, Eis, Konditorei, Herzog-Wilhelm-Str. 20, Tel: 263673, Mo-Fr, 7.00-21.00 Uhr, Sa 8.00-20.00 Uhr, So 10.00-20.00 Uhr, Sonnenterrasse im Sommer, Frühstück bis nachmittags, mittlere Preislage. **Café im Valentin-Musäum**, Isarturm, Tel: 223266, Sa, Mo, Di 11.01-17.29, So ab 10.01 Uhr, gute Schokolade und Schmalzgebackenes oben im Turm, normale Preise.
BARS UND KNEIPEN: **Master's Home**, Frauenstr. 11, Tel: 229909, 17.00-1.00 Uhr, originell eingerichtete Szene-Kneipe, gute Cocktails, gehobene Preise. **Nachtcafé**, Maximilianstr. 5, Tel: 595900, 19.00-5.00 Uhr, In-Treff für Nachtschwärmer, auch Live-Sessions. **2nd Step**, Cocktailbar, Maistr. 10, Tel: 5389249, 18.00-1.00 Uhr, Drinks werden nach Kundenwünschen gemixt. **Park Café**, Sophienstr. 7, Tel: 598313, bis 4.00 Uhr früh geöffnet, In-Treff für handverlesenes Publikum. **Pfälzer Weinprobierstube**, Residenzstr. 1, Tel: 225628, ausgezeichnete Weinauswahl und gehobene Stimmung in einem romantischen Gewölbe der Residenz.

DISKO: **Bei Cosy**, Rosenstr. 6, Tel: 2603626, 22.00-4.00 Uhr, Disko-Bar, manchmal auch leisere Töne. **Far Out**, Am Kosttor, Tel: 226661, 22.00-4.00 Uhr, Disko und Cocktails. **Maximilians Nightclub**, Maximiliansplatz 16, Tel: 223252, 22.00-4.00 Uhr.

Sehenswürdigkeiten

KIRCHEN: **Alter Peter**, Rindermarkt 1, Turmbesteigung mit Rundblick, Mo-Sa 9.00-19.00 Uhr, sonn- und feiertags 10.00-19.00 Uhr. Mit S1-8, U3/6 bis Marienplatz. **Asamkirche**, Sendlinger Str. 61, mit U1/2 und U3/6 bis Sendlinger Tor. **Damenstiftkirche St. Anna**, Damenstiftstr. 1, mit S1-8 U 3/4 und U5/6 bis Karlsplatz (Stachus) oder Marienplatz. **Dreifaltigkeitskirche**, Pacellistr. 6, mit S1-8, U4/5 oder Straßenbahn Nr. 19 bis Karlsplatz (Stachus). **Frauenkirche**, Frauenplatz 1, Wahrzeichen Münchens, mit S1-7, U3/6 bis Marienplatz oder U4/5 bis Karlsplatz. Rokokokirche **Heilig-Geist-Kirche**, Tal 77, mit S1-8, U3/6 bis Marienplatz. Renaissancekirche **Sankt Michael**, Neuhauser Str. 52, mit S1-8, U3/6 und U4/5 bis Marienplatz oder Karlsplatz (Stachus). **Salvatorkirche** am Promenadeplatz, Straßenbahn Nr. 19 bis Lenbachplatz.

PLÄTZE / PALÄSTE: **Isartorplatz**, mit S1-8 bis Isartor. **Karlsplatz** mit Karlstor, mit S1-8, U4/5 bis Karlsplatz (Stachus). **Lenbachplatz** mit Künstlerhaus am Lenbachplatz, S1-8 bis Karlsplatz (Stachus) oder Straßenbahn Nr. 19 bis Lenbachplatz. **Marienplatz** mit Neuem und Altem Rathaus und Mariensäule, mit S1-8 und U3/6 bis Marienplatz. **Promenadeplatz** mit **Palais Holnstein**, dem Rokoko-Palais **Palais Porcia** und dem klassizistischen **Palais Montgelas**. **Residenz**, Max-Joseph-Platz 3, mit Alter Residenz, Königsbau, Festsaalbau. Di-Sa 10.00-16.30 Uhr, So bis 13.00 Uhr, Eintrittsgebühr. Mit U3/4 und U5/6 oder Bus Nr. 53 bis Odeonsplatz, Straßenbahn Nr. 19 bis Nationaltheater. **Residenzmuseum** und **Schatzkammer der Residenz**, Di-So 10.00-16.30, Eintrittsgebühr.

Freizeit

Alter Botanischer Garten, Elisenstraße / Sophienstraße, in der Nähe des Hauptbahnhofs, mit S1-8, U1/2 und U4/5 bis Hauptbahnhof oder Karlsplatz (Stachus). **Maximiliansplatz**, eine kleine grüne Oase, die sich vom Wittelsbacherbrunnen am Lenbachplatz bis zum Platz der Opfer des Nationalsozialismus erstreckt. **Viktualienmarkt**, der bekannteste und lebhafteste Münchner Lebensmittelmarkt, lohnt auf jeden Fall einen Besuch. Bunt und ausgelassen geht's am Faschingssonntag und -dienstag zu, wenn ganz München mit den „Standl-Frauen" feiert. Erreichbar mit S1-8, U3/6 bis Marienplatz.

Krankenhaus / Apotheken

Polyklinik, Nußbaumstr. 2, Tel: 51600. Informationen über **Apotheken-Notdienste**: Tel: 594475. **Notdienst-Apotheke**, Bahnhof-Apotheke, Bahnhofsplatz 2, Tel: 594119. **Internationale Ludwigs-Apotheke**, Neuhauser Str. 8, Tel: 2603021/2600811. **Normale Apotheken: Metro-Apotheke**, Karlsplatz 11, Tel: 554011. **Blumen-Apotheke**, Sendlinger-Tor-Platz 5, Tel: 2607408. **Rosen-Apotheke**, Rosenstr. 6, am Marienplatz, Tel: 268916 und 268910.

Polizei / Postämter

Polizeipräsidium München, Ettstr. 2, Tel: 2141. **Polizeiinspektion 11**, Altstadt, Hochbrückenstr. 7, Tel: 21181. **Polizeiinspektion 41**, Hauptbahnhof, Arnulfstr. 1, Tel: 2141. **Postämter**: Arnulfstr. 195, Tel: 12621, Paketpostamt. Bayerstr. 12, Tel: 53880. Bahnhofsplatz 1, Tel: 53882732, Post- und Telegrafenamt, rund um die Uhr geöffnet. Hopfenstr. 10, Tel: 55880. Residenzstr. 2, Tel: 53880, Hauptpostamt.

Geldwechsel

Wechselstuben der DVKB am Hauptbahnhof, 6.00-23.30 Uhr, Tel: 5510837. Am Flughafen: **Wechselstube der DVKB** (Verkehrs-und Kreditbank), Tel: 9701721. **Banken: Dresdner Bank**, Bayerstr. 4, Tel: 593794. Promenadeplatz 7, Tel: 29190. Sonnenstr. 3, Tel: 592261. **Deutsche Bank**, Marienplatz 21, Tel: 2604039. **Commerzbank**, Maximiliansplatz 21, Tel: 21961. Sendlinger Str. 65, Tel: 2608020. Schwanthalerstr. 39, Tel: 554261. **Kreissparkasse München**, Hauptstelle, Sendlinger-Tor-Platz 1, Tel: 238010. **Stadtsparkasse München**, Sparkassenstr. 2, Tel: 21670. Bayerstr. 69, Tel: 530037. Sendlinger Tor, ein EC-Geldautomat befindet sich im U-Bahn-Geschoß.

Touristen-Information

Fremdenverkehrsamt München, Sendlinger Str. 1, Tel: 23991. Auskunftsstelle am Bahnhof, Südausgang Bayerstraße, Tel: 2391256/57. Am Flughafen: Allgemeine Information Flughafen, Tel: 97500. Touristentelefon des Fremdenverkehrsamtes, Auskunft in deutscher Sprache, Tel: 239161, in englischer Sprache, Tel: 239171, in französischer Sprache, Tel: 239181, Information über Kongresse, Messen, Ausstellungen, Tel: 239162. Stadtführungen, Tel: 239162. **Fremdenverkehrsverband Oberbayern**, Sonnenstr. 10, Tel: 597347.

Taxis

Karlsplatz (Stachus), Tel: 2161334. Maximiliansplatz, Tel: 2161334. Isartorplatz, Tel: 216124. Reichenbachplatz, Tel: 2161331. Stiglmaierplatz, Tel: 594341/216129. Schillerstr., Tel: 216128.

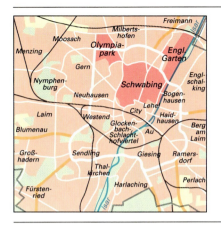

SCHWABING

ODEONSPLATZ

LUDWIGSTRASSE

MAXVORSTADT

KÖNIGSPLATZ

LEOPOLDSTRASSE

ALT-SCHWABING

OLYMPIAPARK

ENGLISCHER GARTEN

AM ODEONSPLATZ

Am Odeonsplatz stand noch bis zum Jahr 1791 anstelle der Feldherrnhalle das 1319 erbaute Schwabinger Tor. Die heutige Ludwigstraße hieß damals Schwabinger Landstraße, und die rechts und links neben dem Schwabinger Tor in die Stadt führenden Straßen (heute Theatiner- und Residenzstraße) hießen noch Vordere und Hintere Schwabinger Gasse. Denn dort draußen, jenseits des Schwabinger Tors und gerade noch in Sichtweite, lag das alte Dorf Schwabing.

Seine heutige klassizistische Gestaltung erhielt der Odeonsplatz erst 1816-28 durch Leo von Klenze, der den Platz zum Ausgangspunkt von zwei Monumentalstraßen – der Ludwigstraße und der Briennerstraße – machte und dabei die schon wesentlich früher im Stil des italienischen Hochbarock erbaute Theatinerkirche harmonisch integrierte.

Blickfang am Odeonsplatz ist die nach dem Vorbild der Loggia dei Lanzi in Florenz von Friedrich von Gärtner entworfene dreibogige **Feldherrnhalle** mit den beiden urbayerischen Löwen am Treppenaufgang. Ludwig I. ließ sie 1841-44

Vorherige Seiten: Folklore an der Feldherrnhalle. Links: Blick vom Hofgarten-Café hinüber zur Theatinerkirche.

zu Ehren der bayerischen Feldherren Tilly und Wrede erbauen, deren Bronzedenkmäler von Ludwig Schwanthaler die beiden Seitenarkaden schmücken, während an der Rückwand das Denkmal für die bayerische Armee der Jahre 1870/71 von Ferdinand von Miller steht. Mit der Feldherrnhalle ist ein dunkles Kapitel der deutschen Geschichte verbunden – als nämlich 1923 Hitler mit seinen Anhängern eine Demonstration durch die Innenstadt an der Feldherrnhalle mit einer Schlußkundgebung beendete, bei der es zahlreiche Tote gab.

Linker Hand der Feldherrnhalle, in der Theatinerstraße, steht die **Theatinerkirche**, eine der schönsten Kirchen Münchens. Sie entstand nach dem Vorbild der Kirche San Andrea del Valle in Rom nach den Plänen von Agostino Barelli, der auch die erste Bauphase von 1663-75 leitete. Sein Nachfolger Enrico Zuccalli vollendete in einer zweiten Bauphase bis 1690 die 71 m hohe Kuppel und fügte die ursprünglich nicht vorgesehenen zwei Türme hinzu. Die heutige Fassadengestaltung im Stil des späten Rokoko wurde erst 1765-68 unter Max III. Joseph vollendet, der François Cuvilliés und dessen Sohn damit beauftragte.

Das Äußere der Kirche besticht durch die gelungene Fassadenaufteilung sowie die schneckenförmigen Verzierungen der

Türme, die zusammen mit den Türmen der Frauenkirche und der Peterskirche die Stadtsilhouette Münchens prägen. Das Innere wird von den hohen Rundbögen und der Kuppel beherrscht. Unter dem Hochaltar befindet sich eine der Fürstengruften der Wittelsbacher.

Zwischen Theatinerkirche und der unweit davon beginnenden Brienner Straße steht das 1819 von Klenze erbaute **Palais Moy**, dessen klassizistische Architektur erstaunlich gut mit der barocken Theatinerkirche harmoniert. Heute dienen die Räume im Erdgeschoß als Repräsentationsräume für die glitzernden Luxus-Karossen von Daimler-Benz.

Im Hofgarten

Von der Feldherrnhalle aus gesehen rechter Hand erstreckt sich der Hofgarten-Komplex, beginnend mit dem **Hofgartentor** und den beiderseits davon gelegenen **Hofgarten-Arkaden**. Die nach den Prinzipien italienischer Gartenbaukunst konzipierte Anlage erhielt ihre bis heute weitgehend unveränderte Form bereits 1613-17 unter Maximilian I.

In ihrem Zentrum steht der **Hofgarten-Tempel**, ein zwölfeckiger Pavillon mit acht großen Rundbögen (1615). Begrenzt wird der Hofgarten im Süden von der **Hofgartenstraße** und den Gebäuden der Residenz. In der Hofgartenstraße liegt auch der Zugang zum **Herkulessaal** der Residenz und der Eingang zur **Staatlichen Sammlung Ägyptischer Kunst**.

Neben den Arkaden auf der Westseite des Hofgartens schließt das ebenfalls von Klenze erbaute **Basargebäude** an. Es wird so genannt wegen der hinter großen Fensterbögen befindlichen Läden in den beiden Flügelbauten. Es beherbergt heute neben einigen Läden unter anderem das **Filmcasino** und das **Museum für erotische Kunst**. Ein „klassisches" Münchner Kaffeehaus ist das zum Odeonsplatz hin gelegene **Café Annast**, im Sommer jedoch sitzt es sich schöner, weil schattiger,

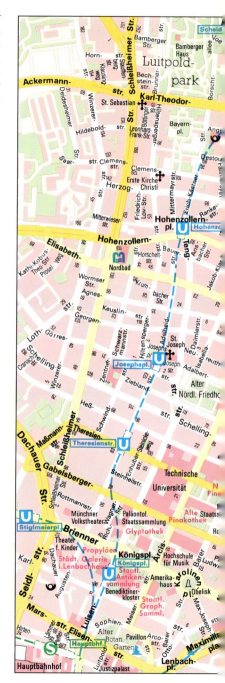

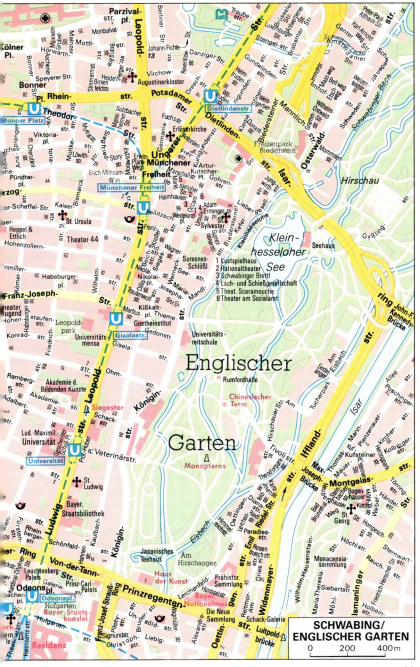

1 Lustspielhaus
2 Rationaltheater
3 Schwabinger Brettl
4 Lach- und Schießgesellschaft
5 Theat. Scaramouche
6 Theater am Sozialamt

**SCHWABING/
ENGLISCHER GARTEN**

0   200   400m

in dem zum Hofgarten hin liegenden Biergarten.

Das nördlich den Hofgarten begrenzende **Galeriegebäude** (Galeriestraße 4) ließ Kurfürst Karl Theodor 1780/81 als „Churfürstliche Galerie" über den nördlichen Hofgartenarkaden errichten. Nach Einweihung der Alten Pinakothek wurde es dem 1824 gegründeten **Münchner Kunstverein** überlassen. Heute beherbergt das im Krieg schwer beschädigte, aber wieder restaurierte Gebäude neben dem Münchner Kunstverein mit seinen Wechselausstellungen und einigen Galerien auch das von C. Ziegler gegründete **Deutsche Theatermuseum**.

An seiner Ostseite wird der Hofgarten durch den bombastischen Neubau der **Bayerischen Staatskanzlei** begrenzt, in deren Mittelteil die Kuppel des ehemaligen **Bayerischen Armeemuseums** integriert wurde.

Oben: Der Hofgarten im Winter. Rechts: Die Frühlingssonne lockt die Münchner ins Freie, hier am Hofgartencafé Annast.

Leo von Klenze entwarf das **Leuchtenberg-Palais** (auf der Westseite des Odeonsplatzes) nach dem Vorbild des Palazzo Farnese in Rom und erbaute es zwischen 1816 und 1821. Graf von Leuchtenberg war der exilierte Vizekönig Italiens und Schwiegersohn Max' I. Joseph. Das ehemalige **Odeon**, das dem Platz den Namen gegeben hat, steht in architektonischer Harmonie zum Leuchtenberg-Palais und wurde von Klenze 1826-28 als Festgebäude für Bälle und Konzerte erbaut. Es spielte für das Münchner Musikleben im 19. und Anfang des 20. Jahrhunderts eine bedeutende Rolle. Es wurde im 2. Weltkrieg fast völlig zerstört, aber teilweise wiederhergestellt und beherbergt heute das bayerische Innenministerium.

DIE LUDWIGSTRASSE

Von der Feldherrnhalle und dem Odeonsplatz aus bis zum 1 km entfernten Siegestor erstreckt sich in eindrucksvoller Strenge und Geschlossenheit die **Ludwigstraße**, zweifellos eine der architek-

tonisch überzeugendsten Prachtstraßen Europas, die ein bißchen an Florenz oder Rom erinnert, was keineswegs zufällig ist. Denn die von Ludwig I. 1816 in Auftrag gegebene Prachtstraße sollte dazu beitragen, München zum Athen eines „Neuen Zeitalters" zu machen. Zwei Architekten waren maßgeblich an der Gestaltung der Ludwigstraße (1816–52) beteiligt: Hofbaumeister Leo von Klenze, der den südlichen Teil konzipierte (das von ihm erbaute Leuchtenberg-Palais diente dabei als Vorbild), und sein Nachfolger Friedrich von Gärtner, der im weiteren Verlauf nach Norden hin an den italienischen Stilelementen festhielt und Staatsbibliothek, Ludwigskirche und die Universität harmonisch integrierte.

Die etwas steril wirkende Aneinanderreihung von Staats- und Verwaltungsbauten, wie sie für die Ludwigstraße heute prägend ist, war ursprünglich nicht vorgesehen – die elegant ausgestatteten und mit Fresken ausgemalten Paläste waren nämlich damals auch als noble Wohn- und Miethäuser gedacht.

Erwähnenswert ist auch das **Gebäude des ehemaligen bayerischen Kriegsministeriums** (Nr. 14). Schon die Ornamentik der Fassade deutet auf seine kriegerische Bestimmung hin; es ist eine typische Klenze-Schöpfung. Das Gebäude an der Ludwigstraße wurde verbunden mit dem ebenfalls von Klenze 1826 fertiggestellten ehemaligen **Kommandanturgebäude** in der von der Ludwigstraße abzweigenden **Schönfeldstraße.** Die Seitenflügel und die zurückgesetzte Fassade bringen den breitgelagerten flachen Ehrenhof besonders zur Geltung.

Den Auftrag für die **Bayerische Staatsbibliothek** (Ludwigstraße 16) erhielt v. Gärtner bereits 1827. Aus Geldmangel konnte der Bau aber erst in den Jahren 1832-43 vollendet werden. Der langgestreckte, horizontal gegliederte Bau ist dem Stil der Palastarchitektur der italienischen Frührenaissance nachempfunden. Die vier Skulpturen in Denkerpose auf der Freitreppe stammen von Ludwig Schwanthaler und stellen Thukydides, Homer, Aristoteles und Hippokra-

tes dar. Die jetzigen Figuren sind allerdings nur Nachbildungen der im Krieg schwer beschädigten Originale.

Die Bayerische Staatsbibliothek ist heute die größte wissenschaftliche Universalbibliothek Deutschlands mit mehr als 5,15 Mio. Büchern und über 32.600 laufenden Zeitschriften. Daneben beherbergt sie eine Handschriften- und Inkunabelabteilung, eine Musikaliensammlung, eine Orient- und Fernostsammlung, eine umfangreiche Osteuropasammlung und eine Kartensammlung mit 250.000 geographischen Karten und 800 Atlanten.

Die daran anschließende **Ludwigskirche** (von Gärtner 1829-44 erbaut) bewirkt eine vertikale Auflockerung der streng klassizistischen Fassaden der Ludwigstraße; gleichzeitig war die Kirche als eindrucksvoller Abschluß der auf dieser Höhe links abzweigenden **Schellingstraße** konzipiert. Auffallend sind die an

Oben: Blick von der Schellingstraße auf die Ludwigskirche. Rechts: Die Universität vom Professor-Huber-Platz aus.

italienische Campaniles erinnernden Kirchentürme. Im Inneren der Ludwigskirche befindet sich eines der größten Wandgemälde der Welt – das gewaltige Fresko *Das Jüngste Gericht* von Peter Cornelius. Auch die Fresken in der Vierung und den Querarmen wurden von Cornelius entworfen. Gleich neben der Ludwigskirche treffen sich Studenten und Stadtbummler im **Café an der Uni.**

Ab der Ludwigskirche füllen sich die Bürgersteige der Ludwigstraße zunehmend mit Leben – von hier aus sind es nämlich nur noch wenige Schritte zum **Geschwister-Scholl-Platz** mit der Ludwig-Maximilians-Universität. Zum Gedenken an die gegen die Hitler-Diktatur gerichtete Widerstandsgruppe *Weiße Rose* hat man den Platz vor der Universität 1945 nach ihren Mitgliedern Hans und Sophie Scholl benannt, die nach der Verbreitung von Flugblättern in der Aula gefaßt und vier Tage danach durch den extra eingeflogenen Präsidenten des Volksgerichtshofes, Roland Freisler, verurteilt und anschließend hingerichtet wurden.

Das weite Forum des Platzes mit den beiden Schalenbrunnen im italienischen Stil links und rechts der Ludwigstraße und den dreiflügeligen Gebäuden der **Ludwig-Maximilians-Universität** lockern die ansonsten streng geschlossene Häuserfront der Ludwigstraße erfreulich auf. Gemessen an der Zahl der Studenten ist die Uni München nach der Freien Universität Berlin die zweitgrößte Universität Deutschlands und so langsam platzt sie unter dem Zustrom der Studenten aus allen Nähten. Sie wurde 1472 von Herzog Ludwig dem Reichen in Ingolstadt gegründet und 1800 von Kurfürst Max IV. Joseph nach Landshut verlegt. Ihren Namen erhielt sie deshalb von beiden Fürsten. Erst 1826 holte Ludwig I. die Universität nach München. Das repräsentative Gebäude wurde 1835-40 von Gärtner erbaut. Im Inneren ist die Große Aula die schönste Räumlichkeit. Sie wurde nach den Plänen des Architekten German

Bestelmeyer gebaut und ersetzte 1909 den viel kleineren, noch von Gärtner gestalteten Saal. Sehenswert ist auch der Lichthof der Universität.

Den nördlichen Abschluß der Ludwigstraße, kurz hinter der Universität, bildet das **Siegestor,** eines der Wahrzeichen Münchens, hinter dem die Leopoldstraße beginnt. Ludwig I. ließ das Siegestor zur Erinnerung an die Verdienste des bayerischen Heeres errichten. Das Vorbild für den 1843-52 von Friedrich von Gärtner errichteten Bau war der Konstantinbogen in Rom. Das im II. Weltkrieg schwer beschädigte Gebäude wurde im oberen Teil nicht vollständig restauriert und bekam stattdessen eine neue Inschrift: "Dem Sieg geweiht, vom Kriege zerstört, zum Frieden mahnend." Bekrönt wird das Tor von einer bronzenen Bavaria mit einer Löwenquadriga.

DIE MAXVORSTADT

Am Siegestor angelangt, brennt wohl jeder Münchenbesucher allmählich da-rauf, endlich die dort beginnende Leopoldstraße entlang zu bummeln und die „Legende Schwabing" zu erleben, die heute leider nur noch als Klischee existiert. Aber warum in die Ferne schweifen, wenn das Ersehnte so nah' liegt? Denn am Siegestor ist man eigentlich schon mitten in Schwabing – genau gesagt, jenem Teil davon, der **Maxvorstadt** heißt und sich linker Hand der Ludwigstraße bis zur Schleißheimer Straße erstreckt. Der Name Maxvorstadt geht auf die erste geplante Stadterweiterung durch Kurfürst Max IV. Joseph zurück, der dazu 1807 den ersten städtebaulichen Wettbewerb in Deutschland ausschreiben ließ. Auf die Entwürfe der Baumeister von Sckell und K. von Fischer geht die rasterförmige Struktur der Maxvorstadt zwischen Brienner- und Georgenstraße zurück. Noch heute ist diese erste deutsche „Neubausiedlung" geprägt von Häusern im Stil des Spätklassizismus, der Neo-Renaissance und des Jugendstils.

Dominiert wird die Maxvorstadt heute durch ihr Zentrum, die Ludwig-Maximi-

lians-Universität und die nur wenige Minuten davon entfernte **Technische Universität**, deren riesiger Komplex sich zwischen Theresien-, Barer-, Luisen- und Gabelsbergerstraße erstreckt. Zigtausende von Studenten haben das Leben in der Maxvorstadt geprägt. Kaum sonstwo in München findet sich deshalb eine derartige Vielfalt an Cafés, Kneipen, Buchhandlungen, Antiquariaten, Kopierläden, Reisebüros und anderen kleinen Lädchen wie rund um die Uni und die „TU".

Der günstigste Ausgangspunkt für einen Bummel durch die Maxvorstadt ist die U-Bahn-Station Universität. Solange die Universität geöffnet ist, kann man durch den Haupteingang und deren sehenswerten Lichthof den Durchgang zur **Amalienstraße** wählen. Biegt man von hier nach rechts ab, fällt sofort das Gebäude der **Akademie der Bildenden Künste** ins Auge. Das dreigeschossige Hauptgebäude mit den zweigeschossigen

Oben: Das Siegestor – „Dem Sieg geweiht, vom Krieg zerstört, zum Frieden mahnend".

Seitentrakten und der großen Auffahrtsrampe wurde 1874-84 in Anlehnung an Stilelemente der italienischen Hochrenaissance von Gottfried von Neureuther errichtet. Die repräsentative Südfassade besticht durch die dichte Aneinanderreihung der Bogenfenster und die auffallend schönen Wandfriese.

Die Amalienstraße zurückgehend, erreicht man bei der Nr. 91 die **Amalienpassage**. Dieser Durchgang zur Türkenstraße Nr. 84 ist ein gelungenes Beispiel moderner Stadtsanierung und Hinterhofgestaltung. In dem 1975-77 erbauten Komplex gibt es neben 200 Wohnungen viele kleine Boutiquen, Galerien, Buchläden, Cafés und Bistros. Französisches genießen läßt sich im Bistro „Petit France", Deftiges in der „Wurstkuchl", und wer das Flair der großen Stars aus Film und Schlagerbranche sucht, ist bei „Rosario" gut aufgehoben. Ein beliebter Treffpunkt genau in der Mitte der Amalienpassage ist das Café „Oase". Drumherum gibt es Läden mit indischem und fernöstlichem Kunstgewerbe.

Zurück in der Amalienstraße, fällt als erstes das Lokal „Lehrer Lämpel" auf – eine Hommage an Wilhelm Busch, der viele Jahre in München gelebt und gearbeitet hat. Ein eher unscheinbares Café in der Amalienstraße ist das „Café Schneller" (Nr. 59). Trotz seiner wenigen Tische ist es jedoch ein Refugium für Schwabing-Insider. An der Ecke zur Schellingstraße liegt die Gaststätte „Atzinger" – ein Wirtshaus so recht nach studentischem Geschmack. Ansonsten gehören in das Umfeld der Universität natürlich auch zahlreiche Buchhandlungen wie z. B. „Hueber" (Amalienstraße) und solche alternativen Zuschnitts wie die „Basis" (Adalbertstr.). Antiquarisch interessierten Bücherwürmern seien in der Schellingstraße die Antiquariate „Hauser" und „Kitzinger" empfohlen.

In der Amalienstraße Nr. 39, einem spätklassizistischen Gebäude, wohnte der Maler Paul Klee von 1898-99. Unter den Münchner Künstlern Anfang dieses Jahrhunderts war das Haus Nr. 25 *die* Adresse überhaupt. Denn hier befand sich einst das legendäre Schwabinger Café Stefanie, meist nur „Café Größenwahn" genannt. Nicht weniger belebt ist die parallel zur Amalienstraße verlaufende **Türkenstraße** mit all ihren Cafés, Kneipen, Boutiquen, Antiquitäten- und anderen Läden, die „Münchner Lebensqualität" in fast allen Schattierungen bieten. Leider sind 1992 zwei der bekanntesten Münchner Kneipen durch horrende Mieterhöhungen aus der Türkenstraße vertrieben worden – zwei Lokale, die in München schon als Institutionen galten und den „Mythos Schwabing" maßgeblich mitbegründet haben. Das ist zum einen der **Alte Simpl**, das wohl älteste Lokal der Schwabinger Bohème. Im Jahre 1903 eröffnete hier Kathi Kobus das Künstlerlokal *Simplicissimus*, benannt nach der gleichnamigen satirischen Zeitschrift, deren Literaten zu den Stammgästen gehörten. Das Signum, eine rote Bulldogge, schuf Thomas Theodor Heine, ab 1902

gehörte auch der am Tegernsee „hängengebliebene" Norweger Olaf Gulbransson zu den Zeichnern des Blattes. Die Dichter Joachim Ringelnatz und Frank Wedekind verkehrten im „Alten Simpl" ebenso wie der Maler Franz Marc oder der Kabarettist Karl Valentin. Nach dem 2. Weltkrieg behielt der „Alte Simpl" zwar weiterhin seinen Nimbus, aber mit dem satirischen Geist des *Simplicissimus* von damals hatte er nur noch wenig zu tun – statt des früheren Hausdichters Joachim Ringelnatz traf man nun eher Udo Jürgens, andere „Prominente" und Münchner Schickeria.

Ähnlich liegt der Fall mit *der* Jazz-Kneipe Münchens, dem **Allotria**, das bis 1992 ebenfalls in der Türkenstraße beheimatet war. Ob der alte Mythos auch im neuen Domizil am Oskar-von-Miller-Ring 3 erhalten bleiben wird, steht noch in den Sternen.

Aber das bedeutet keineswegs, daß in der Türkenstraße nichts mehr los ist. Da gibt es zum einen eines der originellsten Münchner Kinos, den **Türkendolch** (Nr. 74), seines langen und schmalen Zuschauerraumes wegen so bezeichnet. Das hochmoderne **Arri-Kino** (Nr. 91) mit seiner Espresso-Bar im Foyer, wo man auch eine Kleinigkeit essen kann, ist eines der angenehmsten Münchener Kinos überhaupt. Es liegt im Gebäudekomplex der Firma Arnold & Richter, dem Hersteller der weltberühmten Arriflex-Kameras und Filmvorführmaschinen.

Wer vor dem Kinobesuch noch etwas essen möchte, ist in der Türkenstraße gut bedient. Zu den günstigsten Gaststätten zählen die Gaststätten „Türkenhof" (Nr. 78), „Engelsburg" (Nr. 51) oder das „Bella Italia" (Nr. 50). Daneben gibt es eine Reihe netter Cafés, z. B. das „Café u.s.w." (Nr. 54), das „Eiscafé Adria" (Nr. 59) oder das „Vorstadtcafé" (Ecke Adalbertstraße). Für Nachtschwärmer steht das „Charivari" bis 3.00 Uhr nachts offen, dessen Einrichtung durch ein buntes Durcheinander von Bildern, Lampen und Tischen besticht.

Eine der traditionsreichsten Gaststätten in der Maxvorstadt liegt unweit davon in der Adalbertstraße 33 – die **Max-Emanuel-Brauerei**, deren schattiger Biergarten bei schönem Wetter ein buntgemischtes Schwabinger Völkchen anzieht. Im Inneren hat das Lokal einen Nebenraum, der auch als Theater- und Musikbühne für die *Münchner Volkssängerbühne* genutzt wird. Alljährlich toben hier die allseits beliebten „Weißen Feste", die auf die lange Tradition der Münchner Künstler-Faschingsfeste zurückgehen.

Ein anderes Traditionslokal der Maxvorstadt ist die Billard-Gaststätte **Schelling-Salon** (Schellingstr. 54), so benannt nach dem Philosophen Schelling, der von 1806-41 in München lebte, – eine Mischung aus original bayerischem Wirtshaus, Schwabinger Künstlerlokal und Spielsalon. Im Innern steht ein gutes Dutzend Billardtische zwischen alten Bildern, Kunst, Krempel und Collagen aus Postkarten. Eines der besonders kuriosen Schmuckstücke ist ein Damenbild um 1890, das zwei üppige nackte Grazien beim Billardspiel zeigt. Unweit davon, die von Leben und Verkehr wimmelnde **Schellingstraße** entlang, lockt das „Kaffeehaus Alt-Schwabing" (Nr. 56) mit seiner Wiener Kaffeehaus-Atmosphäre. Wer in einem der besten italienischen Lokale Münchens seine *Scaloppine à la Marsala* essen möchte, ist unweit davon in der „Osteria Italiana" gut aufgehoben.

Tagsüber lohnt sich von hier aus ein Abstecher zum **Alten Nördlichen Friedhof** (Arcisstr. 46). Der alte, bis 1939 genutzte Friedhof war die Begräbnisstätte vieler Künstler, Gelehrter und Staatsbediensteter aus dem letzten Jahrhundert und besitzt einige sehenswerte Grabdenkmäler. Er ist heute eine kleine Oase der Ruhe und Beschaulichkeit zwischen den umliegenden Häusern, für einige der Anwohner Gelegenheit, in der heißen Jahreszeit ganz ungeniert zwischen den Grabsteinen ein Sonnenbad zu nehmen.

Oben: Billard wird von früh bis spät im Schelling-Salon gespielt. Rechts: Vor der Alten Pinakothek.

Wenn man anschließend die Arcisstraße stadteinwärts geht, kommt man zu zwei der bedeutendsten Münchner Gemäldegalerien, der **Neuen Pinakothek** (Eingang von der Theresienstraße aus) mit ihrer Sammlung von ca. 550 Gemälden aus der Zeit zwischen Rokoko und Jugendstil, und zur genau gegenüber liegenden **Alten Pinakothek** mit Werken von italienischen, holländischen und deutschen Meistern vom Mittelalter bis zum Ende des 18. Jh.

Gegenüber der Alten Pinakothek, rechterhand der Arcisstraße, erstreckt sich der geradlinige Komplex der **Technischen Universität**, die 1868 ihre Pforten öffnete und heute eine der größten technischen Hochschulen Deutschlands ist. Ganz in der Nähe, zwischen Barer-, Gabelsberger- und Türkenstraße, auf dem nach André Hellers „Traumzirkus" benannten **Roncalliplatz**, soll in den nächsten Jahren ein weiterer Museumskomplex errichtet werden, in dem die Staatsgalerie für Moderne Kunst sowie die Neue Sammlung untergebracht werden.

An der Ecke Barerstraße/Theresienstraße 41 stößt man auf die **Mineralogische Staatssammlung**, deren insgesamt mehr als 20.000 Exponate schon seit dem 18. Jh. jung und alt, von acht bis achtzig begeistern.

Auf Höhe der Arcisstraße 12 kommt man zum Domizil der heutigen **Hochschule für Musik**, die in den 30er Jahren im Stil der NS-Architektur als „Führergebäude" für Hitler gebaut wurde und später Schauplatz der Unterzeichnung des „Münchner Abkommens" von 1938 war. Mit ähnlich unseligen Erinnerungen verknüpft ist auch das unweit davon gelegene Gebäude in der Meiserstraße Nr. 10 (die Verlängerung der Arcisstraße), wo heute die **Staatliche Graphische Sammlung** – mit über 300.000 Zeichnungen und Graphiken die bedeutendste deutsche Sammlung ihrer Art nach Berlin – untergebracht ist.

Bis Ende des 2. Weltkriegs hatte hier – tragisches Wechselspiel von Kunst und Macht – die Reichsleitung der NSDAP ihren Sitz.

Der Königsplatz

Nur einige Schritte davon entfernt, von der Briennerstraße aus Richtung Westen blickend, ist man fast „erschlagen" vom Ensemble des klassizistischen „Tempelbezirks" rund um den **Königsplatz**, einem großzügig angelegten Areal, dessen tristes, noch aus Nazi-Zeiten stammendes Steinpflaster erst vor wenigen Jahren durch weitgeschwungene Rasenflächen mit einer „Fahrrinne" für den Autoverkehr verschönt wurde – durchaus im Sinne Ludwigs I., der diesen monumentalen Platz keineswegs als militärisches Aufmarsch-Areal, zu dem ihn die Nazis degradiert hatten, sondern als „Platz der antiken Kultur", als integralen Bestandteil seines „Isar-Athen" konzipierte und 1818 seinem Hofbaumeister Klenze mit der Gestaltung beauftragte. Von Klenze stammt denn auch die **Glyptothek** an der Nordseite des rechteckig angelegten Platzes, eines der berühmtesten klassizistischen Bauwerke Deutschlands – ein vierflügeliger Bau mit einer ionischen Säulenvorhalle, der in seinem Inneren eine der bedeutendsten Skulpturensammlungen Europas beherbergt, darunter auch die berühmten *Ägineten,* die Giebelfiguren des Aphaia-Tempels auf Ägina.

Unmittelbar gegenüber steht der andere „Kunsttempel" am Königsplatz – die **Staatliche Antikensammlung**, ein ebenfalls klassizistischer Bau, diesmal jedoch mit einer korinthischen Säulenvorhalle, der 1838-48 von Ziebland erbaut wurde. Im Inneren findet man neben einer umfangreichen antiken Vasensammlung antike Bronzearbeiten, Terrakotten, Keramiken und Kleinplastiken.

Auffälligster Monumentalbau am Königsplatz sind jedoch die **Propyläen** – sie entstanden 1846-62 unter Leitung von Klenze nach dem Vorbild der Propyläen der Akropolis, ein „Torbau von erhabener

Rechts: Die Propyläen am Königsplatz, von der Glyptothek aus gesehen.

Zwecklosigkeit". Ihre dorische Säulenvorhalle steht in bewußtem Kontrast zur ionischen der Glyptothek und zur korinthischen der Staatlichen Antikensammlung. Die beidseitigen Giebelplastiken am Mittelbau stammen von Ludwig von Schwanthaler und verherrlichen den Freiheitskampf der Griechen gegen die Türken (1821-30).

Nur ein Katzensprung ist es von hier zur **Städtischen Galerie im Lenbachhaus** (Luisenstraße 33-35). Dieses herrschaftlich anmutende Gebäude wurde im Stil einer italienischen Landvilla der Renaissancezeit von Gabriel von Seidl unter Mitwirkung des Münchner „Malerfürsten" Franz von Lenbach 1887-97 für ihn selbst als luxuriöses Wohnhaus und Atelier errichtet. Nach seinem Tod ging das Lenbachhaus in städtischen Besitz über und wurde zum Museum umgebaut, das besonders wegen seiner einmaligen Exponate der Künstlergruppe „Blauer Reiter" internationale Bedeutung gewonnen hat. Quasi „hinter" dem Lenbachhaus, in der ruhig-idyllischen Richard-Wagner-Str. 10 mit einigen schönen Jugendstil-Fassaden, liegt ein auch Münchnern oft unbekanntes, aber sowohl für Kinder wie Erwachsene hochinteressantes Museum, die **Staatssammlung für Paläontologie und Historische Geologie** mit ihren Saurier- und Fossilien-Exponaten.

Von hier ist es, zurück über den Königsplatz, wiederum nur ein Katzensprung zum strahlenförmig angelegten **Karolinenplatz**. Er wird in der Mitte von einem 29 m hohen Obelisken dominiert, der aus den eingeschmolzenen Kanonen der bei der Seeschlacht von Navarino besiegten türkischen Flotte gegossen wurde – ein Denkmal für die 30.000 in Napoleons Rußlandfeldzug 1812 gefallenen bayerischen Soldaten.

Von hier aus führt die **Briennerstraße** zum Odeonsplatz, und damit zum Ende unseres Bummels durch die Maxvorstadt. Diese Prachtstraße entstand Anfang des 19. Jh. im Zusammenhang mit der Neu-

planung der Maxvorstadt. Die sie säumenden Gebäude im Stil der Neurenaissance, des Klassizismus und Empire waren einst von Adeligen, angesehenen Bürgern und bedeutenden Künstlern bewohnt. Schwere Kriegsschäden, Neubauten und der Durchbruch des Altstadtrings haben den ursprünglichen Ensemble-Charakter der Briennerstraße allerdings stark beeinträchtigt.

In den **Landesbank-Arkaden** (zwischen Türken-, Gabelsbergerstraße und Oskar-von-Miller-Ring) ist neben Läden, Galerien, Cafés und Restaurants seit kurzem auch das früher in der Türkenstraße etablierte Jazzlokal „Allotria" untergebracht (Oskar-von-Miller-Ring 3). Das italienische Restaurant „La Piazetta" bietet Nachtschwärmern die Möglichkeit zum Essen, wenn anderswo längst die Stühle auf die Tische gestellt sind.

Auf der anderen Seite des lärmenden Oskar-von-Miller-Rings, am **Platz der Opfer des Nationalsozialismus**, bestimmen eine Reihe teurer Läden wie Cartier, Chanel, Hermès oder „Die Einrichtung"

das Bild der Briennerstraße. In der Briennerstraße Nr. 11 war in der ersten Hälfte dieses Jahrhunderts das traditionsreiche **Café Luitpold** untergebracht. Seine Glanzzeit hatte das Café in den 20er und 30er Jahren als Musikpalast, in dem die großen Orchester der damaligen Zeit auftraten. Ganz im Zeichen des Shopping hingegen steht heute das neuerbaute „Café Luitpold" mit dem unter einer Lichtkuppel angelegten „Palmengarten".

Kurz vor Erreichen des Odeonsplatzes öffnet sich links der wohl schönste klassizistische Platz Münchens: der **Wittelsbacherplatz**, ebenfalls von Klenze entworfen. In seiner Mitte steht das von Thorwaldsen geschaffene Reiterstandbild von Maximilian I. Dahinter liegt das Palais Ludwig Ferdinand, in dem Klenze selbst 25 Jahre wohnte, bevor es in den Besitz des Wittelsbacher-Prinzen kam – seitdem heißt es schlicht **Wittelsbacher-Palais** und firmiert als Verwaltungssitz des Siemens-Konzerns. Links davon steht das ebenfalls von Klenze 1820 errichtete **Palais Arco-Zinneberg**.

SCHWABING / MAXVORSTADT

Verkehrsverbindungen

U-BAHN: U2 bis Königsplatz. U3/U6 bis Odeonsplatz, Universität.

BUS: Nr. 53 bis Odeonsplatz, ab Universität die Schellingstraße entlang, Türkenstraße, Arcisstraße.

STRASSENBAHN: Nr. 18 bis Karolinenplatz, Pinakothek, Schellingstraße.

Restaurants / Cafés / Nachtleben

BAYERISCHE KÜCHE, mit Biergarten: **Max-Emanuel-Brauerei**, Adalbertstr. 33, Tel: 2715158, geöffnet 10.00-1.00 Uhr, schattiger Biergarten im Hof, gute Küche, preiswert. **Wurstkuchl**, Amalienstr. 87, Tel: 281577, geöffnet 10.00-1.00 Uhr, So 17.00-1.00 Uhr, gute Kartoffelsuppe mit Majoran, Würstl vom Holzkohlengrill, Salate, mittlere Preislage, im Sommer Tische draußen.

BAYERISCH: **Atzinger**, Schellingstr. 9, Tel: 282880, geöffnet 9.00-1.00 Uhr, gute Küche, schmackhafte Griesnockerlsuppe, bei Studenten beliebt. **Schellingsalon**, Schellingstr. 54, Tel: 2720788, geöffnet 7.00-1.00 Uhr, Mi geschlossen, deftige Kost, Billardsaal.

CAFÉS mit guter Küche: **Café Annast**, Odeonsplatz 18, Tel: 224768, nobles Café am Hofgarten, hübsche italienische Inneneinrichtung, feine Kuchen, im Sommer kann man vom großen Vorplatz aus das Treiben auf dem Odeonsplatz beobachten. **Café Alt-Schwabing**, Schellingstr. 56, Tel: 2720179, Mo-Fr 7.00-1.00 Uhr und Sa, So 9.00-1.00 Uhr, Wiener Kaffeehaus-Atmosphäre, gutes Frühstück, Snacks und Salate, normale Preise.**Café an der Uni**, Ludwigstr. 24, Tel: 283905, Mo-Fr 8.00-22.00 Uhr, Sa, So 9.00-22.00 Uhr, warme Küche 11.30-21.30 Uhr, Studentencafé, Frühstück bis 12.00 Uhr, Salate und kleine, auch vegetarische Gerichte, Preise normal, im Sommer kann man draußen sitzen. **Café Schneller**, Amalienstr. 59, Tel: 281124, 7.30-18.00 Uhr, So geschlossen, gemütliches Studentencafé mit Tradition, frische Backwaren, preiswert. **Oase**, Amalienpassage, Tel: 281380, geöffnet 9.00-1.00 Uhr, leckere Salate, im Sommer sind die Tische draußen im Hof ein beliebter Treff für ein buntgemischtes Völkchen.

BARS UND KNEIPEN: **Bayou**, Amalienstr. 37, Tel: 283235, Mo-Fr 9.00-22.00 Uhr, gute Nudelgerichte, Salate, hervorragende Weine, gutes Preis-Leistungs-Verhältnis. **Charivari**, Türkenstr. 92, Tel: 282832, Mo-Do 20.00-3.00 Uhr, Fr, Sa 20.00-4.00 Uhr, gemütliche alte Kneipe, deftige Gerichte, preiswert. **Zest**, Adalbertstr. 23, Tel: 2800666, 17.00-1.00 Uhr, feine französisch-italienische Gerichte, mittlere Preislage. **Zum Weintrödler**, Briennerstr. 10, Tel: 283193, Weinrestaurant im Arco-Palais, geöffnet 17.00-6.00 Uhr, So 21.00-6.00 Uhr, angenehmes Münchner Frühlokal, Reservierung ratsam.

SPEZIALITÄTEN: **China Garden**, Heßstr. 71, Tel: 528599. **Java**, Heßstr. 51, Tel: 522221, indonesische Küche für Reisende mit schmalem Budget, Mi geschlossen. **Man Fat**, Barerstr. 53, Tel: 2720962, 11.30-15.00 Uhr und 17.30-23.00 Uhr, ausgezeichnete südchinesische Küche, normale Preise, rotgoldenes Interieur. **Bei Mario**, Adalbertstr. 15, Tel: 2800460, geöffnet 11.00-1.00 Uhr, gute Pizze vom Holzofengrill, gehobenes Preisniveau, Reservierung ist ratsam. **La Bohème**, Türkenstr. 79, Tel: 2720833, italienische Küche bei Kerzenschein, in einem Sammelsurium von gemütlichen alten Möbeln, Spiegeln und Nippes. **Osteria Italiana**, Schellingstr. 62, Tel: 2720717, geöffnet 18.00-1.00 Uhr, sehr gute italienische Küche, gediegene Atmosphäre, normale Preise. **Tan Nam**, Amalienstr. 39, Tel: 284940, 11.30-14.30 Uhr und 17.30-24.00 Uhr, Samstag mittag geschlossen, vietnamesisch-chinesische Küche, mittags Billig-Menues.

EISCAFÉS: **Adria**, Türkenstr. 59, Tel: 2724190, Mo- So 10.00-24.00 Uhr, gute, preiswerte Eisspezialitäten im angenehm kühlen Innenraum oder an den Tischen draußen auf dem Gehsteig.

Sehenswürdigkeiten

Am **Odeonsplatz** liegen die Feldherrnhalle, die Theatinerkirche, das ehemalige Odeon, das Leuchtenberg-Palais, das Palais Moy sowie der malerische Hofgarten. **Wittelsbacher Platz** mit Wittelsbacher Palais und Palais Arco-Zinneberg. **Königsplatz** mit den Propyläen, der Glyptothek und der Staatlichen Antikensammlung, dahinter die Städtische Galerie im Lenbachhaus. Im Bereich der **Ludwigstraße** liegen die Ludwig-Maximilians-Universität, die Bayerische Staatsbibliothek, die Akademie der Bildenden Künste, das Siegestor und die Ludwigskirche.

Apotheken

Apotheke Universität, Amalienstr. 95, Tel: 284649. **Neureuther-Apotheke**, Barerstr. 90, Tel: 2710366. **Franz-Joseph-Apotheke**, Franz-Joseph-Str. 19, Tel: 398111.

Polizei / Postämter

Polizeiinspektion 12, Maxvorstadt, Türkenstraße 3, Tel: 2319060.

Postämter: Theresienstraße 22, Tel: 53882783. Agnesstraße 3, Tel: 30628433.

Taxis

Siegestor, Tel: 216141. Amalien-/Theresienstraße, Tel: 216120. Barer-/Schellingstraße, Tel: 2723874. Karolinenplatz, Tel: 283443.

Mythos Schwabing

Schwabing – das war seit der Jahrhundertwende ein Wort von fast magischem Klang, eine Legende, ja ein Mythos. Unzählige Dichter, Künstler, Bohemiens und Revolutionäre hat dieser Stadtteil immer wieder angezogen wie das Licht die Motten – von Stefan George bis Thomas Mann, von Kandinsky bis Klee, von Lenin bis Erich Mühsam. Alle waren sich einig, daß Schwabing – wie der Pariser Montmartre – mehr sei als ein Stadtteil, eben „ein Zustand", wie es Gräfin Reventlov vor dem 1. Weltkrieg nannte.

Das Schwabing von damals existiert natürlich längst nicht mehr. Zuviel hat sich seit dem 2. Weltkrieg verändert – das „Dorf der Künstler" ist zum Viertel der Schickeria und des Tourismus geworden. Durch die Konzentration von Modeindustrie, Film und Fernsehen, Werbeagenturen, Zeitungsverlagen und anderen gut verdienenden Branchen sind die Schwabinger Mieten seit dem 2. Weltkrieg enorm in die Höhe geschnellt. Im berühmten „Schwabinger Nest" diskutieren nicht mehr die Künstler, sondern sitzen die, die es sich noch leisten können und es auch zeigen. Dabei fing alles ganz ganz anders an.

Lange vor der Gründung Münchens durch Heinrich den Löwen (1158), nachdem die Römer dem Druck der vordrängenden germanischen Völker gewichen waren und sich aus den Ländern der „Barbaren" zurückzogen – etwa um 500 – war unter den jetzt nachrückenden Alemannen und Bajuwaren ein Stammesführer namens Swapo dabei, ein Schwabe, der mit seiner Sippe von dem hiesigen Land Besitz ergriff und dessen Niederlassung fortan *Swapinga* genannt wurde. Erstmals urkundlich erwähnt wurde der Ort Schwabing dann im Jahr 782.

Vorherige Seite: Das Treppenhaus in der Alten Pinakothek. Rechts: „Kunstwerke" aller Art an der Leopoldstraße.

Noch 1820 lebten erst 703 Bewohner in den 91 Häusern Schwabings. Mit dem Bau der Lokomotivfabrik Maffei in der Hirschau (1873) zog es jedoch eine Menge Tagelöhner dorthin, und die ständig wachsende Zahl der Fabrikarbeiter war die Hauptursache für die rasche Auflösung der dörflichen Strukturen Schwabings. 1880 lebten hier bereits 6350 Menschen und bis zur Vereinigung mit München am 1. Januar 1890 hatte sich die Zahl bereits verdoppelt. Mit der Eingemeindung in die „Münchner Stadt" und die damit einhergehende Verbindung der noch dörflichen Strukturen mit urbanen Lebensformen entstand schließlich der „Mythos Schwabing". Sicher, es ist nur noch ein Mythos – aber das heißt keineswegs, daß das heutige Schwabing nichts zu bieten hätte. Aber anders ist es eben geworden – größer, vielfältiger, kommerzieller und schriller.

Schwabinger Leben – das heißt heute Flanieren auf der Leopoldstraße mit ihren Scherenschnittkünstlern und meist reichlich kitschigen Gemälden; das Sehen und Gesehenwerden in den Straßencafés und die Ausgelassenheit in den Biergärten; es sind die Zigtausende von Studenten, die das Universitätsviertel um die Türken- und Amalienstraße, Schelling- und Adalbertstraße beleben; es sind die zahllosen Gaststätten, Kneipen und Cafés in der Maxvorstadt und Altschwabing; es ist der Englische Garten mit dem Chinesischen Turm und den Nackedeis am Eisbach; es sind die Jugendstil-Fassaden in den großzügig angelegten Straßen – und noch so manches mehr.

Schwabing – das ist trotz allem noch immer „Münchner Freiheit" und das Gefühl, in der „nördlichsten Stadt Italiens" zu leben. Das eigentliche Schwabing hatte zwar seinen Ursprung in den engen Straßen hinter der Münchner Freiheit. Aber quasi im Gegenzug zur Ausdehnung der „Münchner Stadt" übers Siegestor hinaus hat sich Schwabing (der Zustand) die heutige Leopoldstraße, ja sogar

die „königliche" Ludwigstraße entlang bis in die Maxvorstadt „hineingefressen". Wo Schwabing heute beginnt und aufhört, weiß mittlerweile wahrscheinlich nicht mal der Oberbürgermeister – bestenfalls die Bundespost, für die das Ganze einfach „München 40" heißt.

DIE LEOPOLDSTRASSE

Wo also einen Schwabing-Bummel beginnen – nachdem man die Ludwigstraße und die Maxvorstadt bereits „bewältigt" hat? In der **Leopoldstraße** natürlich, Münchens einzigem Boulevard, der diesen Namen verdient, seine Champs-Elysées gewissermaßen! Hier gibt es die meisten Straßencafés und Eisdielen, und wenn im Sommer die Straßenhändler ihre mehr oder weniger anspruchsvolle „Kunst" anbieten, liegt schon fast ein Hauch von Montmartre darüber. Hier wird flaniert, Eis gegessen, Capuccino getrunken, anderen Leuten nachgeguckt und nachts in den diversen Diskos oder Cafés hängengeblieben.

Beginnen wir also unseren Bummel die Leopoldstraße entlang am Siegestor, denn dort fängt nun mal Münchens „Boulevard" an. Rechterhand, an der östlichen Seite der Leopoldstraße, beleben zum Siegestor hin einige imposante neoklassizistische Gebäude das pappelbestandene Straßenbild, die fast alle im Besitz großer Versicherungskonzerne sind. Im Haus Nr. 4 kreierte Rudolf Alexander Schröder um die Jahrhundertwende die Kunstrichtung des Jugendstils, so benannt nach der von Georg Hirth herausgegebenen Wochenschrift *Jugend*. Auf dem Trottoir vor den vornehm zurückgesetzten Verwaltungsbauten zwischen Schack- und Martiusstraße findet im Sommer der **Schwabinger Kunstmarkt** statt. Beim Licht von Gaslaternen stellen dann junge Münchner Künstler am Abend auf 120 genehmigten Plätzen ihre neuesten Werke zur Schau – und natürlich zum Verkauf. Porträtmaler, Scherenschnittkünstler, Schmuckmacher, Töpfer und andere Kunstschaffende verleihen der Leopoldstraße dann den Hauch eines Bohème-Viertels.

An der Ecke **Martiusstraße** fallen die Glasvitrinen des Rosenthal-Studio-Hauses mit seinen avantgardistischen Werken der Glas- und Porzellankunst ins Auge – eine ebenso zerbrechliche wie teuere Angelegenheit. Leicht erschwingliche Dinge kann man im anthroposophisch orientierten **Kunst und Spiel** (Nr. 48) erstehen – neben pädagogisch wertvollem Spielzeug ist dieser Laden ein wahres Himmelreich von Materialien zum Basteln, Spinnen, Weben und Malen.

Aber warum ist das unweit davon gelegene **Roxy** seit seiner Eröffnung durch die Schauspielerin Iris Berben nur so „in"? Ganz einfach – weil das Roxy einfach „in" ist! Wer anderer Meinung ist, sollte eben nicht hingehen. Schließlich gibt es einige Meter weiter auf dieser Straßenseite noch das Straßencafé **Rialto**, und das ist in der Leopoldstraße schon wesentlich länger etabliert, etwas gedie-

Oben: Sehen und Gesehenwerden auf der Leopoldstraße. Rechts: An der Münchner Freiheit.

gener in der Einrichtung, mit Straßenbalkon, Ober im Frack – und trotzdem genauso frequentiert. Dazwischen liegt die traditionsreiche **Gaststätte Leopold**, in der man zu durchaus akzeptablen Preisen gutbürgerlich essen und sitzen kann. Hier feierte einst Karl Valentin seine ersten Erfolge, ehe Erich Kästner die noch heute gemütliche Gaststätte zu einem seiner Stammlokale machte.

Unweit davon kommt man zur Gaststätte **Zur Brezn**, einer Art von bayerischem Remake aus den sechziger Jahren mit ähnlichen Schmankerln wie im Leopold. Oder möchten Sie jetzt lieber ein Eis schlecken? Bitte schön – einige Meter weiter hält das **Eiscafé Central** seine Stühle für Sie bereit. Wenige Meter weiter steht man dann vor einem der ältesten und beliebtesten Münchner Kinos, dem **Leopold-Kino** – und damit schon an der Münchner Freiheit, dem vorläufigen Endpunkt unseres (rechtsseitigen) Bummels entlang der Leopoldstraße, die sich – allerdings als reine Verkehrsstraße – noch weit nach Norden erstreckt.

An der Münchner Freiheit

Bekannt ist sie, die **Münchner Freiheit**, weit über München hinaus. Bis 1946 hieß sie noch Feilitzsch-Platz, ihr heutiger Name soll all jene Münchner Bürger ehren, die „in den letzten Tagen des 2. Weltkrieges ... Widerstand gegen die nationalsozialistische Gewaltherrschaft (geleistet) ... und dadurch sinnloses Blutvergießen verhindert (haben)", wie es auf der Gedenktafel heißt.

Das heutige Gesicht der Münchner Freiheit ist ziemlich neu – wo sich einst der lauschige große Biergarten vom „Alten Wirt" erstreckte, liegt heute ein nach unten versenktes, weitläufiges Forum aus Beton, das sich aus der U-Bahn-Station heraus zur Oberfläche und zum Platz selbst hin öffnet und erweitert, der über zahlreiche Steinstufen erreichbar ist.

Der ursprüngliche Platz fiel in den sechziger und siebziger Jahren den Münchner Straßen- und U-Bahnbauern zum Opfer – bis sich die Schwabinger selbst ihre „Münchner Freiheit" zurück-

eroberten und aus der Betonlandschaft eine Art postmoderner Oase schufen, wo man sich zum Tischtennis und Straßenschachspiel trifft oder bis spät in die Nacht sitzt, trinkt und diskutiert. Zum Beispiel im **Café Forum** oder im **Café Münchner Freiheit**. Draußen läßt es sich angenehm in der Sonne sitzen, auch wird das selbstgemachte Speiseeis sehr gelobt, die langen Schlangen am Verkauf sprechen für sich. „Oben", in Richtung Ungererstraße, findet im Dezember der Schwabinger Weihnachtsmarkt statt.

Wie auch immer man zur Gestaltung dieses Platzes stehen mag – er ist das „Tor" zu Alt-Schwabing und daher für die meisten Besucher Ausgangspunkt zu den in der Nähe liegenden Nachtlokalen oder zu einem Bummel auf der Leopoldstraße in umgekehrter Richtung.

Wir jedenfalls begeben uns jetzt von der Münchner Freiheit aus auf einen Bummel – am besten spätabends, wenn dort „das Leben tobt" – durch Alt-Schwabing, wo Touristen aus aller Herren Länder sich vielsprachig mischen.

ALT-SCHWABING

Was also ist geboten im heutigen Alt-Schwabing? Nun, es gibt dort einige politische Kabaretts, am bekanntesten wohl die „Münchner Lach- und Schießgesellschaft"; es gibt eine Handvoll kleiner Theater – und dann natürlich all die „Nachtlokale" rund um die Occam- und Feilitzschstraße, die allesamt brav – wie die meisten in München – um 1.00 Uhr schließen. Leider sterben die bekanntesten von ihnen unter dem Druck der Miet- und Pachtzinsen langsam dahin, so daß die legendären Lokale der Schwabinger Szene, wie z. B. „Gisela", „Mutti-Bräu" oder „Seerose" inzwischen der Vergangenheit angehören und das Viertel, das Sigi Sommer – der bekannteste Münchner Kolumnist – schon vor langer Zeit mit „Neon, Nylon, Nepp" bezeichnete, sich eigentlich auf dem besten Weg zur „Schlafstadt" befindet.

Oben: Im Herzen von Altschwabing. Rechts: Friedliche Idylle am Wedekind-Platz.

Der Touristenstrom, der dennoch allabendlich von der Leopoldstraße zur Occamstraße abzweigt, wälzt sich heute jedenfalls an öden Pizzabuden, Hamburgerbratereien und Bierlokalen mit steriler Diskomusik vorbei. Münchner sind hier aus guten Gründen kaum noch anzutreffen. Für Klamotten-Jäger sind vielleicht noch das knappe Dutzend Second-Hand-Läden und einige Boutiquen interessant.

Wer sich dennoch selbst ein Bild von Alt-Schwabing machen möchte, beginnt seinen Weg am besten in der **Feilitzschstraße**. Sie hieß bis 1890 noch Maffeistraße, da sie zur Fabrik des Lokomotivenbauers Maffei in der Hirschau führte. Am Haus Feilitzschstraße Nr. 3 befindet sich eine Gedenktafel, die an den Maler Paul Klee erinnert, der hier von 1908 bis 1919 sein Atelier hatte.

Eine der chaotischsten Schwabinger Kneipen liegt ebenfalls in der Feilitzschstraße – das Kellerlokal „Schwabinger 7" (Charles Bukowsky hätte seine helle Freude daran). Auch Thomas Mann hatte von 1894 bis zu seiner Heirat im Jahr 1905 wechselnde Adressen in Alt-Schwabing. Das Haus Feilitzschstraße Nr. 8, wo Thomas Mann an seinem Roman *Die Buddenbrooks* arbeitete, steht nicht mehr und ist einem unansehnlichen Bauwerk gewichen.

An den Dichter Frank Wedekind erinnert noch heute der Museumsbrunnen am **Wedekind-Platz**, dem früheren Marktplatz des Dorfes Schwabing und heutigem Verkehrsknotenpunkt dieses Amüsierviertels. Hier kann man eine Verschnaufpause einlegen im postmodernhektischen „Drugstore".

Wenn man die Feilitzschstraße weitergeht, stößt man, rechts hinter einer großen Mauer verborgen, auf das **Suresnes-Schlößl** (Werneckstr. 24), das von J. B. Gunetzrhainer 1717-18 erbaut wurde. Von hier aus kommt man an der Gaststätte „Hopfendolde" und dem „Käuzchen" vorbei. Nur wenige Schritte weiter, bei der Traditionsgaststätte „Seerose", steht

zwar noch der alte Name über der Tür, aber im Inneren hat sich inzwischen ein spanisches Restaurant etabliert – o tempora, o mores! Dabei war die „Seerose" lange Zeit Stammlokal des gleichnamigen Künstlerkreises, der dort in unregelmäßigen Abständen Literaturlesungen veranstaltete. Wenn man am Ende der Feilitzschstraße nach links in die **Biedersteinerstraße** einbiegt – sie grenzt bereits unmittelbar an die Englischen Garten – kommt man zur ältesten Kirche Schwabings, der barocken Dorfkirche **St. Sylvester** aus dem 17. Jh. Archivalisch bezeugt ist sie seit 1315. Als St. Ursula war sie seit 1811 Pfarrkirche von Alt-Schwabing, bis diese Funktion nach der Eingemeindung auf die neue Kirche St. Ursula am Kaiserplatz überging.

Von hier aus biegen wir auf unserem Bummel durch Alt-Schwabing linker Hand ein in die **Haimhauser Straße**. Das Gebäude, in dem sich heute das Sozialamt befindet (Nr. 13), war einst das erste Schulhaus Schwabings (1843). An der Ecke von Haimhauser- und Occamstraße

liegt die Stelle, wo früher der alte Burgstall von Schwabing stand. Am Eckhaus zur Ursulastraße treffen wir auf das Domizil der **Münchner Lach- und Schießgesellschaft**, die im Jahr 1956 von Sammy Drechsel und Dieter Hildebrandt gegründet und durch das Fernsehen bundesweit berühmt wurde.

Im Hinterhof der Haimhauser Straße Nr. 13a spielt allabendlich das **Theater am Sozialamt**. Es hat originelle Räumlichkeiten, denn früher befand sich in den Theaterräumen ein öffentliches Duschbad; man kann heute noch die dicken Wasserrohre und Heizkessel sehen.

Von hier aus biegen wir in die **Occamstraße** ein, eine Straße, die auch „längste Theke Münchens" genannt wird, weil sich hier eine Kneipe an die andere reiht. Gleich an der Ecke steht Walter Novaks **Schwabinger Brettl**. Der „Novak" gehört seit Ende der 40er Jahre zu den Schwabinger Kneipenwirten und vertritt als Sprecher die Interessen der Wirte. In seinem gemütlichen Lokal wird meistens Live-Musik gespielt, und es herrscht im-

mer gute Stimmung. Auf der gegenüberliegenden Straßenseite befindet sich das **Münchner Lustspielhaus**, Bruno Jonas' politisches Kabarett. Gleich um die Ecke in der Hesseloher Straße residiert ein weiteres Kabarett, das von Rainer Uthoff gegründete **Rationaltheater**.

Wir überqueren nun den Wedekindplatz und biegen am Drugstore in die **Siegesstraße** ein. Für modisch Interessierte sind die Second-Hand-Läden in dieser Straße, die nur Designer-Modelle verkaufen, eine lohnende Fundgrube. Hier gibt's auch einige nette Kneipen, wie die **Tomate** oder das **Krokodil**. Livemusik und gute Interpreten findet man im **Schwabinger Podium**, einer der besten Münchner Musikkneipen. In der rechts gelegenen **Fendstraße** existiert mit der Gaststätte **Weinbauer** noch eines der letzten urigen Wirtshäuser mit traditionell bayerischer Kochkunst.

Oben: Nicht gerade Eric Burdon – aber immerhin! Rechts: Vor dem Leopoldmarkt.

An der Ecke zum **Nikolaiplatz** glänzt eine der teuersten Münchner Einkaufsadressen – die bei allen Reichen dieser Welt geschätzte Nobelmarke für Lederwaren: MCM. Hier biegen wir in die **Nikolaistraße**, dann links in die **Werneckstraße** ein, und kommen so schließlich rechts in die **Seestraße**, die durch ihre dörflichen kleinen Häuschen auffällt, Überbleibseln aus der zweiten Hälfte des 19. Jahrhunderts.

Links liegt – in merkwürdigem Kontrast dazu – das ehemalige **Palais Crailsheim**, an der gleichen Stelle, wo 1861 das erste Schwabinger Krankenhaus erbaut wurde. Im Haus Seestraße Nr. 16 wohnte der berühmte Soziologe Max Weber das letzte Jahr vor seinem Tod am 14. Juni 1920. Von der Seestraße führt dann ein Weg direkt zum Kleinhesseloher See im Englischen Garten.

Wir aber begeben uns nun in die **Mandlstraße**. Die dort ins Auge fallende neoklassizistische Portikusvilla, in der eines der vier Münchner Standesämter residiert (Nr. 14), ist Münchens beliebtester

„Heiratstempel". Wenn wir die Mandlst-raße weiter nach Süden bis zur Königin-straße gehen, kommen wir auf Höhe der Thiemestraße an dem riesigen Komplex der **Münchner Rückversicherung** vor-bei, der 1912-13 von Oswald Eduard Bie-ber und Wilhelm Hollweck erbaut wurde. Schräg gegenüber, schon direkt am Eng-lischen Garten gelegen, befindet sich die **Universitäts-Reitschule**. Im dazugehöri-gen Café kann man durch große Scheiben direkt in den Reitsaal sehen. An warmen Sommerabenden ist der unterhalb der Reitschul-Villa liegende **Königingarten** eine exklusive Alternative zu den sonst etwas dunstigen Tavernen Schwabings. Unter großen alten Bäumen werden dem Gast französische, griechische und itali-enische Spezialitäten serviert.

Über die Thieme- und Martiusstraße geht's dann zurück auf die Leopold-straße. Dort angelangt, bietet sich Gele-genheit, den Münchner „Boulevard" auf der anderen Straßenseite entlang zu schlendern – diesmal in entgegengesetz-ter Richtung zum Siegestor.

Die Leopoldstraße rückwärts

Gegenüber dem Busterminal an der Münchner Freiheit sticht eine der wohl schönsten Jugendstil-Fassaden in Mün-chen (Leopoldstr. 77) ins Auge. Durch die Unterführung kommt man auf die ge-genüberliegende Straßenseite zur **Her-zogstraße**. Hier versteckt sich, nur einige Schritte die Straße hinein, ein beliebtes kleines Münchner Filmkunststudio, das **ABC**. Wenn man jetzt die Leopoldstraße entlang stadteinwärts geht, kommt man am Haus Nr. 59 (Bayerische Vereins-bank) vorbei. Hier lebte von 1914-28 der Schriftsteller Heinrich Mann, der u.a. den Roman *Der Untertan* verfaßte. Daneben, an der Stelle, wo sich heute das **Postamt** befindet, stand einst das Schwabinger Rathaus. Das **Café Central** ist das erste Eiscafé auf dieser Seite.

Einen Blick sollte man unbedingt auf das Häuser-Ensemble Nr. 4-12 in der rechts abzweigenden **Kaiserstraße** wer-fen. Es sind reich gegliederte, einstöckige Rohbacksteinhäuser im Nordischen Re-

naissancestil, die um 1884 gebaut wurden. Lenin lebte einst ganz bescheiden als Herr Meyer in derselben Straße. Weiter die Leopoldstraße entlang, kommt man an der **Buchhandlung Lehmkuhl** (Nr. 45) vorbei. 1903 gegründet, sollte sie zu einem Treffpunkt der Münchner Literaten werden, wo auch später bekannte Autoren wie Ingeborg Bachmann, Uwe Johnson, Siegfried Lenz oder Ernesto Cardenal Lesungen hielten.

Auf Höhe der Hohenzollernstraße angelangt, kommt man an der Hohenzollernpassage vorbei. (Die Hohenzollernstraße selbst wird anschließend gesondert beschrieben.) Nach dem **Marmorhaus**, einem der großen Münchner Kinozentren, sind die Gehsteige wieder mit Tischen und Stühlen besetzt, und das Trottoir wird zum engen Laufsteg. Etabliert auf dieser Straßenseite hat sich hier das **Eiscafé Venezia** (Nr. 31), nicht weniger

Oben: Ein Straßenfest in der Herzogstraße. Rechts: Jugendstil-Fassade in der Ainmillerstraße 22.

lebhaft geht es im angrenzenden **Café Servus** (Nr. 29) zu. An der Ecke **Ainmillerstraße** gehts hinab ins **Babalu**, einer Bar für Nachtschwärmer. Die Ainmillerstraße war beliebt bei vielen Künstlern zu Beginn des Jahrhunderts. Kandinsky und Gabriele Münter lebten von 1909-14 im Rückgebäude des Hauses Nr. 36, und Rainer Maria Rilke wohnte von 1918-19 im Haus Nr. 34, wo eine Gedenktafel an ihn erinnert.

Zurück auf der Leopoldstraße, findet man einige Trendläden für alle „Schwabinchen", am buntesten von allen ist zweifellos der **Leopoldmarkt** (Nr. 25), wo man schon beim Betreten von einer umwerfend orientalischen Duftorgie eingenebelt wird. Ein Haus weiter befindet sich im Keller eine der ältesten Diskos Schwabings, früher hieß sie „Big Apple", jetzt trägt sie den Namen **Blow Up.**

Nach Überquerung der **Franz-Joseph-Straße** kommen wir zum italienischen Straßenrestaurant **Adria**, wo es bis 3.00 Uhr nachts noch etwas zu essen gibt. Daneben liegt der Live-Musik-Club **Babalu**, wo bis 4.00 Uhr früh internationale Jazz- und Rockmusik geboten wird. Nach einem sattsam bekannten amerikanischen Restaurant für Fast-Food-Gourmets kommen wir am **Gebäude des Studentenwerks** und der dahinterliegenden Mensa vorbei. Auf dem Platz davor verhökern einige Überbleibsel der Flower-Power-Zeit Second-Hand-Kleidung, alte Magazine und Bücher, indische Schals und Self-Made-Schmuck. Hinter dem rosafarbenen Gebäude der Fakultät für Psychologie und Pädagogik liegt zwischen Leopold- und Friedrichstraße der kleine **Leopoldpark**, ein kleines, aber erholsames grünes Fleckchen mit den niederen Baracken des Uni-Kindergartens.

Von durchaus eigener Art ist das **Café Extrablatt** an der Ecke zur Georgenstraße, aufgemacht und aufgemotzt vom ehemaligen Münchner Boulevard-Journalisten Michael Graeter. Die Wände seines Lokals hat er über und über mit Auto-

grammen, Fotos und Souvenirs aus seinem Reporterleben ausstaffiert. Vom Café Extrablatt sind es nur noch wenige Schritte zum Siegestor. Wie wär's nun mit einem Streifzug durch den zwischen dem Siegestor und der Münchner Freiheit gelegenen Teil Schwabings? Beginnen wir also unseren abschließenden Schwabing-Bummel am besten in der bereits erwähnten Hohenzollernstraße.

Das andere Schwabing

Die **Hohenzollernstraße** hat sich in den letzten Jahren immer mehr zur avantgardistischen Mode-Meile entwickelt. Boutiquen für Damen- und Herrenbekleidung, Schuhgeschäfte, Geschenkartikel- und Accessoires-Läden haben die traditionellen Geschäfte nach und nach verdrängt. Während die feinen Damen lieber in den noblen Geschäften der Innenstadt ihre Besorgungen machen, suchen die jungen „Schwabinchen" lieber nach der Art von Bekleidung, die in der Hohenzollernstraße offeriert wird.

Wenn wir unseren Spaziergang durch die Hohenzollernstraße an der Leopoldstraße beginnen, reihen sich etwa 40 Modeboutiquen und Schuhgeschäfte bis zum Kurfürstenplatz dicht aneinander. Schon nach wenigen Hausnummern beginnt, etwas versteckt, auf der linken Seite die **Hohenzollernpassage.** In der Mitte des Durchgangs liegt, wie ein Rastplatz, das Herzstück der Passage, das von einer Acrylglas-Kuppel überspannte, lauschige **Café Kuppel.** Wer seinen Capuccino mit dem Touch gepflegter Shopping-Atmosphäre genießen will, sitzt hier genau richtig. Wieder draußen angelangt, stößt man auf der gegenüberliegenden Seite auf den **Schwabinger Party Shop** mit vielen Geschenkartikeln, Verrücktem und Poppigem von diesseits und jenseits des Ozeans. Fast übersehen könnte man dabei das **Café Schöne** im 1. Stock des Hauses Nr. 12. Seit 20 Jahren ist dieses gemütliche Café unter den Stammgästen aus der Umgebung eine beliebte Adresse.

Wenn man rechts ein Stück in die **Wilhelmstraße** hineingeht, sieht man im Hof

des Hauses Nr. 19 die denkmalgeschützten Hallen des ehemaligen Schwabinger Trambahndepots, in denen die Münchner Ballettakademie eigene Trainingsstudios gefunden hat. Wieder in der Hohenzollernstraße angelangt, geht's hinab ins **Theater 44** (Nr. 20). Seinen Namen hat es von seinem früheren Standort in der Schleißheimerstraße, wo genau 44 Stühle Platz fanden. Im Rückgebäude des Hauses Nr. 21 waren von 1904-14 die „Lehr- und Versuchsateliers für angewandte und freie Kunst" untergebracht, wo Künstler wie Paul Klee, Wassily Kandinsky oder Gabriele Münter arbeiteten.

Wir kommen anschließend zur **Friedrichstraße. Kaiser Friedrich** heißt denn auch die Traditionsgaststätte mit der kleinen Gartenwirtschaft an der Ecke, in der man gepflegt essen kann. Nach links hin lohnt sich ein Blick auf die Jugendstilfassade des Hauses Nr. 26. Nach Norden

Oben: Im Nadelöhr der Hohenzollernstraße. Rechts: Am Elisabethplatz macht Einkaufen noch Spaß.

wird die Friedrichstraße von der **St. Ursula-Kirche** beherrscht. Die 1894-97 von A. Thiersch erbaute Kirche löste nach der Eingemeindung Schwabings St. Sylvester in Altschwabing als Pfarrkirche ab. Ihre Architektur ist eine Adaption von florentinischem Quattrocento und oberitalienischer Kreuzkuppelkirche.

Wieder zurück in der Hohenzollernstraße, finden wir auf der rechten Seite ein Geschäft, das in dieser Straße wie ein Kuriosum wirkt. Es ist der 1899 gegründete Laden von Georg Obinger (Nr. 50), ein Fachgeschäft für Segelbedarf, Hanf- und Drahtseile. Bei der Nr. 58 führt eine steile Treppe hinab in einen ehemaligen Bierkeller, wo der Schwabinger Kunstmaler Manfred Wamsgans auf einer Fläche von 300 qm seine **Kunstoase** geschaffen hat. Auch für Kaufunlustige lohnt sich das Herumschlendern zwischen allerlei Kunst und Krempel. An der Römerstraße angelangt, bietet sich für Architektur-Liebhaber ein Abstecher zu einigen der noch erhaltenen **Jugendstil-Häuser** Münchens an: z. B. Römerstraße 15, 1900 gebaut, mit reichem Stuckdekor; Römerstr. 11 (1899) mit polychromer Fassade. Von reicher Farbigkeit ist auch die Fassade des Hauses Ainmillerstraße 22, während die Fassade von Nr. 20 durch ihre figürliche Stuckdekoration auffällt. Etwas weiter stadteinwärts können Sie in der Franz-Joseph-Str. zwei Bauten von Max Langheinrich bewundern: Das Eckhaus Franz-Joseph-Str. 21/23 mit Friedrichstr. 18 (1904) besticht durch aufwendige Erker und Balkone; Franz-Joseph-Str. 38, 1903 als Teil einer Gruppe von Jugendstil-Mietshäusern gebaut, weist eine lebhafte, plastische Fassadengliederung auf. Von dort aus können Sie durch die Kurfürstenstraße zum **Kurfürstenplatz** gelangen.

Zentrales Café an diesem Verkehrsknotenpunkt ist das **Café Schwabing**. Durch seine großen Fenster lassen sich ungestört Menschen und Verkehr am Kurfürstenplatz beobachten. Schräg ge-

genüber liegt das **Eiscafé Venezia**, wo ab 19.30 Uhr bei jedem Wetter Zeitungsverkäufer die Abendausgaben der Münchner Tageszeitungen anbieten. Besonders an Tagen mit den Wohnungsannoncen werden den Verkäufern die Zeitungen förmlich aus der Hand gerissen. Ein weiteres und beliebtes In-Lokal der Schwabinger Schickeria ist das **Café d'Accord** in der Nordendstraße 62. Die Preise sind zwar gesalzen, doch wer unbedingt dabei sein will, muß eben zahlen. Vielleicht ergibt sich beim Anbandeln eine Karriere, z. B. bei **Radio Gong 2000**, dessen Studio sich im selben Gebäude befindet.

Wenn man vom Kurfürstenplatz knapp 100 m in die Belgradstraße hineingeht, kommt man links zum **Kurfürstenhof**, ein in den 70er Jahren fertiggestellter, architektonisch beeindruckender Gebäudekomplex mit moderner Hinterhofgestaltung. Interessant sind vor allem seine unkonventionell gegliederten Fassaden, Fenster und Dachschrägen. 171 Wohnungen und ein gutes Dutzend Läden sind unter optimaler Ausnutzung der Baufläche darin untergebracht. An der Seite zur Belgradstraße hin gibt es in **Seppls Zukkerbäckerei** mehrmals täglich frisches Backwerk, und in dem pinkgrau gehaltenen **Nuova Italia** ißt man so billig und reichhaltig wie sonst kaum in München. Das Restaurant ist auch zum Hof hin geöffnet, wo man in angenehmer Umgebung im Freien sitzen kann. Eine Passage führt zur **Fallmerayerstraße** hinüber, wo sich im selben Gebäudekomplex das **Café Zeitlos** und ein ulkiger Laden mit Relikten aus den 50er Jahren befindet.

Vom südlichen Ende des Kurfürstenplatzes aus kommt man die Nordendstraße entlang zum **Elisabethplatz.** Nach dem Münchner Viktualienmarkt ist dies der schönste kleine Stadtteilmarkt, mit Ständen für Obst und Gemüse, kleinen Läden für Käse, Fisch, Wurstwaren und Weine. Gemütlich sitzt es sich im Pavillon des **Café Wintergarten**, zu dem im Sommer auch ein kleiner Biergarten gehört. Von einer der Ruhebänke aus kann man das Schwabinger Leben abseits von Leopold- und Hohenzollernstraße beob-

achten. Eingerahmt wird der Platz vom **Theater der Jugend** und den aus der Jahrhundertwende stammenden Gebäuden des Gisela-Gymnasiums und der städtischen Gewerbeschule.

Zu den vielen Parkflächen, die München den Ruf der angeblich „grünsten Stadt Deutschlands" einbrachten, zählt auch der kleine **Luitpold-Park.** Eingebettet zwischen Petuelring im Norden und Karl-Theodor-Straße im Süden, ist er nur einen Katzensprung vom Olympiapark entfernt. Sehenswert ist das kleine Bräuhaus im Keller des **Bamberger Hauses,** wo es frisches selbstgebrautes Bier gibt.

IM OLYMPIAPARK

Die Bayerischen Motorenwerke AG (BMW) sind das größte Unternehmen im Münchner Norden. Das Unternehmen wurde 1916 gegründet und baute anfangs

Oben: Das Olympiagelände im Morgenlicht aus der Vogelperspektive.

nur Flugmotoren. 1923 kamen Motorräder und 1928 Autos dazu. Blickfang und eine der Hauptattraktionen für mehr als 300.000 Besucher jährlich ist die silberne, fensterlose Betonschale des **BMW-Museums** und das danebenstehende vierzylindrige **BMW-Verwaltungsgebäude.** Das Museum zeigt nicht nur BMW-Geschichte anhand von Motoren, Motorrädern und Automobilen, sondern läßt die Besucher die Verkehrstechnik von den Anfängen bis ins nächste Jahrtausend erleben.

Vom BMW- Komplex aus eröffnet sich der Blick auf die faszinierende Silhouette des **Olympia-Parks** – ein fast 3 qkm großes Erholungsgelände, das aus Anlaß der XX. Olympischen Sommerspiele 1972 von Günther Behnisch und Partnern gestaltet wurde und damals weltweit Furore machte wegen seiner an riesigen Pylonen aufgehängten zeltartigen Überdachungen, die das ganze Gelände spinnennetzartig überziehen. Den schönsten Blick auf die futuristisch anmutende Anlage gewinnt man vom knapp 290 m ho-

hen **Fernsehturm**, von dem man auch einen herrlichen Blick über die ganze Stadt hat – vor allem bei Föhnwetter, wenn die Alpen zum Greifen nahe scheinen. Wem es auf der luftigen Aussichtsplattform zu windig ist, kann auch im Drehrestaurant den Blick auf die Stadt genießen.

Ursprünglich war das Gelände Exerzierplatz der königlich-bayerischen Armee, 1909 landete der erste Zeppelin hier, und ab 1925 war auf dem Gelände für 14 Jahre der Münchner Flughafen angesiedelt. Nach dem Krieg wurde der Schutt der zerstörten Stadt hierhergefahren, und Ende der 60er Jahre begann man jene Architekturlandschaft zu kreieren, die heute eine gelungene Verbindung von Menschenwerk und Natur darstellt.

Wenn man die U-Bahn-Station „Olympiazentrum" verläßt, sieht man die terrassenförmigen Bauten des **Olympischen Dorfes**, die später in Eigentumswohnungen umgewandelt wurden. Zum Mittleren Ring hin schließt sich eine kleine Siedlung niedriger Häuser an, die damals den olympischen Sportlerinnen als Un-

terkunft diente und heute an Studenten vermietet wird.

Der eindrucksvollste Bau unter den ehemaligen olympischen Sportstätten ist jedoch unbestritten das 75.000 Zuschauer fassende **Olympiastadion**, heute Heimstadion des FC Bayern München, aber auch Austragungsort von Leichtathletikveranstaltungen oder Popkonzerten – die Rolling Stones füllten es 1990 gleich zweimal nacheinander. Weit häufiger wird für Popkonzerte und größere kulturelle Veranstaltungen die gleich daneben liegende **Olympiahalle** genutzt. In der für 14.000 Personen konzipierten Mehrzweckhalle finden auch Kongresse, Faschingsbälle oder Sportveranstaltungen statt. Schräg gegenüber liegt die **Olympiaschwimmhalle** mit 9000 Plätzen. Von einer Aussichtskanzel im Inneren blickt man auf das angeblich schönste Gartenhallenbad Europas und kann nebenbei sogar eine Kleinigkeit essen.

Die olympischen Sportstätten werden von einem 74.800 qm großen, lichtdurchlässigen Acrylglas-Plattendach über-

melsurium von Baumaterialien errichtet und das Innere mit einer Vielzahl von silbernen Papierchen verkleidet.

Auf der davorliegenden Wiese findet jedes Jahr zwei Wochen im Juni das **Tollwood-Festival** statt. Im Theaterzelt treten dann die unterschiedlichsten Kabarett- und Musikgruppen auf, und ein Hauch von Exotik umgibt die umliegenden Stände mit Kunst- und Gebrauchsgegenständen sowie kulinarischen Spezialitäten von Portugal bis Südindien.

DER ENGLISCHE GARTEN

Was wäre Schwabing ohne seinen **Englischen Garten** – die größte innerstädtische Grünanlage der Welt und eine der schönsten allemal. Inzwischen ist er so alt wie die Französische Revolution, mit der er mehr zu tun hat, als man glauben möchte. Bis ins 18. Jh. war das Gelände an der Isar nämlich eine von Bächen durchzogene Auenwildnis, die den Wittelsbacher Fürsten als Jagdrevier diente und der Öffentlichkeit nicht zugänglich war. 1789, nach dem Sturm auf die Pariser Bastille, bekam es – der bei den damals 40.000 Münchnern ohnehin unbeliebte – Kurfürst Karl Theodor mit der Angst zu tun. Um seine murrenden Untertanen zu beschwichtigen, folgte er dem Rat seines Kriegsministers (!) Benjamin Thompson aus Massachusetts, dem späteren Grafen Rumford, und ließ in „großer Eile" den Schwetzinger Hofgärtner von Sckell nach München kommen. Anschließend wurde den staunenden Untertanen der Plan eines „Volksgartens" verkündet, „der zum traulichen geselligen Umgang und Annäherung aller Stände dienen soll, die sich hier im Schoße der schönen Natur begegnen." Es sollte ein Volksgarten werden „zwecks Bewegung und Geschäftserholung", aber mit durchaus erzieherischen Absichten im Sinn der Aufklärung. Heute ist der Englische Garten unbestritten einer der größten und schönsten Landschaftsgärten

spannt, das an zwölf bis zu 81 m hohen Stahlmasten aufgehängt ist und Baukosten von 168 Mio. DM verschlang. Zur Berechnung der Statik wurden damals Messungen aus der Oberflächenspannung von Seifenblasen herangezogen.

Unterhalb der Olympiaschwimmhalle befindet sich das **Theatron**, wo zwei Wochen lang im August jeden Abend kostenlose Folk- und Popkonzerte stattfinden. Zur gleichen Zeit findet auf dem Gelände vor der Olympiahalle das Sommerfest statt, mit Karussels, Schießbuden, Lotterien, Biergärten und einem abschließenden nächtlichen Feuerwerk.

Ein idyllisches Kleinod ist die südwestlich des **Olympiaberges** (dem ehemaligen Schuttberg Münchens) in einem Gärtchen gelegene **russisch-orthodoxe Kapelle**, die der Einsiedler Timofej nach dem 2. Weltkrieg auf dem damaligen Oberwiesenfeld errichtet hat. Liebevoll hat er die kleine Kapelle aus einem Sam-

Oben: Auf Radltour im Englischen Garten.
Rechts: Sonnenanbeter am Monopteros.

Deutschlands, vielleicht der Welt, der sich durch eine malerische, „englische" Landschaftskomposition von ursprünglicher Natur und gärtnerischer Menschenhand von der strengen Geometrie der französischen Barock-Gärten abhebt.

Als Ausgangspunkt für einen Spaziergang durch den Englischen Garten wählen wir am besten die Universität, wo wir in die **Veterinärstraße** einbiegen. Über die Königinstraße hinweg kommen wir geradewegs in den Park und überqueren als erstes den **Eisbach**, der hier offiziell Schwabinger Bach heißt. An ihm entlang liegen die weit über München hinaus bekannten „Nackerten", hüllenlose Sonnenhungrige – und die unvermeidlichen Schaulustigen. Geht man den Bach entlang nach rechts bis zum **Haus der Kunst**, so kann man an heißen Tagen eine besondere Kuriosität erleben: Eisbachsurfen – ein einfaches Holzbrett wird mit einem Strick an der Brücke befestigt und auf der rauschenden Kaskade kann man dann Dauersurfen à la Hawaii. Gleich daneben steht das **Rumforddenk-**mal. Unweit davon, mitten im Teich hinter dem Haus der Kunst, liegt das **Japanische Teehaus**.

Der auf einem künstlichen Hügel stehende **Monopteros** war besonders in den 70er Jahren der Münchner Hippie-Treffpunkt schlechthin. Der kurze Weg hinauf lohnt sich wegen des besonders schönen Ausblickes auf die Türme der Stadt München. In der Mitte des Tempelchens steht eine Gedächtnisstele zu Ehren der Gründerväter des Gartens, Kurfürst Karl Theodor und König Max I., errichtet von Klenze im Auftrag von König Ludwig I. Auf der darunterliegenden Wiese trifft sich auch heutzutage noch ein buntgemischtes Völkchen, Gitarrenklänge und der Rhythmus von Bongos liegen darüber, und manchmal mischt sich sogar ein sonores Saxophon dazwischen. Irgendwoher ziehen Rauchschwaden von Räucherstäbchen und der Geruch von Hasch oder Marihuana, und zuweilen mischt der Wind die Takte der bayerischen Blasmusik vom nahen Chinesischen Turm hinein.

Der hölzerne **Chinesische Turm** entstand 1789/90 nach dem Vorbild in den Londoner Kew Gardens als Aussichts- und Musikpagode. 1944 brannte er ab, wurde aber 1951/52 originalgetreu rekonstruiert. Das schindelgedeckte fünfgeschossige Gebäude besticht durch seine zierliche Bauweise und die ringsum angebrachten vergoldeten Glocken, deren hohe Kosten einst Kurfürst Karl Theodor sehr bekümmerten. Sobald im Frühjahr die ersten wärmenden Sonnenstrahlen durch das noch nackte Geäst der Kastanienbäume auf die Biertische fallen, sitzt dort schon allerhand Münchner Volk und läßt sich das Bier schmecken. Wer lieber etwas gepflegter essen möchte, kann das zu durchaus „normalen" Preisen auf der Terrasse der angrenzenden Gaststätte „Chinesischer Turm".

Mit 6500 Plätzen ist der Biergarten am Chinesischen Turm der zweitgrößte

Oben: Winterstimmung am Chinesischen Turm im Englischen Garten.

Münchens nach dem Hirschgarten. Hier tobt bei auch nur halbwegs schönem Wetter das Münchner Freizeitleben – in (fast) allen Sprachen der Welt, quer durch alle sozialen Schichten vom schrillgrünen Punk bis zum gestreßten Manager mit gelockerter Krawatte, vom knorrigen Urbayern bis zur leicht irritierten Rentnerin aus dem Ruhrpott. Und wenn man Glück hat, gibt sogar ein Feuerschlucker seine Vorstellung. Für Kinder und Eltern gleichermaßen faszinierend ist das zauberhafte, hölzerne Kinderkarussell, das von April bis Oktober in Betrieb ist.

Sofern man nach einer ordentlichen Rast noch imstande ist, sich aus diesen elysischen Gefilden überhaupt wegzubewegen, kommt man in nördlicher Richtung am **Rumford-Schlößl** vorbei, erbaut 1791 von Johann Baptist Lechner. Anschließend überquert man die Busstraße durch den Englischen Garten und kommt über die sogenannte „Hundewiese" zum **Kleinhesseloher See**. Mit seinen drei Inselchen ist der vom Freiherrn von Werneck künstlich angelegte See ein wahres Refugium für Enten und Schwäne. Ins Auge sticht an seinem westlichen Ufer das **Seehaus**. Das ursprünglich von Gabriel von Seidl 1882/83 errichtete Gebäude wich 1935 einem Neubau, der 1970 abgerissen wurde, um einem neuen Restaurant Platz zu machen. Dahinter liegt ein Bootsverleih mit Tretbooten und Kähnen. Den Gründervätern wurden hier zwei Denkmäler gesetzt: Beim Biergarten am See steht eine Gedenksäule für Ludwig von Sckell und hinter dem Seehaus das von Klenze entworfene Denkmal für Freiherrn von Werneck. Hier führt eine Fußgängerbrücke über den Mittleren Ring in den nördlichen Teil des Englischen Gartens. Dieser weitaus ruhigere und idyllischere Teil des Parks erstreckt sich noch ganze drei Kilometer entlang des linken Isarufers nach Norden. Zwei beliebte Biergärten gibt es dort: gleich zu Anfang die **Hirschau** und ganz am Ende den **Aumeister**.

SCHWABING / LEOPOLDSTRASSE

Verkehrsverbindungen

U-BAHN: U2 bis Josephsplatz, Hohenzollernplatz. U3/U6 bis Giselastraße, Münchner Freiheit. *BUS:* Nr. 33 ab Münchner Freiheit bis Kurfürstenplatz, Nordbad. Nr. 54 bis Giselastraße, die Hohenzollernstr. entlang, Münchner Freiheit. *STRASSENBAHN:* Nr. 12 bis Scheidplatz, Kurfürstenplatz, Hohenzollernplatz, Nordbad. Nr. 18 bis Nordendstraße, Elisabethplatz, Kurfürstenplatz, Hohenzollernplatz, Nordbad.

Restaurants / Cafés / Nachtleben

TRADITIONELLE BAYERISCHE KÜCHE mit Biergarten: **Kaiser Friedrich**, Friedrichstr. 27, Tel: 393376, Sa geschlossen. **Kaisergarten**, Kaiserstr. 34, Tel: 347752, ruhig gelegen, gehobenes Publikum, warme Küche.

BAYERISCH: **Bräuhaus zur Brezn**, Leopoldstr. 72, Tel: 390092, 9.00-3.00 Uhr. **Hesseloher Hof**, Hesseloherstr. 13, Tel: 331534, 12.00-1.00 Uhr, mittlere Preislage. **Schwabinger Weißbierhaus**, Apianstr. 7, Tel: 301290, gemütliche, holzgetäfelte Wirtschaft. **Weinbauer**, Fendstr. 5, Tel: 398155, alte bayerische Wirtschaft, preiswert.

SPEZIALITÄTEN: **Daitokai**, Kurfürstenstr. 59, Tel: 2711421, So geschlossen, japanisch, gehobene Preise. **Il Borgo**, Georgenstr. 144, Tel: 1292119, Mo geschlossen, italienisch, Reservierung erforderlich. **Il Gattopardo**, Georgenstr. 67, Tel: 2716525, Di geschlossen, beliebter Italiener, gehobene Preise. **La Finca**, Römerstr. 15, Tel: 341284, Mo-Sa 18.00-1.00 Uhr, So geschlossen, spanisch, gute Weine. **Romagna Antica**, Elisabethstr. 52, 2716355, italienisch, gehobene Preise. **Tantris**, Johann-Fichte-Str. 7, Tel: 362061, Gourmet-Küche der absoluten Spitzenklasse, exklusiv und teuer. **Werneckhof**, Werneckstr. 11, Tel: 399936, 18.00-1.00 Uhr, gute französische Küche, mittlere Preise.

SZENE-CAFÉS mit guter Küche: **Café d'Accord**, Nordendstr. 62, Tel: 2714506, 8.00-1.00 Uhr, beliebtes Terrassen-Café, gehobene Preise. **Drugstore**, Feilitzschstr. 12, Tel: 347531, 9.00-1.00 Uhr, gutes Frühstück bis 12.00 Uhr. **Café Extrablatt**, Leopoldstr. 7, Tel: 333333, Mo-Fr und So 7.00-24.00 Uhr, Sa 9.00-1.00 Uhr, beliebt bei der Schickeria. **Café Münchner Freiheit**, Münchner Freiheit 20, Tel: 349080, 6.45-20.00 Uhr, Frühstück bis mittags. **Café Schwabing**, Am Kurfürstenplatz, Tel: 3088856, In-Treff. **Café Servus**, Leopoldstr. 29, Tel: 399797, 7.30-1.00 Uhr, Wiener- Kaffeehaus-Atmosphäre.

EIS-CAFÉS: **Venezia**, Leopoldstr. 31, Tel: 395540, Filiale am Kurfürstenplatz. **Rialto**, Leopoldstr. 62, Tel: 348279.

TEESTUBE: **Macs Ostfriesenstube**, Pündterplatz 2, Tel: 348519, von 10.00- 22.00 Uhr, So ab 14.00 Uhr, gemütlich, große Tee-Auswahl.

BARS / KNEIPEN: **Alter Ofen**, Zieblandstr. 41, Tel: 527527, 18.00-1.00 Uhr, gutbürgerliche Küche, normale Preise. **Bunter Vogel**, Herzogstr. 44, Tel: 346185, 19.00-1.00 Uhr, gute Küche, mittlere Preislage. **Heppel & Ettlich**, Kaiserstr. 67, Tel: 349359, 19.00-1.00 Uhr, gute Küche, abends Kabarett, sonntags vormittags Kinderkino. **Irish Folk Club**, Giselastr. 11, Eingang Kaulbachstr., Tel: 342446, tägl. 20.00-1.00 Uhr, Mo geschlossen. **Jambalaya**, Herzogstr. 93, Tel: 3004819, 18.00-1.00 Uhr, Musik-Bar, südamerikanische Küche. **Luigi Malone's**, Leopoldstr. 28a, Tel: 395071, 17.30-1.00 Uhr, Cocktailbar, internationale Küche. **Muttibräu**, Ursulastr. 10, Tel: 397363, 18.00-1.00 Uhr, beliebtes Pils-Lokal, gute Küche bis 3.00 Uhr. **Roxy**, Leopoldstr. 48, Tel: 349292, 8.00-3.00 Uhr, schickes Szene-Publikum, phantasievolle Cocktails. **Schwabinger Podium**, Wagnerstr. 1, Tel: 399482, Oldies und Live-Musik, 21.00-1.00 Uhr. **Shamrock Irish Pub**, Trautenwolfstr. 6, Tel: 331081, Mo-Sa 16.00-1.00 Uhr, Live-Musik, Darts. **Waikiki**, Neureutherstr. 39, Tel: 2711146, 19.00-2.00 Uhr, Cocktails, asiatische Küche.

DISKOS: **Albatros**, Occamstr. 5, Tel: 399755, 19.00- 1.00 Uhr. **Blow up**, Leopoldstr. 23, 22.00-4.00 Uhr, älteste Disko Schwabings.

Freizeit / Veranstaltungen

Englischer Garten: Der nördliche Teil ist erreichbar mit der U3/U6 bis Universität, Giselastraße oder Münchner Freiheit, der südliche Teil mit der U3/6 bis Odeonsplatz, oder mit dem Bus Nr. 53 bis zum Haus der Kunst.

Olympiapark: Fernsehturm mit Aussichtsplattform und Drehrestaurant, Tel: 30672750. Turmauffahrt täglich 9.00-23.30 Uhr, erreichbar mit U2/3 bis Olympiazentrum.

Im Juni: Zweiwöchiges *Tollwood-Festival* im Olympiapark, mit Kabarett- und Musikgruppen. Im Dezember: *Schwabinger Weihnachtsmarkt* im Forum der Münchner Freiheit.

Polizei / Postämter

Polizeiinspektion 13, Schwabing, Johann-Fichte-Str. 6, Tel: 360810. **Polizeiinspektion 43**, Olympiapark, Moosacherstr. 77, Tel: 354041. **Postämter:** Agnesstr. 3, Tel: 30628433. Leopoldstr. 57, Tel: 30628401.

Taxis

Barer-/Schellingstraße, Tel: 2723874. Elisabethplatz, Tel: 2721111. Münchner Freiheit, Tel: 346364/216142. Siegestor, Tel: 216141. Kurfürstenplatz, Tel: 2710733. Josephsplatz, Tel: 216121. Nordbad, Tel: 184318/216143.

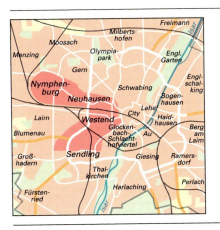

FÜRSTLICHER GLANZ UND MÜNCHNER ALLTAG

NEUHAUSEN

SCHLOSS NYMPHENBURG

WESTEND

SENDLING

NEUHAUSEN

Trotz seines Namens „Neuhausen" ist das Viertel zwischen Dachauer Straße, Bahnlinie und Schloß Nymphenburg älter, als man denken könnte. Die erste urkundliche Erwähnung stammt aus dem Jahr 1163, und man vermutet, daß seine Gründung sogar bis ins 10. Jahrhundert zurückgeht. 1662 ließ Kurfürst Ferdinand Maria – anläßlich der Geburt des Kronprinzen Max Emanuel – vom italienischen Architekten Barelli Schloß Nymphenburg entwerfen. Die Bauarbeiten begannen 1664 und zogen sich bis 1758 hin. Ursprünglich lag das Schloß als damals für adlige Familien typische *casa suburbana* weit draußen vor den Toren der Stadt und war nur von Bediensteten-Wohnungen umgeben. Den ersten großen Einschnitt seiner Dorf- und Stadtteilgeschichte erlebte Neuhausen 1794, als der alte bäuerliche Ortskern abbrannte und ganze Straßenzüge neu aufgebaut wurden. Zu Beginn des 19. Jh. siedelten dann gutsituierte Münchner Bürger im weiteren Umfeld des Schlosses an. Die heutige Nymphenburger Straße wurde so zum „Zubringer", und bereits 1876 führte

Vorherige Seiten: Sonnenuntergang über Schloß Nymphenburg. Links: Am Wildgehege im Hirschgarten:

die 1. Pferde-Trambahnlinie durch das Viertel. Am 27. Dezember 1890 verkündete eine Bekanntmachung des Magistrats der königlichen Haupt- und Residenzstadt München die Eingemeindung Neuhausens.

Kriegs- und Nachkriegszerstörung haben ein (bisher) letztes Mal das Gesicht Neuhausens einschneidend verändert. Das Jagdschloß am Rotkreuzplatz wurde abgerissen, der Verkehrsflughafen am Oberwiesenfeld aufgegeben; umstrittene Neubauten wie etwa der Kaufhof am Rotkreuzplatz haben ebenso wie der ausufernde Verkehr dazu beigetragen, am Lebensnerv von Neuhausen zu nagen, wobei fairerweise gesagt werden muß, daß der Kaufhof auch Leben auf den Rotkreuzplatz gebracht hat, der heute ein Kristallisierungspunkt des ganzen Viertels ist.

Trotz allem gilt Neuhausen unter den Münchner Vierteln noch als gute, teilweise sogar als noble Adresse. Und gerade in den letzten Jahren hat es den Anschein, als ob sich Neuhausen zu einem intellektuellen, aber auch gut-bürgerlichen Zentrum der Landeshauptstadt entwickelt. Verstreut in den Häusern der Gründerjahre und in den kleinen Villen in Gern oder Nymphenburg siedeln sich vermehrt Architekten, Künstler, Grafiker, Designer und Lehrer an.

Die Nymphenburger Straße

Einen Spaziergang durch Neuhausen sollte man am **Stiglmaierplatz** beginnen. An dem heute baulich leider unharmonischen Platz thront majestätisch das Firmenzeichen des weltberühmten „Löwenbräu", der bayerische Löwe, über dem kitschigen, mit Türmchen bewehrten Firmenstammsitz. Der **Löwenbräu-Keller** – es gibt übrigens auch einen Biergarten und einfache Wirtsstuben – steht bei vielen Touristen auf dem Pflichtprogramm unter dem Motto „Gemütlichkeit".

Der Nymphenburger Straße stadtauswärts folgend, kommt man am **Cinema** (Nr. 31), einem der Münchener Superkinos, ebenso vorbei wie am **Amts-, Landes- und Oberlandesgericht**, das sich hinter der abweisenden Betonfassade der Hausnummer 16 verbirgt. In Hausnummer 45 residiert eines der vier Münchner Standesämter. Nobles Wohndesign kann

Rechts: Straßenfest rund um den Brunnen am Rotkreuzplatz.

man fast genau gegenüber beim **Steininger**, in Hausnummer 58-60, besichtigen und erstehen, und an der links abzweigenden Maillinger Straße lohnt ein Blick zum **Wappenhaus**, dessen Jugendstil-Fassade nicht nur das Münchner Stadtwappen ziert, sondern auch eine Vielzahl ausländischer Staatswappen. Dreh- und Angelpunkt der Nymphenburger Straße ist aber wohl die Hausnummer 64 mit dem **Franz-Josef-Strauß-Haus**, der Parteizentrale der CSU, die seit Jahrzehnten mit einer wahrhaft royalistischen Mehrheit von über 50% Wählerstimmen den Freistaat Bayern regiert.

Aber Politik ist bekanntlich nicht jedermanns Sache, wer kommt schon als Otto Normalverbraucher nach München, um eine Parteizentrale zu begutachten? Wesentlich interessanter für alle Altersklassen ist da schon ein Besuch im unweit der Nymphenburgerstraße gelegenen Stammsitz und Winterquartier des **Zirkus Krone** (Ecke Wrede/Marsstraße, in wenigen Minuten erreichbar über die Pappenheimstraße), Münchens interna-

tional renommiertem Zirkus. Es ist ein Manegenbau in Form eines Zirkuszeltes (1962), in dem von Dezember bis März täglich Artistik und Tierdressuren mit Weltniveau geboten werden. Ab März geht der Zirkus alljährlich auf Tournee. In einem malerischen und exotischen Spektakel werden dann die Zirkuselefanten durch die **Arnulfstraße** zum Hauptbahnhof getrieben. Die Zirkushalle wird in dieser Zeit (bis zur nächsten Wintersaison) vor allem für Rockkonzerte genutzt. Hier haben sich fast alle Rock- und Popgrößen feiern lassen – von den Beatles über Bob Dylan bis zu Freddie Mercury. Unweit davon überspannt die **Hackerbrücke**, eine architektonisch interessante Stahlkonstruktion aus dem 19. Jh. in unmittelbarer Nachbarschaft der Hacker-Pschorr-Brauerei die Eisenbahngleise.

Rund um den Rotkreuzplatz

Kurz bevor man, die Nymphenburger Straße entlang gehend, den Rotkreuzplatz erreicht, überquert man die **Landshuter Allee**, jenen Abschnitt des Mittleren Ringes, der aus den Tiefen eines Auto-Tunnels aufsteigend hinauf- und hinabführt zur **Donnersberger Brücke** (S-Bahnstation). Diesen Teil der Wegstrecke sollte man möglichst schnell hinter sich bringen, um zu einem der neu gewachsenen „Sub-Zentren" Münchens zu gelangen, dem **Rotkreuzplatz**.

Hochhäuser sind in München äußerst selten, und so fällt zunächst der hohe Turm der **Rot-Kreuz-Schwesternschule** besonders auf. Ihm angeschlossen in einem weitausgreifenden Gebäudetrakt erstreckt sich das **Rot-Kreuz-Krankenhaus**. Ein weiterer moderner Bau, der durch seine klotzige und fast fensterlose Architektur den Platz mit seinem lebhaften Treiben rund um den skulpturengeschmückten Springbrunnen dominiert, ist der ganz in Klinkerbauweise gehaltene **Kaufhof**. In den letzten Jahren hat sich in seiner Umgebung eine Vielzahl von Geschäften angesiedelt, und für viele Neuhauser lohnt sich deshalb der Weg in die Innenstadt gar nicht mehr.

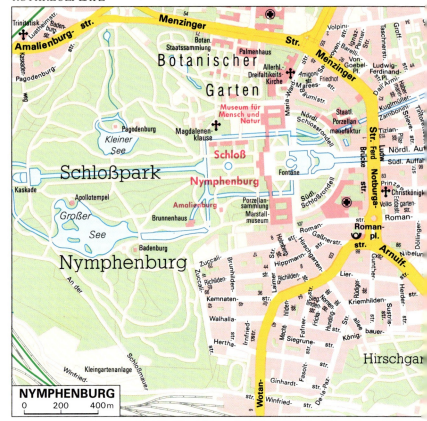

NYMPHENBURG

0   200   400m

Als Besonderheit am Rotkreuzplatz sei Münchens führende Eisdiele, das **Sarcletti** (Ecke Schulstraße), empfohlen, wo es das angeblich beste Eis in ganz München gibt. Wer aber wegen Schleckereien nicht so lange anstehen möchte, kann mit dem **Venezia** direkt am Rotkreuzplatz vorlieb nehmen. Schräg gegenüber, an der Nymphenburger Str. liegt der weltweit obligatorische McDonalds; gleich daneben führt eine kleine Passage in den **Karl-Albrecht-Hof**. Hier erinnert eine Steinsäule an den deutschen Kaiser und Kurfürsten von Bayern. Wer von Fast-Food nicht so begeistert ist, kann hier im kleinen italienischen Bistro **Dai Gemelli** leckere Vorspeisen und ausgesuchte italienische Weine genießen. Vier weitere

wichtige Lokalitäten sind nur wenige Gehminuten vom Rotkreuzplatz entfernt – das **Ruffini** in der Orffstraße, dicht daneben das **Frundsberg**, am Platz der Freiheit das Szenelokal **Café Freiheit**, und in der Schulstraße das **Bröding**, ein reines Speiselokal. Alle vier ziehen intellektuelles und Szene-Publikum an. Derber und urwüchsiger hingegen ist das direkt am Rotkreuzplatz gelegene **Jagdschlößl**, das natürlich mit den entsprechenden Trophäen geschmückt ist.

Direkt am Rotkreuzplatz liegt auch das **Hotel Rotkreuzplatz**, nur wenige hundert Meter davon entfernt, in der Wendl-Dietrich-Straße, befindet sich die **Jugendherberge München**. Auf dem Weg dorthin kommt man an der in den zwanzi-

Straße und zum Jugendlager **Kapuziner-hölzl**. Das auf dem Weg liegende Viertel zwischen Rotkreuz- und **Romanplatz** zählt zu den noblen Münchner Wohngegenden. Deshalb lohnt es sich durchaus, die Strecke lieber zu Fuß zu gehen und sich die teilweise wunderschön gelegenen Villen – zum Beispiel rund um das **Rondell Neuwittelsbach** oder in der **Prinzenstraße** – anzusehen.

Unweit des Romanplatzes liegt der **Hirschgarten**, Münchens mit Abstand größter Biergarten. Kurfürst Karl Theodor ließ um 1780 hier einen Tiergarten anlegen. In einem Gehege wurde das für die höfische Jagd benötigte Damwild gehalten. Heute – das Gehege mit den Hirschen existiert immer noch – ist er ein vielbesuchter Biergarten und eine beliebte Picknick- und Freizeitstätte. Das alljährlich im Juli hier stattfindende „Magdalenenfest" ist nicht nur wegen des im Sommer sich unermüdlich drehenden nostalgischen Holzkarussells und der vielen Kurzwarenhändler beliebt.

Von hier aus ist man nur etwa fünfzehn Gehminuten vom **Nymphenburger Kanal** entfernt. Kerzengerade und überspannt von zwei Brücken, führt er direkt auf den Hauptbau von Schloß Nymphenburg zu. Ein (lautlos) röhrender Hirsch hinter einem schmiedeeisernen Gitter, der **Hubertus-Brunnen**, bildet den Abschluß des Nymphenburger Kanals in östlicher Richtung. Von seinem Podest aus kann man über die zwei Fußgängerbrücken zwischen **Südlicher** und **Nördlicher Auffahrtsallee** hinweg blicken und sieht am Ende den Hauptbau des Nymphenburger Schlosses mit seiner eindrucksvollen Wasserfontäne inmitten des Schloßrondells.

Vor allem im Winter ist der Nymphenburger Kanal für die Anwohner eine besondere Freizeitattraktion. Dann nämlich gehören hier Eisstockschießen, Eishockey und Schlittschuhlaufen zum Standardprogramm der Neuhausener Bürger. Der stadtseitig gelegene Kanal wurde

ger Jahren entstandenen **Mustersiedlung Neuhausen** mit ihren insgesamt 1900 Wohnungen und den dazwischen liegenden weitläufigen Grünanlagen vorbei, die sich zwischen Rotkreuzplatz und Arnulfstraße ausbreitet. Ein Kleinod, wenngleich leicht zu übersehen ist die **Maria-Trost-Kirche** in der Winthirstraße. Hier liegen nicht nur die Gebeine des irischen Missionars Winthir begraben, der um das Jahr 1000 Neuhausen bekehrt haben soll, sondern auch eine Reihe wichtiger Neuhausener Bürger wie etwa der Gründer des Deutschen Museums, Oskar von Miller, oder der Erzgießer der Bavaria-Statue, Johann Baptist Stiglmaier.

Die Trambahnlinie 12 führt vom Rotkreuzplatz bis hinaus zur Menzinger

1730 als Gegenstück zum wenige Jahre zuvor entstandenen Kanal im Schloßpark von Nymphenburg fertiggestellt. Das Wasser kommt von der Würm, einem kleinen Fluß im Westen Münchens.

SCHLOSS NYMPHENBURG

Ob Sie nun die Südliche oder Nördliche Auffahrtsallee entlang Richtung Westen gehen – in jedem Fall erwartet Sie ein überwältigender Anblick: das weite Halbrund des Schloßplatzes mit seiner pavillionartigen Rundbebauung links und rechts der breit ausladenden Flügel von **Schloß Nymphenburg**, einer riesigen Barockanlage von über 600 m Breite.

Im Jahre 1662 schenkte der bayerische Kurfürst Ferdinand Maria seiner Frau Henriette von Savoyen die „Schwaige Kemnat" anläßlich der Geburt des Kurprinzen Max Emanuel. Bis ins 18. Jahr-

Oben: Im Park von Schloß Nymphenburg.
Rechts: Eine der prächtigen königlichen Kutschen im Marstallmuseum.

hundert hinein dauerten die immer weiterführenden Baumaßnahmen. Seitenflügel wurden angebaut, und in einem großen Schloßrondell umspannen heute die mittlerweile architektonisch miteinander verbundenen Bauten die weitläufigen Wasser- und Parkanlagen vor dem Schloß. Dabei wurde während der Jahrhunderte immer in strenger Symmetrie geplant und der Kanal dabei als Spiegelachse verwendet.

Sein heutiges Erscheinungsbild verdankt das ursprünglich der Göttin Diana gewidmete Schloß den italienischen Baumeistern Enrico Zuccalli und Antonio Viscardi. Zuccalli zeichnete schon für die Bauten in Schleißheim, Lustheim und für die Theatinerkirche verantwortlich. Kurfürst Max Emanuel, wegen der Türkenkriege lange von München ferngehalten, beauftragte zunächst Antonio Viscardi mit der Bauführung. Nach dem Tode Zuccallis und der langen Bauunterbrechung aufgrund des Spanischen Erbfolgekrieges übertrug Kurfürst Karl Albrecht 1715 Josef Effner die Leitung des

Nymphenburger Bauwesens. Neben weiteren Anbauten gehen auch die Badenburg, Pagodenburg und Magdalenenklause auf Effners Schaffen zurück.

Ein Rundgang durch das eigentliche Schloßgebäude beginnt im ersten Stock und führt zunächst in den **Steinernen Saal**, der sich auf beiden Seiten majestätisch zu den Freitreppen hin öffnet. Im weiteren Verlauf besichtigt man unter anderem das **Gobelin-Zimmer**, die ehemaligen Schlafräume, das **Wappenzimmer**, das **Chinesische Lackkabinett**, sowie die **Schönheitsgalerie** von König Ludwig I. Im Gegensatz zur Schönheitsgalerie des Kurfürsten Max Emanuel in Raum 4 sind hier erfreulicherweise auch nichtadlige Damen vertreten, darunter die Münchner Schuhmachertochter Helene Sedlmayr und die berühmt-berüchtigte „spanische" Tänzerin Lola Montez, die große Liebe Ludwigs I., die ihn den Thron kostete. Die **Schloßkapelle** im Westflügel wurde nach der 1992 abgeschlossenen Restaurierung wieder der Öffentlichkeit zugänglich gemacht.

Die Nymphenburger Lustschlößchen können auf einem kleinen Rundgang durch den weitläufigen Schloßpark besichtigt werden. Dabei sind vor allem die **Amalienburg** von François Cuvilliés d. Ä., ein verspieltes und wunderschönes Rokoko-Schlößchen, und die in ihrer Art einzigartige **Badenburg** zu nennen. Die Amalienburg wurde 1734-39 als Jagdschlößchen für Kurfürstin Maria Amalia erbaut, die Badenburg 1718-21 von J. Effner für Kurfürst Max Emanuel. Die **Pagodenburg**, ebenfalls von J. Effner und am Ufer des Pagodenburg-Sees gelegen, diente als Teepavillon. Neben der Eremitage für Max Emanuel, der **Magdalenenklause**, und einem kleinen **Hexenhäuschen**, das um 1800 für die Kinder der königlichen Familie angelegt wurde, sind vor allem die ehemaligen Gewächshäuser **Palmenhaus** und **Steinernes Haus** von Bedeutung. Die rückwärtigen großen **Kaskaden** wurden 1717

ebenfalls von Effner angelegt, wobei die liegenden Figuren die Flußgottheiten Donau und Isar symbolisieren sollen.

Die heutige Gestaltung des **Schloßparks**, der ursprünglich aus streng symmetrischen Revieren bestand, geht auf Friedrich Ludwig von Sckell zurück, der zwischen 1804-23 den Park im Stil eines englischen Landschaftsgartens umgestaltete. Jeden Abend bei Anbruch der Dämmerung vollzieht sich im Nymphenburger Schloßpark das gleiche Spektakel: Riesige Schwärme von Krähen kehren dann von ihren Streifzügen in der Stadt zurück und suchen sich ihre Schlafplätze für die Nacht. Aber nicht nur bei Krähen ist der Nymphenburger Schloßpark beliebt, sondern er ist auch eines der beliebtesten Naherholungsgebiete der Münchner. Wo sonst kann man noch direkt in der Stadt – außer im Englischen Garten – so gepflegt durch eine künstliche Naturlandschaft wandern? Schon am frühen Morgen treffen sich hier keuchend die ersten Jogger beim Warmlaufen. Im Frühling, wenn die ersten warmen Sonnen-

strahlen durchbrechen, sitzen Alt und Jung auf Bänken entlang des Steinernen Hauses und genießen die lang ersehnte Wärme. Zwei künstlich angelegte Seen, Kaskaden und Bachläufe, Lustschlößchen und Monopterus-Tempel garantieren bei einem ausgedehnten Spaziergang Abwechslung. Das im ehemaligen Gewächshaus untergebrachte **Café Palmenhaus** sorgt für's leibliche Wohl.

Neben Schloß und Schloßpark bietet Nymphenburg noch vier weitere Attraktionen. Im südlichen Flügelanbau befindet sich das Marstallmuseum und das **Porzellanmuseum**. Kurfürst Max Joseph III. gründete 1747 die erste bayerische **Porzellanmanufaktur**, die zunächst in einem kleinen Schlößchen in der Au untergebracht war. 1761 wurde sie dann in das eigens dafür errichtete Häuschen im Schloßrondell verlegt. Alle Dekore der hochwertigen Porzellanstücke, egal ob

Majolika oder Tafelservice, sind frei handbemalt. Die Preise dieser wunderbaren Porzellankunstwerke sind allerdings dem Schloß angepaßt, also fürstlich. Das **Marstallmuseum**, ebenfalls im südlichen Flügelanbau, zeigt eine Auswahl königlicher Kutschen und Prachtwagen, sowie die Porträts der Lieblingspferde der Wittelsbacher. Im nördlichen Flügelteil liegt das **Museum für Mensch und Natur**, das sich großer Beliebtheit erfreut. In anschaulicher und überzeugender Art und Weise wird hier das Zusammenspiel von Mensch und Natur vor allem für Kinder verständlich dargestellt.

Die **Schloßwirtschaft zur Schwaige**, in einem Seitenflügel des Schloßtraktes untergebracht, besitzt einen schattigen Biergarten und serviert ordentliche bayerische und internationale Küche.

Botanischer Garten

Wer schon den weiten Weg vom Stadtzentrum zum Schloß Nymphenburg gemacht hat, sollte sich unbedingt noch et-

Oben: Wie auf einem impressionistischen Gemälde – der Nymphenburger Schloßpark. Rechts: Die Blutenburg.

was Zeit für den Besuch des direkt angrenzenden **Botanischen Gartens** nehmen. Ganzjährig geöffnet und gut erreichbar mit der Trambahnlinie 12, ist der Eingang an der **Menzinger Straße**, gegenüber dem Krankenhaus zum Dritten Orden. Im Sommer aber führt ein kleiner, ausgeschilderter Nebeneingang direkt vom Nymphenburger Park in den Botanischen Garten. Man braucht nur den Wegweisern in Richtung Magdalenenklause zu folgen. Prunkstück der wunderschönen botanischen Anlagen ist sicherlich das **Tropische Gewächshaus** mit seiner filigranen Glas- und Stahlkonstruktion. In unterschiedlichen Abteilungen kann man hier entweder durch dichte Farne spazieren, sich im schwülen Dschungelklima an der satten Pracht der Orchideen erfreuen, oder die oft eher unscheinbaren Steinpflanzen suchen.

Blutenburg

Sogar die oft verstopfte Menzinger- und Verdistraße lohnt es sich hinauszufahren – der spätgotischen **Blutenburg** wegen. Zwischen 1431 und 1440 ließ nämlich der damalige bayerische Herzog Albrecht III. das „Jagd- und Lustschloß zu Menzing" errichten. Herzog Sigismund ließ später das inselartig gelegene Anwesen zu einer einheitlichen Gesamtanlage mit Burgmauern, Wehrtürmen und von der Würm gespeistem Wassergraben ausbauen. 1488 wurde eine neue Schloßkapelle angefügt. Prunkstücke in der kleinen Schloßkapelle sind die Altarflügel des spätgotischen Altars von Jan Polack, der seit 1482 nachweisbar in München tätig war. Besonders schön sind auch die kleinen Glasgemälde, wie etwa die *Anbetung Christi* von 1497.

Die Blutenburg beherbergt unter anderem die **Internationale Jugendbibliothek** (400.000 Titel in 110 Sprachen). Im Innenhof des Schlosses finden die in München sehr beliebten **Blutenburger Schloßkonzerte** statt. Die Schloßgaststätte bietet im Sommer die Möglichkeit, bis spät abends mitten im Burghof bei Kerzenlicht gepflegt zu speisen.

DAS WESTEND

Seit 1890 wird dieses Viertel als 20. Münchner Stadtbezirk geführt. Es liegt zwischen Theresienwiese und Barthstraße in Ost-West-Richtung, Landsbergerstraße und Ganghoferbrücke in Nord-Süd-Richtung. Durch die in den letzten Jahren durchgeführte umfangreiche Verkehrsberuhigung ist der Durchgangsverkehr weitgehend eingedämmt. Einem Ortsfremden ist es nicht zu empfehlen, das Westend mit dem Auto zu besuchen. Selbst die Bewohner des Viertels verzweifeln manchmal schier an der verwirrenden Einbahnstraßen-Regelung.

Die Alteingesessenen nennen das Viertel „Schwanthaler Höh'". Entstanden ist es erst Mitte des letzten Jahrhunderts. Große Bauprojekte, wie z. B. die breite Schneise des Gleiskörpers zum Hauptbahnhof, die Ruhmeshalle und mehrere Brauereien, wie Hacker-Pschorr und Augustiner, haben es wesentlich mitgeprägt. Die Arbeiter, die teilweise von weither kamen, aber auch aus der eng gewordenen Stadt drängten, brauchten natürlich Wohnungen. Die meisten wohnten in armseligen Behausungen, die teilweise als Schichtschlafplatz genutzt wurden. Aus dieser Not heraus und mit viel Eigeninitiative entstanden deshalb die ersten Wohnbaugenossenschaften. Mit Hilfe von SPD und Gewerkschaften wurden damals westlich der Ganghoferstraße große Wohnblöcke errichtet, deren Nutzung ausschließlich Genossenschaftsmitgliedern möglich war. Viele Familien fanden hier billigen Wohnraum und leben auch heute noch, teilweise schon in der vierten und fünften Generation, für Münchner Verhältnisse sehr preiswert.

Lange Zeit war das Westend als proletarische Arbeitervorstadt und „Glasscherbenviertel" verrufen. Seit Mitte der sechziger Jahre hat aber ein einschneidender

Links: Gelassen nimmt die Bavaria die Huldigungen zahlloser Touristen entgegen.

Wandel stattgefunden. Wegen der damals vergleichsweise günstigen Mieten wurde es nämlich zum attraktiven Wohnviertel für Studenten und Gastarbeiter. Türken, Jugoslawen, Griechen und Italiener sorgten im Lauf der Zeit für eine außergewöhnlich abwechslungsreiche Lebensqualität im Westend, das seither auch als „Münchens Kreuzberg" oder „Klein-Istanbul" gilt. Viele kleine Obst- und Gemüsegeschäfte, Läden für exotische Spezialitäten und südländische Gastronomie sorgen heute für eine in München einmalige Auswahl und Vielfalt.

Dieses multikulturelle Völkergemisch, sowie etliche Miethaie und Kaputtsanierer schaffen aber natürlich auch Probleme. In manchen Dingen will der **Kulturladen Westend** (Ligsalzstr. 20) Abhilfe schaffen. Mit verschiedenen Ausländergruppen, Kindergruppen und diversen Arbeitskreisen werden hier Stadtteilfeste, Kleinkunstabende und Ausstellungen organisiert. Eine Mieterberatungsstelle im Kulturladen hilft mit Rat und Tat, um z. B. Luxussanierungen zu verhindern. Unmittelbar für Kulturelles zuständig hingegen fühlt sich das **Theater im Westend** (Guldeinstr. 47) und das **Westend-Kino** (Ligsalzstr. 20).

Etwa am Ende der unteren **Schwanthalerstraße**, quasi am Fuß der Schwanthaler Höh' und inmitten des St.-Pauls-Platzes, ragt die neugotische, dreischiffige Basilika von **St. Paul** hoch über die umliegenden Dächer. St. Paul ist insofern eine der bekanntesten Münchner Kirchen, weil fast jeder Oktoberfestbesucher auf dem Weg zur „Wiesn" mal daran vorbeikommt. Am 17. Dezember 1960 streifte ein Flugzeug den Hauptturm der Kirche und stürzte brennend auf eine Straßenbahn in der Paul-Heyse-Straße. 49 Menschen kamen dabei ums Leben. Der Architekt der Kirche, Georg von Hauberisser (1841-1922), hat auch das Neue Rathaus am Marienplatz entworfen. Er selbst wohnte im wohl vornehmsten Haus im ganzen Westend, dem **Hau-**

berisser-Haus (Schwanthalerstr. 106), das 1885 fertiggestellt wurde.

Auf Höhe des Hauberisser-Hauses steigt die Schwanthalerstraße leicht an, eben hinauf zur Schwanthaler Höh'. Aber zunächst ist davon nichts zu sehen – denn linkerhand ragt wie ein verschachteltes, gigantisches Raumschiff der Betonklotz des **Hacker-Pschorr-Komplexes** empor, dem in den siebziger Jahren ein Gutteil der Schwanthalerhöh' zum Opfer gefallen ist – heute ist es ein Einkaufs-, Wohn- und Verwaltungsmoloch. Das einzig Tröstliche an dieser – folgt man ihren Kritikern – Münchner Bausünde sind die beiden Großgaststätten **Hackerkeller** und **Pschorrkeller**, vor denen man im Sommer auch draußen sitzen kann. Immerhin hat man den kleinen, lauschigen Biergarten unmittelbar davor unter dem alten Baumbestand neben einem Spielplatz stehen lassen.

Von hier aus sind es nur wenige Minuten hinüber zur imposanten Statue der **Bavaria**. Über 1500 Zentner Erz aus alten Kanonen wurden für ihren Guß benötigt. Sieben Jahre brauchte die Münchner Erzgießer von Miller und Stiglmaier für die sechs Gußteile. Am 9. Oktober 1850 wurde die für damalige Zeiten geradezu immense Statue enthüllt. Im Inneren der 18 m hohen „bayerischen Freiheitsstatue" kann man ihr buchstäblich „zu Kopfe" steigen. Nach Überwindung von 118 Stufen genießt man dann bei schönem Wetter einen herrlichen Blick über die Münchner Altstadt. Die 18 Meter beziehen sich natürlich nur auf den Gußteil, vorher muß man noch einige sechzig Stufen und elf Meter im gemauerten Sockel hinaufsteigen! Der Entwurf der Bavaria mit ihren Löwen und dem erhobenen Eichenkranz stammt von Ludwig von Schwanthaler. Den passenden Rahmen dafür bildet die **Ruhmeshalle** (1843-53), die Leo von Klenze als eindrucksvolles Gegenstück zur „preußischen" Walhalla konzipierte. 48 dorische Säulen tragen das reich mit Schwanthaler-Entwürfen

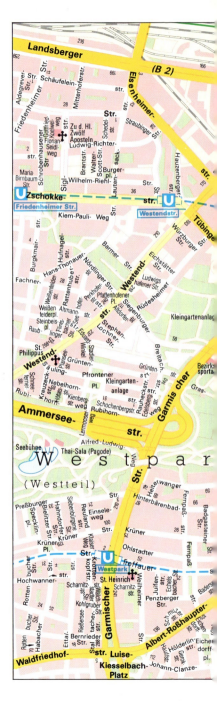

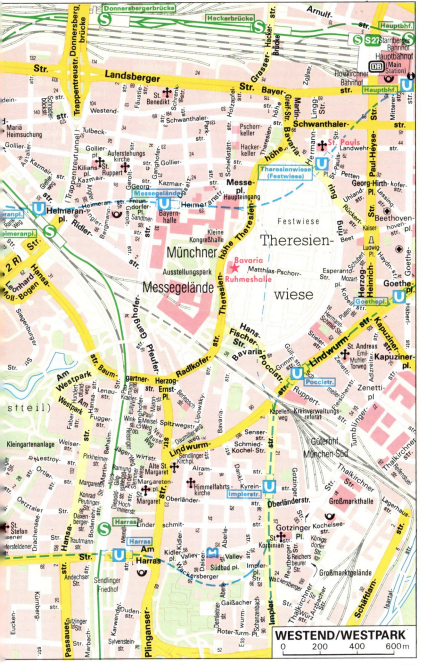

verzierte Gesims. Im Säulengang befinden sich Marmorbüsten von über siebzig Persönlichkeiten, die die bayerische Geschichte mitgeprägt haben.

Der Bavaria und Ruhmeshalle zu Füßen liegt das sich schier endlos dehnende Areal der (gar nicht grünen) **Theresienwiese**, von den Münchnern kurz „Wiesn" genannt und alljährlich für zwei Wochen Schauplatz des Oktoberfestes. Die restliche Zeit wird sie meist nur als Parkplatz genutzt und wirkt eher trist.

Gleich hinter Bavaria und Ruhmeshalle erstreckt sich, zwischen Theresienhöhe, Heimeran- und Ganghoferstraße eingezwängt, das **Messegelände** (Haupteingang am Messeplatz) mit über 20 Großraumhallen und einer Ausstellungsfläche von 100.000 qm. In der „Bayernhalle" zelebriert die „bayerische Staatspartei", die CSU, alljährlich ihren Parteitag. Der

Oben: Blick von der Schwanthaler Höh' hinüber zur St. Pauls-Kirche. Rechts: Wie ein Raumschiff überragt der Hacker-Pschorr-Komplex die Schwanthaler Höh'.

kleine Park in seinem Zentrum ist ein Überbleibsel des 1826-31 von König Ludwig I. angelegten Ausstellungsparks.

Auf dem heutigen Messegelände kann man unschwer erkennen, daß München eine der bedeutendsten Messestädte in Deutschland ist – was den Westendlern gar nicht recht ist. Wenn nämlich die ISPO, Handwerksmesse oder diverse Elektronik-Fachmessen alljährlich ihre Pforten öffnen, bringen Anlieferverkehr, zugeparkte Trottoirs und Einfahrten die Anwohner immer wieder in Rage. Wer zum Messegelände oder zum Oktoberfest will und sein Auto zu Hause läßt, tut deshalb den Westendlern und sich selbst einen großen Gefallen.

Wem die Messe-Hektik zu anstrengend ist, der hat die Möglichkeit zum Verschnaufen am nahegelegenen **Georg-Freundorfer-Platz**, wo erfreulicherweise im Zuge von U-Bahnbau und Verkehrsberuhigung statt des geplanten Parkhauses eine Grünanlage mit Spielplätzen entstanden ist. Eine weitere grüne Insel im Westend ist der unweit davon ge-

legene **Gollierplatz** mit seinem alten Baumbestand, wo zumindest türkische, griechische, italienische und deutsche Kinder ausgelassen die „multikulturelle Gesellschaft" proben. Mehrmals im Sommer findet hier auch einer der idyllischsten Flohmärkte Münchens statt.

Schräg gegenüber blickt man auf die rote Klinkerfassade des **Ledigenheims**, das im Bauhaus-Stil der zwanziger Jahre zur „Verlagerung des Schlafgängerunwesens" erbaut wurde. Dort steht auch die neo-romanische Kirche **St. Rupert**, die von 1901 bis 1903 erbaut wurde. Die älteste Kirche im Westend ist jedoch **St. Benedikt** an der Schrenkstraße, sie steht seit 1883. Den Baugrund und die Kirchenglocken stiftete damals der Bierbrauer Trappentreu. Direkt daneben baute die Stadt zur selben Zeit die erste Schule im Viertel, die aber im 2. Weltkrieg zerstört wurde. An ihrer Stelle befindet sich heute eine Filiale der Stadtbücherei und ein Jugend-Freizeitheim.

Gleich ums Eck, in der verkehrsreichen **Landsberger Straße**, die die nörd-

liche Grenze des Westends bildet, steht das älteste Wirtshaus im Viertel – der **Postfranzl**, der schon 1820 urkundlich erwähnt wird und unter Denkmalschutz steht. Wenn man vor dem Anwesen mit seinem Mini-Biergarten steht, kann man sich die alte Schwanthaler Höh' noch einigermaßen vorstellen. Zum Kummer mancher Westendler schenkt der Postfranzl aber nicht den in München so beliebten „Edelstoff" der **Augustiner-Brauerei** aus, obwohl deren Braustätte quasi ums Eck, entlang der Landsberger Straße, liegt!

Im Westpark

Dieser einmalig schöne und große Stadtpark liegt südwestlich vom Westend, zwischen Hansa- bzw. Ganghoferstraße und Fürstenriederstraße. Er wird zwar leider durch den Mittleren Ring geteilt, seine beiden Teile sind aber durch Fußgängerbrücken miteinander verbunden. 720.000 qm umfaßt diese neueste Münchner Grünanlage, die für die 4. In-

ternationale Gartenbauausstellung 1983 (IGA) angelegt wurde. Mit der IGA-Ausschreibung und durch Mitwirkung vieler Bürgerinitiativen entstand eine bemerkenswerte, künstlich angelegte Naturlandschaft mitten in der Stadt. Hier sind Hügel, kleine Seen und Wasserfälle so ins Gelände eingebettet, daß man fast an gewachsene Natur glauben möchte. Die vielen künstlich geschaffenen Kleingewässer und Feuchtbiotope haben mittlerweile zur Ansiedlung von Schwänen, Enten, Blesshühnern, Fröschen und allerlei Kleingetier beigetragen, das ansonsten im Stadtgebiet kaum noch vorkommt. Eine **Seebühne** in Form eines Amphitheaters wird für Open-Air-Konzerte und Theateraufführungen genutzt. Mehr als 200 nepalesische Kunsthandwerker schufen einen hölzernen **Tempel** mit mehreren Nebenbauten, Unweit davon steht ein nachgebauter chinesischer **Gelehrten-**

Oben: Die goldglänzende Pagode im Westpark. Rechts: Das Denkmal für den Schmied von Kochel in Sendling.

garten, der zur Meditation einlädt. Vervollständigt wird dieses ostasiatische Ensemble – im Volksmund „Klein-Asien" – genannt von einer goldglänzenden thailändischen **Pagode**. Unweit davon, auf einem mit Rosen bepflanzten Hügel, brodelt im Sommer das Leben bei Weißbier, frischen Brezn und „Steckerlfisch" im **Rosengarten**. Wer es etwas ruhiger haben möchte, kann aber auch in den **Hopfengarten** am anderen Ende des Parks gehen. Auf dem Weg dorthin kommen Sie vielleicht an der **Drachenwiese** vorbei, wo farbenprächtige Drachen von stolzen Kindern (und Vätern) pfeilschnell durch die Lüfte gesteuert werden.

SENDLING

Südlich von Westend und Westpark erstreckt sich bis zur Isar hin der Stadtteil **Sendling**, genau gesagt: Ober-, Mitterund Untersendling. Da es urkundlich erstmals bereits 782 erwähnt wird, darf das Dorf *Sentlinga* mit Fug und Recht behaupten, über 300 Jahre älter zu sein als die Stadt München selbst, der es Jahrhunderte später endgültig einverleibt wurde. Seit Beginn des 20. Jh. ist Sendling traditionell ein Industrie- und Arbeiterviertel, vor allem Mitter- und Obersendling: Hier stößt man auf die Gebäude der Linde-Eismaschinen AG, des Maschinenherstellers Deckel, der Zigarettenfabrik Philip Morris, und auf den Elektro- und Elektronik-Giganten Siemens.

Historische Bedeutung erlangte Sendling einst durch die „Sendlinger Bauernschlacht" von 1705. Damals wurden in der sogenannten „Mordweihnacht" mehr als 800 Bauern aus dem Oberland, die sich gegen Zwangsrekrutierung wehren wollten, von den Österreichern niedergemetzelt. Die während dieser Schlacht niedergebrannte Dorfkirche **St. Margaret** (Ecke Lindwurm-Plinganserstr.) wurde 1711 im oberbayerischen Barockstil wieder aufgebaut. 1830 schuf Wilhelm Lindenschmidt an der Nordwand der Kirche ein Relief, das noch heute an dieses Gemetzel erinnert. Gegenüber der Kirche steht ein Denkmal zu Ehren des (historisch allerdings nicht nachgewiesenen) Bauernführers in dieser Schlacht, dem „Schmied von Kochel".

In Sendling steht auch der einzige noch in Betrieb befindliche Bauernhof innerhalb des Münchner Stadtgebietes. Seit 1799 ist der „Stemmer-Hof" im Besitz dieser Bauernfamilie, die sich, mit Unterstützung entsprechender Bürgerinitiativen, seit Jahrzehnten gegen die Bebauung ihrer alten „Stemmerwiese" zur Wehr setzt. Die **Jägerwirtstraße** entlang der Stemmerwiese mag noch an alte Zeiten erinnern, als die Jäger und Treiber nach erfolgreicher Hatz einen Umtrunk brauchten. Vom Sendlinger „Maibaum" vor St. Margaret aus ist die ehemalige Sendlinger **Dorfschmiede** zu sehen, heute ein Gasthaus. Daran vorbei flutet ununterbrochen der Verkehr die Plinganserstraße entlang bis zum **Harras**, einst idyllischer Mittelpunkt von Sendling, heute jedoch hektische und überlastete Verkehrsdrehscheibe von U- und S-Bahn, Tram- und Buslinien.

Östlich vom Harras, unterhalb des Sendlinger Bergs, liegt der „Bauch von München". Hier, auf dem Gelände der **Großmarkthalle**, einem der größten europäischen Umschlagplätze für Obst und Gemüse, arbeiten auf ca. 310.000 qm über 10.000 Händler, um die Versorgung der Münchner mit Lebensmitteln sicherzustellen. Auch dadurch entsteht natürlich ein riesiges Verkehrsaufkommen, das das Viertel belastet.

Touristisch interessant sind die Großmarkthallen aber wohl ohnehin nicht. Also steigen Sie am besten am Harras in die U3 oder U6 und fahren direkt zurück in die Innenstadt. Sie können natürlich dorthin auch – falls mit dem Auto oder zu Fuß unterwegs – vom Harras aus den Sendlinger Berg hinab über die **Lindwurmstraße**, vorbei an Münchens ältester Diskothek, dem **Crash**, und dem klobigen Gebäude des **Kreisverwaltungsreferates** gelangen, via Goetheplatz und Sendlinger-Tor-Platz.

NEUHAUSEN / NYMPHENBURG

Verkehrsverbindungen

U-BAHN: U1 bis Maillinger Straße, Rotkreuzplatz. *BUS:* Nr. 32 bis Romanplatz. Nr. 68 bis Kemnatenstraße, Hirschgartenallee, Romanplatz. Nr. 83 bis Winthirplatz, Rotkreuzplatz. Nr. 177 bis Neuhausen, Volkartstraße, Rotkreuzplatz. *STRASSENBAHN:* Nr. 12 bis Leonrodplatz, Rotkreuzplatz, Renatastraße, Schloß Nymphenburg, Amalienburgstraße. Nr. 20 bis Stiglmaierplatz, Lothstraße, Leonrodplatz.

Restaurants / Cafés / Nachtleben

TRADITIONELLE BAYERISCHE KÜCHE, mit Biergarten: **Hirschgarten**, Hirschgartenallee 1, Tel: 172591, mit Restaurantbetrieb, 11.00-23.00 Uhr. **Löwenbräukeller am Stiglmaierplatz**, Nymphenburgerstraße 2, Tel: 526021, täglich 9.00-21.00 Uhr, zentrale Lage, Verzehr mitgebrachter Brotzeiten ist nicht gestattet. **Schloßwirtschaft zur Schwaige**, Schloß Nymphenburg, Tel: 174421, 10.00-24.00 Uhr, gehobenes Niveau, zur Spargelsaison sehr beliebt. **Taxisgarten**, Taxisstraße 12, Tel: 156827, geöffnet bis 22.30 Uhr, in der Hauptsaison meist sehr voll.

BAYERISCH: **Restaurant Broeding**, Schulstraße 9, Tel: 164238. **Jagdschlößl**, Nymphenburgerstraße 162, Tel: 1689241, 9.00-24.00 Uhr, derb und urwüchsig.

SZENE-CAFÉS mit guter Küche: **Café Freiheit**, Leonrodstraße 20, Ecke Landshuter Allee, Tel: 134686, täglich 9.00-1.00 Uhr, Mo ab 11.00 Uhr. In-Café für coole Typen, italienisch angehauchte Küche. Zum Brunchen ideal, und ein Treffpunkt für ein gemischtes Völkchen ist das **Frundsberg**, Frundsbergstraße 46, Tel: 164327, 11.00-15.00 Uhr. **Café Neuhausen**, Blutenburgstr. 106, Tel: 1236288, täglich 10.00-1.00 Uhr, Bistro-Flair, mit kleinem Garten. **Café Ruffini**, Orffstr. 22, Tel: 161160, berühmt für sein Frühstück, im Sommer auch Café- und Restaurantbetrieb auf der Dachterrasse,italienische Küche, gute Landweine, Di- Sa 10.00-24.00 Uhr, So 12.00-18.00 Uhr, Mo geschlossen. **Sappralott**, Donnersberger Str. 37, Tel: 164725, Restaurant mit Café, Bar und Hard-rock, sonntags Brunch, täglich 10.00-1.00 Uhr, So 11.00-15.00 Uhr. **Speisecafé Schlör**, Schlörstraße 24b, Tel: 1688666, Mo-Sa 17.00-1.00 Uhr, Sa 11.00-1.00 Uhr, z. T. vegetarische Küche, entspannte Atmosphäre. **Café Wildwuchs**, Leonrodstraße 19, Tel: 160474, im alternativen Begegnungszentrum „Werkhaus", vegetarische Küche, für Nichtraucher.

SPEZIALITÄTEN: **Bistro Dai Gemelli**, im Karl-Albrecht-Hof, Nymphenburgerstraße 154, Tel. 1675289, Mo-Fr 12.00- 22.00 Uhr, Sa, So geschlossen. **Kyklos**, Wilderich-Lang-Straße 10, Tel: 162633, täglich 18.00-1.00 Uhr, beliebtes, griechisches Lokal. **Le Zig Zag**, Andréestraße 10, Tel: 1679104, 11.00-1.00 Uhr, gutbürgerliche französische Küche. **Ralph's**, Leonrodstraße 85, Tel: 186764, ältestes amerikanisches Spezialitätenrestaurant in München, täglich 18.00-1.00 Uhr und Fr/Sa 18.00-3.00 Uhr. **Shiraj**, Leonrodstraße 56, Tel: 1293974, Mo-So 11.00-15.00 Uhr und 18.00- 24.00 Uhr, Mi geschlossen, indische Küche zu erschwinglichen Preisen.

EIS: **Sarcletti**, Rotkreuzplatz, Nymphenburgerstraße 155, Tel: 155314, täglich 8.00-23.00 Uhr. **Venezia**, Rotkreuzplatz 8, Tel: 847414.

DISKO: **Allee Café**, Nymphenburgerstraße 145, Tel: 1294744, täglich 22.00-4.00 Uhr, skurril.

Museen / Sehenswürdigkeiten

Schloß **Nymphenburg** mit den Lustschlößchen Amalienburg, Badenburg, Pagodenburg, Magdalenenklause und Hexenhäuschen im Schloßpark. Im Südflügel der Schloßanlage: **Marstallmuseum** und **Porzellanmuseum**, beide geöffnet Di-So 10.00-12.00 Uhr und 13.00-16.00 Uhr. Im Nordflügel: **Museum für Mensch und Natur**. Es lohnt ein Besuch der **Porzellanmanufaktur** im nordöstlichen Teil des Rondells vor dem Schloß, Mo-Fr 8.00-12.00 Uhr und 12.30-17.00 Uhr, feiertags geschlossen, Tel: 172439. Die Schloßräume sind Di-So 10.00-12.30 Uhr und 13.30-16.00 Uhr geöffnet, die Amalienburg ist täglich 10.00-12.00 Uhr und 13.30-16.00 Uhr zu besichtigen. Badenburg, Pagodenburg und Magdalenenklause: Di-So 10.00-12.30 Uhr und 13.00-17.00 Uhr. Alle Besichtigungen gegen Eintrittsgebühr.

Schloß Blutenburg beherbergt die **Internationale Jugendbibliothek**. Info und Voranmeldung für Führungen, Tel: 8112028. Das ganze Jahr über finden im Schloß die *Blutenburg-Konzerte* statt, Informationen Tel: 8344945 und 9570028. Mit S2 oder Bus 73, 75 und 76 bis Obermenzing.

Freizeit

Botanischer Garten, Menzinger Str. 61, Nov-Jan täglich 9.00-16.30, März und Oktober tägl. 9.00-17.00 Uhr, April und September tägl. 9.00-18.00 Uhr, Mai-August tägl. 9.00-19.00 Uhr, Mittagspause von 11.45-13.00 Uhr. Die Gewächshäuser schließen eine halbe Stunde früher als der Botanische Garten, Eintrittsgebühr.

Der **Zirkus Krone**, Marsstraße 43, Tel: 558166, hat in München sein Winterquartier, von Dezember-März jeden Abend Vorstellung. Mit der S1-S7 bis Hackerbrücke.

Apotheken

Alpha-Apotheke, Nymphenburgerstr. 133, Tel: 188280. **Leonrod-Apotheke**, Leonrodplatz 2,

Tel: 1298585. **Rotkreuzplatz-Apotheke**, Donnersbergerstraße 5, Tel: 161533. **Schloß-Apotheke**, Romanplatz 5, Tel: 171884.

Polizei / Post

Polizeidirektion West 19, Romanstraße 13, Tel: 17981. **Meldestelle für Verkehrsunfälle**, Dachauerstraße 114a, Tel: 12031. **Polizeiinspektion 42**, Erzgießereistraße 2, Tel: 523510. **Postämter:** Romanplatz 1, Tel: 53882311. Leonrodstraße 56, Tel: 53882316. Winthirstraße 4, Tel: 53882383.

Taxis

Rotkreuzplatz, Tel: 133946 und 216194. Waisenhausstraße, Tel: 216197. Romanplatz, Tel: 176288 und 216193. Leonrodplatz, Tel: 154141 und 216195.

WESTEND

Verkehrsverbindungen

S-BAHN: S1-S8 bis Hackerbrücke. *U-BAHN:* Mit U4/U5 bis Theresienwiese, Messegelände, Heimeranplatz. *BUS:* Nr. 32 bis Messegelände, Kazmairstraße, Gollierplatz, Trappentreustraße. *STRASSENBAHN:* Nr. 26 bis Messegelände, Kazmairstraße, Ridlerstraße, Westendstraße.

Restaurants

BAYERISCH: **Hackerkeller**, Theresienhöhe 4, Tel: 507004 und **Pschorr-Keller**, Theresienhöhe 7, Tel: 501088, beides sind typisch bayerische Gaststätten mit Biergarten.

GRIECHISCH: **Entaxi**, Bergmannstraße 46, Tel: 506950, gemütliches, beliebtes Lokal.

INTERNATIONAL: **Ligsalz**, Ligsalzstraße 23, Tel: 504292, 11.00 Uhr-1.00 Uhr, gut und preiswert, Guinness-Bier. **Stragula**, Bergmannstraße 66, Tel: 507743, 18.00-1.00 Uhr, französisch-italienische Küche, gute Crêpes.

ITALIENISCH: **Speisecafé West**, Tulbeckstr. 9, Tel: 505400, 10.00-1.00 Uhr, kleiner Hinterhof-Garten, ital. Weine, Frühstück von 10.00-17.00 Uhr. **Taormina**, Parkstraße 12, Tel: 508891, 11.00 -15.00 Uhr und 18.00- 24.00 Uhr, Spezialität: Spaghetti mit Meeresfrüchten.

TÜRKISCH: **Antalya**, Bergmannstraße 50, Tel: 501948,11.30 Uhr-1.00 Uhr, montags Ruhetag, Fr und Sa ab ca. 21.00 Uhr Bauchtanz. Türkische Spezialitäten, preiswert.

VEGETARISCH: **Gollier**, Gollierstraße 83, Tel: 501673, Getränke und schmackhafte Gerichte aus biologischem Anbau.

SZENE-KNEIPE: **Ça Va**, Kazmairstraße 44, Tel: 5028584, 18.00-1.00 Uhr.

Sehenswürdigkeiten

Die Monumentalstatue der **Bavaria** mit Ruhmeshalle auf der Theresienhöhe kann täglich außer

montags von 10.00-12.00 und 14.00-17.30 Uhr besichtigt werden, Eintritt DM 1,50, für Gruppen ermäßigt. Mit der U4/U5 bis Theresienwiese.

Das **Oktoberfest**, – in aller Welt berühmtes Bier- und Volksfest –, findet Ende September-Anfang Oktober auf der Theresienwiese statt. Mit der S 1-8 bis Hackerbrücke und dann ein Stück zu Fuß, immer den Menschenmassen nach. Mit der U4/U5 bis Theresienwiese, oder mit der U3/U6 bis Goetheplatz.

Freizeit

Westpark, mit der U6 bis Westpark. Nach einem kurzen Spaziergang durch den Park gelangt man zum Rosengarten mit gleichnamigem guten Restaurant, Biergärten, Kinderspielplatz, Theatron für Freiluft-Konzerte sowie zur Thai-Pagode.

Polizei / Post

Polizei-Inspektion 31, Beethovenstr. 5, Tel: 514060. **Postamt 12**, Bergmannstraße 47, Tel: 5388-2585, Mo-Fr 8.00-12.00 Uhr und 15.00-18.00 Uhr, Sa 8.00-12.00 Uhr.

Taxis

Theresienhöhe, Tel: 509966. Ganghoferstraße, Tel: 506175/216192. Landsberger/Trappentreustr., Tel: 216196. Eichstätter Straße, Tel: 572810.

SENDLING

Verkehrsverbindungen

U-BAHN: U3/U6 bis Implerstraße, Poccistraße, Harras, Partnachplatz.

Restaurants / Nachtleben

BAYERISCH: **Antoniustenne**, Plinganserstraße 10, Tel: 773964, gute Küche und Weine, Di-So von 18.30-3.00 Uhr, Sa bis 4.00 Uhr, Mo geschl. **Sendlinger Schmiedwirt**, Plinganserstraße 11, Tel: 776953, 10.00-14.30 und 17.00-24.00 Uhr.

GRIECHISCH: **Taverna Korfu**, Boschetsriederstraße 47, Tel: 7854942, gemütlich, preiswert.

ITALIENISCH: **La Meridiana**, Plinganserstraße 102, Tel: 7241508, 11.30-15.00 Uhr und 18.00-1.00 Uhr.

SÜDAMERIKANISCH: **La Peseta Loca**, Oberländerstr. 3b, Tel: 772845, Küche und Live-Musik aus Lateinamerika.

DISKO: **Crash**, Lindwurmstraße 88, Tel: 773272, Mo-Do und So 20.00-1.00 Uhr, Fr bis 3.30 Uhr, Sa bis 1.00 Uhr, Hardrock.

Polizei / Post

Polizeidirektion Süd 32, Treffauerstraße 56, Tel: 769990. **Postamt:** Am Harras 2, Tel: 776286.

Taxis

Am Harras, Tel: 773077. Boschetsriederstr. 5, Tel: 216172. Partnachplatz 3, Tel: 216170. Ratzingerplatz 5, Tel: 782858.

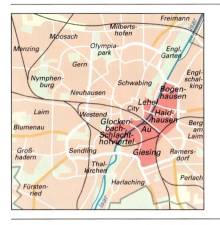

LINKS UND RECHTS DER ISAR

SCHLACHTHOF-/GLOCKEN-BACHVIERTEL

LEHEL

AU

GIESING

HAIDHAUSEN

BOGENHAUSEN

IM SCHLACHTHOFVIERTEL

Jenseits der alten Stadtmauern führt südwestlich vom Sendlinger Tor aus die **Lindwurmstraße** in das Schlachthofviertel. Sie war früher eine wichtige Handelsverbindung, und da auf ihr vor allem Wein aus dem Süden transportiert wurde, nannte man sie früher auch „Weinstraße". Heute ist von ihrer damaligen Beschaulichkeit nur noch wenig zu spüren. Der starke Verkehr und das hektische Treiben machen schnell bewußt, daß man sich auf einer der Hauptverkehrsadern Münchens bewegt.

Zwischen Lindwurmstraße, Goetheplatz und Pettenkoferstraße erstreckt sich rechter Hand das **Krankenhaus links der Isar**, kurz Uni-Klinik genannt. Am **Goetheplatz** steht neben einfallslosen Bauten das zwischen 1931 und 33 erbaute Postamt von Robert Vorhoelzer. Es bildet das letzte Glied in der Kette der Postbauten, die in München die Tendenz zum „Neuen Bauen" mitgestaltet haben. Gegenüber liegt das Großkino **Royal-Palast**, das mit seinen 5 Kinosälen zu den größten und modernsten der Stadt zählt.

Vorherige Seiten: Das Maximilianeum bildet den Abschluß der Maximilianstraße. Links: Am Münchner Arbeitsamt.

Für den Sporthistoriker hingegen gibt es Interessantes in der **Häberlstraße** zu sehen. Dort steht im Hinterhof des Hauses Nr. 11 ein imposanter Bau, der 1907/08 für den hiesigen Männersportverein errichtet wurde. Sogar die Frauen erhielten zur Leibesertüchtigung eine kleine Turnhalle, was zur damaligen Zeit als recht fortschrittlich galt.

Am **Kapuzinerplatz** angelangt, fällt der Blick unvermeidlich auf ein gelungenes Beispiel moderner Architektur. In dem riesigen Gebäude mit seiner imposanten Klinkerfassade, das erst 1987 fertiggestellt wurde, waltet das **Arbeitsamt** Münchens. Die vorher über die Stadt verstreut liegenden Behörden wurden in dieser Zentrale zusammengefaßt, die heute als größte Deutschlands gilt.

Wer schon einen gesicherten Arbeitsplatz hat, macht an dieser Stelle am besten gleich einen Besuch in der gegenüberliegenden, typisch bayerischen Bierwirtschaft **Zum Thomasbräu**. Sie entstand, als 1892/93 ein Ausschank zur damals größten Brauerei der Stadt – der Thomas-Brauerei – eingerichtet wurde. Die Brauerei selbst existiert heute zwar nicht mehr, aber das Lokal erfreut sich wegen seiner deftigen Hausmannskost und seinem gemütlichen Ambiente nach wie vor großer Beliebtheit bei vielen Münchnern.

Der heutige Münchner **Schlachthof**, der gleich hinter dem Arbeitsamt liegt, wurde vor 113 Jahren unter der Leitung des Hygienikers Max Pettenkofer eingerichtet und war für die damalige Zeit hochmodern. In seiner Umgebung entstand in diesem Viertel ein reges Metzgerei-Gewerbe, das die ganze Stadt mit Fleisch versorgte und auch heute noch prosperiert. Überhaupt hat sich das ganze Schlachthofviertel noch viel von seinem ursprünglichen Charakter bewahren können. So gibt es nicht nur in der Adlzreiterstraße noch viele kleine Kneipen und Läden „à la Tante Emma"; auch die Häuser in der **Tumblingerstraße** und am **Zenettiplatz** vermitteln mit ihren verblaßten Schriftzügen "Fleischwarenfabrik" und "Zum Metzgerwirt" etwas vom Flair vergangener Zeiten. Nur wenigen ist bekannt, daß in der **Adlzreiterstraße Nr. 12** von 1885-94 Albert Einstein gelebt hat. Das Hinterhofhäuschen, in dem die Familie Einstein lebte, steht heute nicht

Oben: In der Hans-Sachs-Straße.

mehr. Nur noch eine Gedenktafel erinnert an das wissenschaftliche Genie. Kommt man im Sommer zum Straßenfest in der Adlzreiterstraße, erlebt man hautnah und aufregend die kulturelle Vielfalt des Viertels, in dem fast ein Drittel der Bewohner ausländische Mitbürger sind.

Ein interessantes Stück Baugeschichte ist in der **Thalkirchner Straße** zu sehen, die sich vom Sendlinger Tor aus quer durch das Schlachthof- und Glockenbachviertel bis nach Thalkirchen zieht. Dort befindet sich unter der Hausnummer 48 das **Dermatologische Klinikum** der Stadt München. Mit seinen acht Stockwerken war es nach dem 1. Weltkrieg das erste Krankenhaus-„Hochhaus" in ganz Deutschland.

Gegenüber verbirgt sich auf der anderen Seite hinter einer langgestreckten und hohen Mauer der (aufgelassene) **Alte Südliche Friedhof.** Seit 1788 auf kurfürstlichen Erlaß alle Bestattungen aus hygienischen Gründen außerhalb der Stadtmauern stattfinden mußten, diente er als Zentralfriedhof Münchens. Die Bomben des 2. Weltkrieges hinterließen jedoch ihre Spuren. Von den ehemals 21.000 Grabplätzen sind nur noch 5.000 zu erkennen. Wer eine Ruhepause einlegen möchte, sollte es in diesem schönen Friedhof tun. Besonders im alten Teil der Friedhofsanlage wird man auf einige berühmte Namen stoßen. Carl Spitzweg, Justus von Liebig und Joseph von Fraunhofer haben hier neben anderen bekannten Persönlichkeiten ihre letzte Ruhestätte gefunden.

IM GLOCKENBACHVIERTEL

Westlich vom Alten Südlichen Friedhof erstreckt sich das **Glockenbachviertel**. Es gehörte einst neben dem Schlachthof- und Gärtnerplatzviertel zu den Isarvorstädten Münchens. Der Name dieses Viertels rührt von einem Glockengießerhaus her, das an einem der früher zahlreichen Stadtbäche stand.

Namen wie **Baum-** und **Holzstraße** verweisen auf ein interessantes Stück Geschichte dieses ehemaligen Handwerker- und Arbeiterviertels. Die Stadtbäche, an denen auch zahlreiche Mühlen angesiedelt waren, wurden dazu genutzt, Baumstämme, die auf der Isar nach München geflößt wurden, an Land zu ziehen und zum Trocknen zu lagern, bevor sie weiter in Richtung Stadt transportiert wurden.

Der wohl idyllischste Fleck im Viertel ist die Gegend **Am Glockenbach**. Sie ist vom **Westermühlbach** durchzogen, der entlang der **Pestalozzistraße** verläuft und vom einstigen dichten Münchner Stadtbachsystems als einziger noch übriggeblieben ist und dem Platz mit seinen Gründerzeitbauten einen fast dörflichen Charakter verleiht. Dieses gemütliche Ambiente hat das Glockenbachviertel zu einem „In"-Viertel Münchens werden lassen. Die alteingesessene Bewohnerschaft, die sich vorwiegend aus Rentnern, Ausländern und Studenten rekrutierte, mußte deshalb in letzter Zeit einer zahlungskräftigeren Klientel weichen.

Eine wechselvolle Geschichte haben die Gebäude in der **Pestalozzistraße 40-42**. Am 9. März 1933 besetzte hier die SA gegen den Widerstand der versammelten Arbeiter und Bürger den damaligen Sitz der Münchner Gewerkschaften (Heute steht das Münchner Gewerkschaftshaus in der unteren Schwanthalerstraße). Nach 1945 wurde das Gewerkschaftshaus wegen schwerer Kriegsschäden abgerissen. Heute erinnert nur noch eine Gedenktafel an die ehemalige Wirkungsstätte der Münchner Gewerkschaften.

An der Ecke **Westermühl-** und **Holzstraße** stand einst ein interessantes Beispiel der Industriearchitektur. Die 1911 erbaute Zahnrad- und Maschinenfabrik Hurth, die früher zu den größten Industriebetrieben im Glockenbachviertel zählte, mußte 1983 einem luxuriösen Wohnkomplex weichen. Ein weiterer Bau, der den Beginn des industriellen Zeitalters in München markiert, ist die Hauptverwaltung der Elektronischen Fabrik Alois Zettler in der **Holzstraße 28-30**, deren 1906 erbautes Zweitwerk sich

unweit davon in der nahegelegenen **Jahnstraße** befindet.

Ging es früher im Glockenbachviertel eher bedächtig zu, so ist es heute ein beliebter Anlaufpunkt für Szene-Gänger. Vor allem die Homosexuellen haben sich hier mit einschlägigen Kneipen und Diskotheken etabliert. Aber auch für diejenigen, die den Tag der Nacht vorziehen, gibt es viel Interessantes auf Streifzügen durch diese Gegend zu entdecken. Wer es liebt, durch kleine Boutiquen und Secondhand-Läden zu stöbern, wird sich in der Umgebung der **Müllerstraße** äußerst wohlfühlen. Hier und auch in der **Hans-Sachs-Straße,** die wegen ihrer aus der deutschen Neorenaissance und des Neubarock stammenden Bauten seit 1981 unter Denkmalschutz steht, gibt es avantgardistische Groovie-Mode, alten Krimskrams oder teure Designer-Produkte.

Oben: Eines der Grabmäler auf dem Alten Südlichen Friedhof. Rechts: Am St. Anna-Platz, mit der neoromanischen Pfarrkirche St. Anna.

Die mit Abstand bekannteste Kneipe im Viertel ist der **Fraunhofer** in der geschäftigen **Fraunhoferstraße,** die die Grenze zum Gärtnerplatzviertel darstellt. Ehemals eine Jägerwirtschaft, hat sich das über hundert Jahre alte Wirtshaus zu einer der beliebtesten Alternativ-Kneipen Münchens gemausert. Frisch renoviert, erstrahlt die Wirtschaft heute wieder im gründerzeitlichen Glanz.

Wegen ihrer guten Küche, netten Bedienungen und humanen Preise ist sie immer rappelvoll. Wer sich eher kulturellen Genüssen widmen möchte, sollte sich in den Hinterhof des „Fraunhofer" begeben. Dort gibt es ein kleines **Theater** und im Keller das **Werkstattkino**, das oftmals mit seinen ausgefallenen Filmen für Furore sorgt.

Ein Beispiel monumentalen Kirchenbaues ist die **St. Maximilian-Kirche** in der **Auenstraße**, die entlang der Isarauen über die **Wittelsbacher**- und **Corneliusbrücke** hinweg weithin sichtbar ist. Die im italienisch-romanischen Stil gehaltene Kirche wurde Ende des 19. Jh. erbaut.

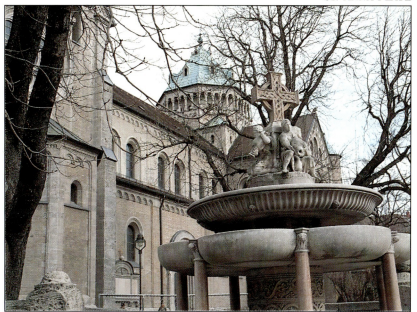

DAS LEHEL

Welches ist das schönste Viertel der Stadt, wo fühlen sich die Leute am wohlsten? Meist dort, wo sie wohnen, weil sie froh sind, überhaupt eine Wohnung ergattert zu haben. Aber ins Lehel (sprich: Lechel!) zieht es sicher sehr viele, obwohl es sich heute nur noch wenige leisten können. Von allen Stadtteilen hat dieser sicher die schönste Lage: Im Norden grenzt er direkt an den Englischen Garten, im Osten schmückt ihn das grüne Band der Isar, im Westen liegt der Hofgarten und die Residenz, und im Süden sind es nur fünf Minuten bis zum Viktualienmarkt.

Hier sind noch viele schöne alte Häuser aus der Gründerzeit zu finden – aber nur Unternehmen und Wohlbetuchte können sich die horrenden Mieten heute leisten. Buchläden, kleine Läden und einfache Kneipen finden sich immer seltener. Ein Gourmet-Stern muß es schon sein, denn schließlich hat man das Viertel auf Weltstadtniveau gebracht. Aber lassen Sie sich nicht abschrecken: Das Lehel ist trotz allem eines der schönsten Viertel der ganzen Stadt.

Oberhalb der im Herzen des Lehel gelegenen U-Bahn-Haltestelle „Lehel" gelangt man am **St. Anna-Platz** zu den beiden Kirchen von St. Anna. Fast versteckt am Rand des Platzes, steht hier die **Klosterkirche St. Anna**, die 1723-33 von Johann Michael Fischer erbaute erste Rokoko-Kirche Münchens, umgeben von einer alten Klosteranlage, in der seit 1827 Franziskanermönche leben.

Die Kirche wurde während des 2. Weltkrieges schwer zerstört, unter großen Opfern von 1946-68 wieder aufgebaut und restauriert und erstrahlt jetzt wieder in überbordender Pracht. Zu ihren Schätzen gehören der 1970 restaurierte Hochaltar der Gebrüder Asam und die Fresken von C. D. Asam. Wesentlich gesetzter und würdiger wirkt ihre jüngere Schwester, die **Pfarrkirche St. Anna**, direkt gegenüber und von Gabriel von Seidl mit neo-romanischen Stilelementen gestaltet. Am schönsten aber ist der Platz davor,

baumbestanden und Ruhe atmend, fast eine ländliche Idylle. Hier wuchs Lion Feuchtwanger auf, einer der großen Dichter dieser Stadt, der ihr in den Zwanzigerjahren in seinem Roman *Erfolg* einen kritischen Spiegel vorhielt.

Die Ohren noch voller Stille, sollten Sie jetzt am besten Richtung **Prinzregentenstraße** schlendern, vielleicht durch die Bruderstraße. Sie stoßen dann direkt auf das von den Nationalsozialisten hingeklotzte **Haus der Kunst**. Mächtige Säulen sollten es wohl den griechischen Tempeln ähnlich erscheinen lassen – es erinnert aber allenfalls an die Mussolini-Prachtbauten Norditaliens. (Parallel zu der berüchtigten Ausstellung „Entartete Kunst" in den ehemaligen Hofgartenarkaden wurde das damals noch „Haus der deutschen Kunst" genannte Gebäude 1937 von Reichspropaganda-Minister Joseph Goebbels eröffnet.) Im Seitentrakt

Oben: Tag für Tag braust der Verkehr durch den „Keller" des Prinz-Carl-Palais. Rechts: Hier läßt es sich gut sitzen.

ist die **Staatsgalerie Moderner Kunst** untergebracht, die vor allem Werke der Künstler zeigt, die während der nationalsozialistischen Herrschaft als „entartet" verfemt waren. Außerdem findet man hier Münchens In-Disko **P1**, vor der die Schönen der Nacht noch früh um 3 Uhr Schlange stehen. Das Schönste am Haus der Kunst aber ist seine Lage: Denn gleich dahinter beginnt der Englische Garten!

Wenn Sie einen Blick auf das unweit vom Haus der Kunst gelegene von Karl von Fischer erbaute frühklassizistische **Prinz-Carl-Palais** geworfen haben, diesen aufwendig renovierten und kaum genutzten Repräsentationssitz des bayerischen Ministerpräsidenten, durch dessen „Keller" der Verkehr des Altstadtringes flutet, wenden Sie sich am besten in Richtung Friedensengel. Vorbei an der **Schack-Galerie** (Prinzregentenstraße Nr. 9), in der Werke von Böcklin, Schwind, Lenbach und Spitzweg ausgestellt sind, kommen Sie zum gewaltigen Bau des **Bayerischen Nationalmuseums**.

Es wurde 1894-1900 von Gabriel von Seidl unter gewaltigen Kosten erbaut und als Zeichen der bayerischen Eigenständigkeit auf das Prunkvollste ausgestattet. Ein Besuch lohnt unbedingt, sowohl aus folkloristischem als auch aus kunsthistorischem Interesse (siehe „Münchner Museen" in diesem Buch.)

Falls Sie in der Geschichte noch weiter zurückgehen wollen, so können Sie die **Prähistorische Staatssammlung** in der Lerchenfeldstraße aufsuchen, die gleich hinter dem Museum gelegen ist.

Vor der Luitpoldbrücke am Friedensengel beginnt die Isarpromenade. Die wird zwar Ihre Augen erfreuen, aber nicht Ihre Ohren. Um die Jahrhundertwende eine der ersten Adressen der Stadt, wird sie heute vom Verkehr umtost, der vor den Bürgerhäusern in der **Widenmayerstraße** und hinter denselben in der **Sternstraße** nach Norden und Süden flutet. Trotzdem wecken die Fassaden dieser prunkvollen Häuser noch immer Erinnerungen an die Glanzzeit des Münchner Bürgertums. Und ein Blick auf das Isar-

hochufer und die Isarkatarakte läßt Sie vielleicht Lärm und Gestank moderner Großstadtzivilisation leichter ertragen!

Wenn Sie nun in Richtung Maximilianstraße gehen, passieren Sie die Gebäude der **Bayerischen Versicherungskammer**, einem besonders augenfälligen Beispiel dafür, wie das große Geld sich in die ehemaligen Wohnviertel frißt und sie nach und nach zerstört, trotz gönnerhafter Renovierung einiger schöner Fassaden.

Sobald Sie die **Maximilianstraße** erreicht haben, bietet sich der schönste Ausblick auf Münchens (angebliche) Prachtstraße. Links, über die Isar hinweg, blicken Sie auf das **Maximilianeum**, den Sitz des Bayerischen Landtages, wo scheinbar entrückt am Isar-Hochufer sehr reale, bayerisch-handfeste Politik betrieben wird. Erbaut wurde es 1857-74 unter der Leitung Friedrich Bürkleins.

Rechts aber, Richtung Innenstadt, wird Ihr Blick sofort auf das Standbild des Königs Maximilian II. fallen, das von den Münchnern salopp nur **Max-Zwo-Monument** genannt wird. An seinem Sockel

151

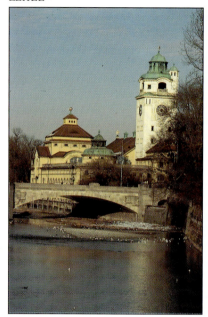

werden die vier Wappen der bayerischen Stämme – der Franken, Bayern, Pfälzer und Schwaben – von Kinderfiguren gehalten.

Etwas weiter zum Zentrum hin wird die Maximilianstraße von zwei gewaltigen Bauwerken dominiert, denen nur die Baumreihen davor etwas von ihrer Wucht nehmen: dem **Museum für Völkerkunde** zur Linken und dem Sitz der **Regierung von Oberbayern** zur Rechten, dessen imposante Fassade im neugotischen Stil gehalten ist. Für Sie ist vor allem das Völkerkundemuseum interessant, ein Besuch ist sehr zu empfehlen (von 1992-95 ist es allerdings wegen Renovierung geschlossen). Hier kann man eintauchen in die Schätze aus den asiatischen, afrikanischen oder mittelamerikanischen Kulturräumen, (Siehe „Münchner Museen").

Einige Meter stadteinwärts stoßen Sie auf eine der größten Wunden, die dieser Stadt nach dem 2. Weltkrieg zugefügt

Oben: Direkt an der Isar liegt das Müllersche Volksbad.

worden sind: den **Altstadtring**, dessen sechsspurige Trasse eine breite Schneise quer durch ein historisch gewachsenes Viertel geschlagen hat. Flüchten Sie also lieber in die **Adelgundenstraße**, in der die ärmeren Leute der Stadt wohnten – früher, als das Geld dafür noch reichte. Heute gibt es auch hier die für München so typischen Galerien und Edelkneipen. Trotzdem hat sich der Bereich um den **Mariannenplatz** noch etwas Ruhe und seinen bürgerlichen Charakter bewahrt. Das auffälligste Merkmal am Mariannenplatz ist noch immer die **Lukaskirche**, deren gewaltiger, 1893-96 entstandener Kuppelbau weithin sichtbar das Isarufer im südlichen Teil des Lehels überragt.

Von hier aus können Sie auch direkt zur **Praterinsel** überwechseln, trockenen Fußes natürlich. Im ehemaligen Gebäude der **Riemerschmidtschen Schnapsfabrik** finden heute wechselnde Ausstellungen, interessante Theateraufführungen und Happenings statt. Im Haus des **Deutschen Alpenvereins** haben 500.000 Bergsteiger und Alpinisten ihre Vertretung – und die größte alpinistische Spezialbibliothek der Welt.

Falls Sie noch Zeit haben oder sowieso schon müde sind: Lassen Sie sich fallen. Betreten Sie über den **Kabelsteg**, einer der kleinsten und schönsten Brücken über die Isar (nur für Fußgänger und Radlfahrer), die Kiesbänke des Flusses, auf denen sich im Sommer ganze Heerscharen von Sonnenhungrigen und Badelustigen breitmachen. Mischen Sie sich unter die Nackten und Halbnackten, lauschen Sie dem Rauschen der Hochwasserwehre und dem Schreien der Möwen. Und verlieben Sie sich in die Schnörkel eines der ältesten Hallenbäder Deutschlands, dem **Müllerschen Volksbad**, dessen Jugendstil-Architektur schon viele vor Ihnen zu Recht fasziniert hat.

Wenn Sie dann, mitten im Zentrum Münchens, wie aus einem Jungbrunnen steigen, die Wehre überqueren und auch noch den **Vater-Rhein-Brunnen** am

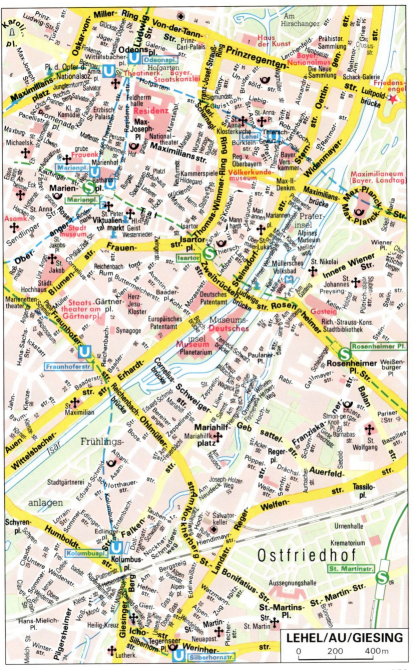

Isar-Ufer entdecken, auf dessen Treppen die Vergessenen der Stadt, die Stadtstreicher, sich häuslich niedergelassen haben, dann stehen Sie plötzlich vor dem **Deutschen Museum**, der größten Bildungsreise, die Sie auf einer Insel machen können. Direkt vor Ihnen liegt der Eingang zum **Kongreßsaal** des Deutschen Museums. Früher fanden hier Konzerte und Ausstellungen statt, die häufig unter der architektonischen Strenge des Saales und seiner schlechten Akustik litten. Inzwischen ist hier ein Forum der Technik mit dem ersten IMAX-Theater Deutschlands entstanden.

Zum Museum selbst kommen Sie, wenn Sie rechts an diesem riesigen Gebäude vorbei den Isarkanal entlanggehen und damit die Museumsinsel betreten. Schöner kann ein Museum eigentlich gar nicht liegen. Von außen wirkt es zwar

eher wie eine Trutzburg oder eine alte Fabrik, doch sein Inneres birgt unendliche Schätze! (Genaueres über die verschiedenen Abteilungen, vom Bergbau bis zur Astronomie, von der Schiffahrt bis zur Eisenbahn im Museumsteil S. 176-185.)

Im Innenhof, zwischen dem Gebäude der Museumsbibliothek und dem Haupteingang, plätschert ein Brunnen und der Prototyp eines Senkrechtstarters parkt im Halteverbot. Wenn Sie dann hinten wieder herausgehen, rechts dem Flußbett folgen, erkennen sie erst richtig die Dimensionen dieses am häufigsten besuchten Technik-Tempels ganz Deutschlands, ja der Welt. Von der **Corneliusbrücke** aus können Sie dann noch einen Blick in den „Vorgarten" des Museums werfen, in dem eine echte alte Windmühle und ein Rettungsschiff abgestellt sind.

Und wenn Sie schon hier sind: Machen Sie doch noch einen kleinen Abstecher in die **Isarvorstadt**. Denn dort finden Sie einen der schönsten Plätze der Stadt: den **Gärtnerplatz**, der erst seit ein paar Jahren frisch renoviert dem ganzen Viertel

Oben: Der pompöse Eingang zum Deutschen Museum. Rechts: Blick von der Wittelsbacherbrücke hinüber zum Europäischen Patentamt.

seinen Stempel aufdrückt. Sternförmig angelegt, von Bäumen umstanden und des Nachts von alten Laternen erleuchtet, ist er ein wahres Schmuckstück des ganzen Viertels geworden. Zumal an seinem Rand ein weiteres Kulturjuwel Münchens steht: das **Gärtnerplatztheater**. Die mächtigen Säulen an der Frontseite lassen das im italienischen Neu-Renaissancestil gehaltene Gebäude gleichermaßen leicht und bedeutend erscheinen. Gebaut in den Jahren 1864-65 nach Plänen Franz Michael Reifenstuels, bietet es heute vor allem Oper, Operette und Ballett. Früher wurde es noch als Volkstheater betrieben.

Aber reißen Sie sich nun los von den sehenswerten Fassaden aus der Gründerzeit, die den Platz säumen, und laufen Sie durch die **Klenzestraße** rechts in die **Buttermelcherstraße** hinein und dann wieder links in die **Baaderstraße**. Hier sind seit neuestem viele Kneipen, Restaurants und Bistros zu finden, weil das ganze Viertel mittlerweile als Wohngegend großen Zulauf hat. Wenn Sie gleich wieder rechts in die **Kohlstraße** einbiegen,

können Sie noch zwei architektonische Höhe- beziehungsweise Tiefpunkte der Stadtarchitektur bewundern: das **Europäische Patentamt** und das Deutsche Patentamt.

Ersteres wird von futuristischen Plastiken umstanden, und in seiner Glasfassade spiegelt sich der Glockenturm des Deutschen Museums. Diesem gewaltigen Komplex aus Glas, Stahl und Beton mußten – nach langen Debatten – viele alte Bürgerhäuser weichen, die der Gigantomanie und dem Prestigedenken der Stadtväter zum Opfer fielen.

Ein typischer, nüchterner Bau der fünfziger Jahre ist das **Deutsche Patentamt**, wo man schließlich, links die Isar entlang, auf die laute und quirlige **Zweibrückenstraße** stößt. Hier finden Sie Eisdielen, Buchhandlungen, Restaurants, kleine Läden und Boutiquen – vor allem im „Breiterhof" – und auch die S-Bahn Station „Isartorplatz", von der aus Sie in wenigen Minuten wieder dorthin gelangen können, wo Sie diesen Stadtrundgang begonnen haben.

IN DER AU

Die Isar war früher auch Grenzfluß zwischen Reichen und Armen. Die wohlhabenden Bürger verteidigten das westliche Ufer mit Zähnen und Klauen gegen das „niedrige Pack" von der anderen Flußseite. Mit denen wollte man nichts zu tun haben. Die Müller, Sargmacher, Färber und Tagelöhner „drüben" hausten damals in feuchten Herbergshäusern, viel zu niedrig und hoffnungslos überbelegt, gleich neben Fabriken und Werkstätten.

Die Au war eines dieser alten Armenviertel, und das ist noch gar nicht so lange her. Auch heute wird sie nur vier Mal im Jahr vom Rest der Stadt aufgesucht, dann nämlich, wenn „Auer Dult" ist – und natürlich beim Starkbieranstich auf dem Nockherberg; ansonsten bleibt man hier weitgehend unter sich, bisher jedenfalls.

Oben: Die fast dörfliche Idylle in der Lilienstraße. Rechts: Auf dem weiten Rund vor der Maria-Hilf-Kirche.

Doch die Au hat weit mehr zu bieten als nur die Erinnerung an alte Zeiten. Zum Beispiel den recht verborgen und ziemlich flott dahinsprudelnden **Auer Mühlbach,** früher der Lebensnerv des Viertels, denn an ihm hatten sich die Färbereien und Mühlen angesiedelt. Wenn man heute, dem Verlauf der **Quellenstraße** folgend, an ihm entlang geht, so führt er Spaziergänger in eine der letzten Idyllen mitten in der Stadt.

Am besten nähert man sich dem Viertel über die **Ludwigsbrücke.** Gleich nach dem Deutschen Museum biegt man nach rechts die Isar und die **Zeppelinstraße** entlang ab. Wo sich Zeppelinstraße und Lilienstraße gabeln, steht eines der originellsten Kinos in ganz München. Die **Museums-Lichtspiele** können auf eine lange Tradition zurückblicken: Einst als Schweiger'sches Volkstheater vor allem bei Kleinbürgern sehr beliebt, wurde es später das erste Kino im Osten der Stadt.

Die Hektik des unaufhörlich den **Rosenheimer Berg** hinauf- und hinunterrollenden Verkehrs verschwindet hinter dem Kino fast augenblicklich. Enten nisten am Fluß, Möwen bevölkern die Metallgeländer; je weiter man läuft, desto breiter werden bis zum südlichen Ende der Innenstadt die **Isarauen.** Spitzweg-ähnliche Szenen tauchen auf: Herr und Hund (so nannte auch Thomas Mann eine seiner Erzählungen, in der er seine Spaziergänge an der Isar beschrieb), schachspielende Rentner, die jede Störung sehr übelnehmen, lärmende Jungs, die auf den Bolzplätzen an der Isar ihre Kräfte messen, Langläufer im Winter, denn eine Loipe führt quer durch die Stadt – und natürlich die inoffizielle „Wappenfigur" dieser Metropole, das nackte Münchner Kindl! In der **Zeppelinstraße 41** steht das Geburtshaus von Karl Valentin, dem überaus populären Münchner Volkskomiker und „Linksdenker", wie ihn Tucholsky einmal nannte.

Parallel zur Zeppelinstraße und zur Isar verläuft die **Lilienstraße.** Hier findet

man hinter neubarocken Fassaden unter Denkmalschutz noch manch heimeligen Tante-Emma-Laden und ein kleines, empfehlenswertes französisches Restaurant, das **La Marmite**, vor dem man im Sommer auch draußen essen kann.

Noch eine Querstraße weiter, zwischen Sammt- und Franz-Prüller-Straße, stoßen Sie auf das alte Herz des Viertels, in dem zehn Häuser des alten **Herbergsviertels** erhalten werden konnten, die jetzt, geschützt im Schatten des Isar-Hochufers, mit neuem Leben erfüllt sind. Hier standen sie einst, die Webereien und Färbereien, denen der Auer Mühlbach Lohn und Brot verschaffte. Im Haus **Franz-Prüller-Str. 12**, einem fast 500 Jahre alten windschiefen Gebäude, befand sich früher das Pesthaus der Stadt, in dem die Todkranken eingemauert wurden.

Auf der Auer Dult

Gleich nebenan befindet sich der größte Platz Münchens nach der Theresienwiese: der **Maria-Hilf-Platz**. Noch vor 100 Jahren weideten hier die benachbarten Giesinger Bauern ihre Kühe. Seit 1796 findet auf diesem Platz im Mai, Juli und Oktober die **Auer Dult** statt: Märkte des Alltäglichen, des Vergessenen und Wiederentdeckten, durchzogen vom Duft der Bratwürste, übertönt vom Quietschen eines Karussells und den lautstarken Angeboten der Marktschreier. Jede Menge Trödel und Tand, und manchmal ein kleines „Schnäppchen" locken jedesmal Zigtausende in die alte Au, in der – folgt man einem Volkslied – dann sogar ein blauer Birnbaum stehen soll!

Überragt wird das bunte und laute Treiben von der **Maria-Hilf-Kirche,** die 1831-39 als erste Monumentalkirche außerhalb der Altstadt errichtet wurde. Lange hatten die Türme keine Spitzen, weil nach dem Krieg das Geld zur Renovierung fehlte. Aber heute stehen sie wieder stolz in und über ihrem Viertel. Sehenswert sind vor allem ihre schönen Glasfenster, dienten sie doch sogar als Vorbilder für den weitaus berühmteren Kölner Dom.

Hinter der Kirche liegt das Frauen-Gefängnis **Neudeck**, in dem einzusitzen besonders traurig ist. Denn über dem Platz und dem Viertel liegt meist ein besonderer „Duft", der Geruch der Biermaische aus der oben am Nockherberg residierenden Paulaner-Brauerei. Dort oben läuft einmal jährlich das „härteste" Trinkgelage der Stadt ab: das **Starkbierfest**. Ab dem ersten Samstag vor Josephi (19. März) trifft man sich in den Hallen des historischen **Salvatorkellers**, um dunkles, süßes Starkbier in großen Mengen in sich hinein zu gießen. Zwei Wochen lang hat man dazu Zeit, zwei Wochen, die von den Münchnern den Ehrentitel „fünfte Jahreszeit" erhalten haben. Ihren Auftakt bildet der traditionelle „Anstich", ein unüberbietbar bayerisches Spektakel, bei dem die obligatorisch anwesende Wirtschafts- und Politikprominenz von einem Festredner (derzeit der Volksschauspieler

Oben: Bajuwarisches zum Kauf auf der Auer Dult. Rechts: Der Nockherberg führt hinauf ins „Glasscherbenviertel" Giesing.

Gustl Bayrhammer) „derbleckt", auf die Schippe genommen, wird, einschließlich des bayerischen Ministerpräsidenten. Der hat dann zwar einiges einzustecken, was ihn aber nicht hindert, breit lachend die nächste Maß bei einer der stämmigen Kellnerinnen zu bestellen, die schwitzend bis zu zwölf Maßkrüge auf einmal durch die Rauchschwaden und den unglaublichen Lärm schleppen, den drei bis vier gleichzeitig spielende Blaskapellen erzeugen. Man kann sein Bier – nicht nur zur Starkbierzeit! – aber auch im schönen Biergarten genießen, der schon immer eine beliebte Begegnungsstätte von Auern und Giesingern gewesen ist.

GIESING

Ähnlich wie Haidhausen, das ans vornehme Bogenhausen grenzt, liegt **Giesing** dem noblen Harlaching direkt vor der Nase. Früher von Bauern besiedelt, lebten hier später vor allem als rebellisch und aufmüpfig bekannte Arbeiter und kleine Handwerker. Hier wurde 1919 der letzte Widerstand gegen die „Weißen Truppen" der Konterrevolution organisiert und ausgefochten.

Der alte Dorfkern oberhalb des Nockherbergs zwischen Icho-, Martin-Luther- und Tegernseer Landstraße vermittelt noch immer einen Eindruck von den damaligen Wohnverhältnissen. Windschief, mit niedrigen Eingängen und abbröckelndem Putz, ist es eines der wenigen Viertel, das bisher von Spekulanten verschont blieb.

Hoch über der Isar ragt der 95 m hohe Turm der neugotischen **Heilig-Kreuz-Kirche** seit 1886 über Viertel und Stadt empor. Schöner als die Kirche selbst ist allerdings ihr Standort. Von hier führte einst der steile Abstieg zur Isar hinunter.

Giesing wird in München noch heute das „Glasscherbenviertel" genannt, gilt als Münchens „Eastend" sozusagen. Nur selten kommen Münchner auf die Idee, Freunden oder Fremden diesen Teil der

Stadt zu zeigen, und die Sightseeing-Busse fahren es erst gar nicht an. Das heutige Zentrum liegt um die **Telapost** in der Tegernseer Landstraße, gleich beim U-Bahn-Ausgang Silberhornstraße. Erbaut wurde sie 1928/29 und weist sich vor allem durch die Betonung strenger Funktionalität aus.

Manche hielten sie schon für das Gefängnis **Stadelheim**, das sich jedoch noch ein ganzes Stück stadtauswärts an der Stadelheimer Straße befindet. Nach dem Scheitern der Münchner Räterepublik wurden hier im Jahr 1919 Gustav Landauer und Eugen Leviné hingerichtet, 1943 fanden die Geschwister Scholl hier den Tod durch das Fallbeil.

Erfreulicheres gibt es dafür in Richtung Harlaching zu sehen – nämlich den Ort, an dem die Karriere des berühmtesten Fußballers Deutschlands begann, die des Franz Beckenbauer. Es ist das **„60er"-Stadion**, die heutige Heimat des TSV 1860 München, dem Lokalrivalen des FC Bayern, dessen Trainingsanlage unweit davon in der **Säbenerstraße** liegt.

Der TSV 1860 ist der Fußballverein, der neben Schalke 04 und dem 1. FC Nürnberg wohl die treuesten Fans in ganz Deutschland in seinen Reihen hat.

Ebenfalls interessant ist ein wichtiges Stück Industriegeschichte des Viertels, die **AGFA-Werke** unweit des „60er-"-Stadions. Bis 1982 war die AGFA mit mehr als 4600 Arbeitsplätzen der größte Betrieb Giesings. Heute arbeiten hier nur noch knapp 2000 Mitarbeiter, der Rest der Gebäude wurde an alle möglichen Firmen vermietet.

Ansonsten wohnt man eben hier – in Mietshäusern, die oft in den 50er und 60er Jahren hochgezogen wurden. Schön ist es in Giesing nicht unbedingt, aber lebendig; so betrachtet, liegt es auf der Rückseite der Stadt, dort, wo diejenigen leben, welche die Prunkfassaden der Innenstadt renovieren und in Ordnung halten. Giesing ist heute eines der letzten „Kleine-Leute-Viertel" Münchens, eine Fundstätte für bayerische Wesensart, wie sie in dieser Stadt voller Schein und Glamour nicht mehr leicht zu finden ist.

HAIDHAUSEN

Als 1158 Heinrich der Löwe die so wichtige Salzstraße von Unterföhring im Norden weiter südlich in Richtung des heutigen Zentrums von München verlegen ließ, führte die neue Traversale direkt durch das heutige Stadtviertel Haidhausen. Durch die heutige Einsteinstraße und entlang der Inneren Wiener Straße gelangte man den Rosenheimer Berg hinunter direkt an die Isar und ins Zentrum.

Haidhausen blühte durch den Salzhandel schnell auf: Wirtshäuser, Wagner, Ziegelarbeiter, Schmiede und viele andere Handwerker siedelten sich an. Es waren oft rauhe und laute Gesellen mit schlechtem Ruf, und die „Städter" ließen sie erst gar nicht in ihre „Gute Stube". Heute jedoch würden die alteingesessenen Haidhauser am liebsten niemand mehr hereinlassen. Denn auch heute „boomt" es dort wieder. Diesmal aller-

Oben: Das Gasteig-Kulturzentrum scheint den Rosenheimer Berg herunterzurutschen.

dings ist der Charakter des alten Viertels gefährdet, denn Bistros, Yuppie-Kneipen, Edelwohnungen, sowie Hotel- und Geschäftskomplexe zersiedeln Stück für Stück die Straßenzüge. Wo früher noch gemütliche Vorstadtkneipen und kleine Läden Sozialstationen für ältere Mitbürger überflüssig machten, machen sich heute Computer-Shops und Supermärkte breit. Haidhausen ist mittlerweile dabei, Schwabing den Rang als In-Viertel abzulaufen und wird wohl auch bald dessen Schicksal erleiden. Dennoch: Ein Spaziergang durch diesen „Münchner Kiez", über seine Plätze, und ein Blick in seine Hinterhöfe zeigt immer noch viel von der „Münchner Stadt", wie Alt-Oberbürgermeister Wimmer sie zärtlich nannte.

Wenn man, vom Isartor aus, über die Ludwigsbrücke kommt, scheint einem eine riesige, futuristische Trutzburg förmlich entgegen zu rutschen. Es handelt sich um die teuerste Investition in Sachen Kultur, die sich München in den letzten Jahrzehnten geleistet hat: das **Kulturzentrum Gasteig**, ein damals wie heute umstrittenes Bauwerk aus roten Blankziegeln und hohen Glasfassaden, von seinen Gegnern abschätzig „Kulturbunker" genannt. (Der Name leitet sich ab vom bayerischen „gacher Steig" = steiler Weg nach Haidhausen, den Rosenheimer Berg hinauf.) Doch so abweisend es von außen wirkt, so gelungen ist es im Inneren. Die Abermillionen, die es gekostet hat, sind alles in allem gut angelegt worden: 6000 Besucher kommen täglich. Hier sind die Münchner Philharmoniker in einem sehr schönen Konzertsaal zu Hause, der **Philharmonie** (2500 Plätze); im **Richard-Strauss-Konservatorium**, das von den Münchnern kurz „Konz" genannt wird, werden auf Kosten der Stadt junge Studenten in allen Musikfächern unterrichtet; die Münchner Volkshochschule bietet hier unzählige Kurse an, die fast immer ausgebucht sind. Ebenfalls im Gasteig untergebracht ist auch Deutschlands größte und meistbesuchte **Stadtbiblio-**

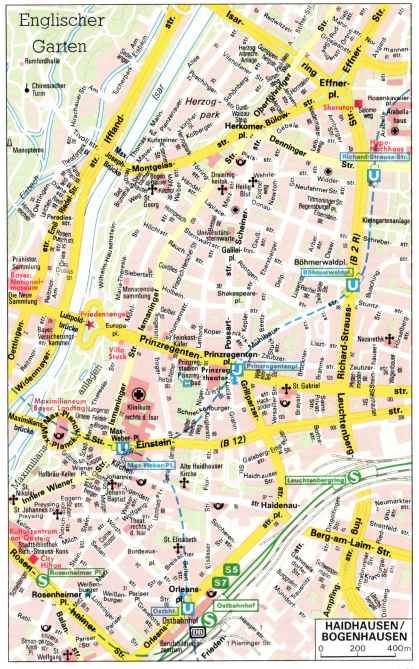

gerissen, in dem 1939 das leider gescheiterte Bombenattentat auf Adolf Hitler stattfand. Doch kaum einen Steinwurf weit findet sich noch eine Münchner Kleinidylle: die **Nikolai-** und **Lorettokapelle** im dichten Grün des Isar-Hochufers. Von dort aus führt Sie der Weg in Richtung Isar zum **Müllerschen Volksbad**, dem Sie auf jeden Fall irgendwann einen Besuch abstatten sollten – egal, ob Sie nun in der wunderschönen Jugendstil-Schwimmhalle planschen oder im imposanten römisch-irischen Dampfbad schwitzen wollen.

Wir bleiben aber jetzt lieber am Hochufer der Isar und laufen die **Innere Wiener Straße** weiter in Richtung Max-Weber-Platz. Gegenüber den weitgehend erhaltenen alten Bürgerhäusern liegt dunkel und verrußt die bisherige Braustätte des Staatlichen Hofbräuhauses, die 1987 teilweise ein Opfer der Flammen wurde. Viele behaupten noch heute, daß es sich dabei um „Spekulationszündler" handelte, denn dieses riesige Gelände am Hochufer der Isar, an den Wiener Platz angrenzend, ist *die* Innenstadtlage Münchens überhaupt. Was laut Stadtplanung davon erhalten bleiben soll, ist eine der letzten Münchner Traditionsgaststätten außerhalb der Innenstadt: der **Hofbräukeller** mit seinem herrlichen Biergarten unter alten Kastanien direkt am **Wienerplatz**. Gleich vor dem Wirtsgarten stößt man auf das liebenswerte Ensemble einer Haidhausener Restidylle. Unter einem weißblau aufragenden Maibaum stehen leicht windschiefe Kioske und mittlerweile restaurierte alte Herbergshäuser. Ein bißchen weiter, in der **Grütznerstraße**, erwartet Sie dann das Kontrastprogramm – alte Bürgerhäuser mit Butzenscheiben und Türmchen. Der Wiener Platz war schon immer ein Zentrum Haidhausens, und deshalb ist es nicht verwunderlich, daß auch die Jugend dort ihr Trendcafé hat – das **Café Wiener Platz**. Wem es hier nicht gefällt, sollte lieber gleich ins nur wenige Schritte ent-

thek, verbunden mit einer umfangreichen Kinder- und Jugendbibliothek. Ein weiterer Anziehungspunkt ist der kleine Glaspalast des Foyers, in dem ständig wechselnde Ausstellungen stattfinden. Im Hof davor können Sie im Sommer in aller Ruhe Kaffee trinken. Schauen Sie dabei aber lieber nicht auf die andere Straßenseite. Potthäßlich nämlich ist das gegenüberliegende **Motorama**, eine Auto- und Supermarkthochburg mit angegliedertem Penta-Hotel und einer Vorstadt-Disko.

Der dritte architektonische Blickfang am Rosenheimer Berg ist gleich neben dem Gasteig zu finden und dessen Architektur angeglichen – der **City Hilton-Komplex**, nach vorne protziges Hotel und nach hinten ein Komplex von Luxuswohnungen. Deswegen wurde in den achtziger Jahren der typisch münchnerische, historische „Bürgerbräukeller" ab-

Oben: Ganz so ruhig wie hier geht es am Wiener Platz nicht immer zu. Rechts: Der Brunnen am Weißenburger Platz.

fernte **Kytaro** gehen, wohl *dem* Münchner „In-Griechen" mit einem kleinen, bei schönen Wetter stets vollen Biergarten. Unberührt davon ragt gleich dahinter ein „gespitzter Bleistift" stolz empor – es ist der rote Backsteinturm des „Haidhauser Doms", der Pfarrkirche St. Johann Baptist, die eindrucksvoll am **Johannisplatz** thront und stolz ist auf ihre 21 neugotischen Glasfenster. Der Platz um sie herum mit seinem kleinen Park und den alten Bürgerhäusern ist einer der gemütlichsten der ganzen Stadt und bleibt auch vom Verkehrsgetümmel des benachbarten und geschäftigen **Max- Weber-Platzes** ziemlich unbeeindruckt. Am Wochenende ist hier auch noch eine kleine Entdeckung zu machen, denn dann hat das **Johannis-Café** länger auf. Eigentlich alles andere als eine Empfehlung für Fremde, finden sich dort zu später, beziehungsweise früher Stunde alle möglichen Typen ein: zwei alte, jedoch trinkfeste Damen mit ihrem 75-jährigem Verehrer, der Vorstadt-Gigolo mit seiner aufgeputzten müden Gefährtin, Studenten, Alkoho-

liker und Literaten, kurz: das „Salz in der Suppe" dieses Viertels vereint an Nierentischen aus den 50er Jahren.

Unweit der **Kirchenstraße**, gewissermaßen ums Eck, liegt die mittlerweile verkehrsberuhigte **Preysingstraße**, in der Sie das **Üblacker-Haus** besuchen können, wo eine historische Wohnung aus der Zeit des 1. Weltkriegs wiederhergerichtet wurde. An der **Wörthstraße** sollten Sie sich nach rechts wenden, Sie kommen dann direkt auf den **Bordeauxplatz**. Baumumstanden und von schönen alten Bürgerhäusern eingesäumt, erinnert er wirklich ein bißchen an südliche Plätze, nur die Boule-Spieler fehlen.

Von hier aus ist es nicht mehr weit zum „Tor" Haidhausens zur großen weiten Welt, zum **Orleansplatz** mit dem Ostbahnhof. Ähnlich dem Max-Weber-Platz wurde auch hier leider der Charakter des Platzes, sein Charme und seine Geschichte dem Verkehrsfluß geopfert. Hochgelobt und gefeiert, konnte auch die aufwendige Neueröffnung des Ostbahnhofs vor wenigen Jahren nicht darüber hin-

wegtäuschen, daß das Plätschern des Brunnens am Orleansplatz im Dröhnen der vielen Autos völlig untergeht. Und der nüchterne Neubau des **Ostbahnhofs** an seiner Ostseite läßt Wehmut aufkommen bei all denen, die den alten Bahnhof noch kennen. Hier kann man die Züge in den Süden und Osten besteigen, und hier ist auch der Verkehrsknotenpunkt für alle S-Bahnen in südöstlicher Richtung.

Doch von hier aus können Sie den vielleicht schönsten Teil Haidhausens durchschlendern: das „Franzosenviertel". Die Namen der Straßen und Plätze wurden nämlich 1871 als Ausdruck der Siegeseuphorie nach dem Deutsch-Französischem Krieg mit den Namen eroberter französischer Orte benannt. Hier finden Sie noch kleine Läden, Hinterhof-Cafés, alternative Galerien und Handwerkerläden, begrünte Plätze, stille Ecken und gemächliche Betriebsamkeit.

Oben: Der Pariser Platz aus der Vogelperspektive. Rechts: Lebhaftes Treiben auf einem Flohmarkt in der Kirchenstraße.

Sei es in der Sedanstraße, Gravelottestraße, Metzstraße oder auf dem kleinen runden **Pariser Platz** – hier leben die Menschen noch miteinander, kennen sich, treffen sich im Mieterbüro oder „beim Griechen". Denn natürlich täuscht auch hier der äußere Schein über die wirklichen Besitzverhältnisse hinweg. Viele der alten Fassaden verbergen mehr oder weniger schamhaft die sanierte Luxuswohnung dahinter.

Auf jeden Fall aber sollten Sie Ihren Spaziergang durch das – noch – wohnliche Haidhausen am **Weißenburger Platz** ausklingen lassen. Wenn Sie es im Sommer tun, wird er Sie mit seiner Blumenpracht begeistern, in deren Mitte ein wunderschöner Brunnen steht. Falls es aber Winter sein sollte, wenn Sie hierher kommen, dann liegt mehrere Wochen lang vor Weihnachten der Duft von Zimt und Mandeln in der Luft, von Glühwein und Lebkuchen, und jede Menge von Ständen bietet alles an, was Weihnachten eigentlich gar nicht gebraucht wird und doch so viel Freude bringt.

Von hier aus ist es nur ein Katzensprung durch die baumbepflanzte Fußgängerzone der **Weißenburger Straße** bis zum **Rosenheimer Platz**, wo Sie in die S-Bahn steigen oder am Gasteig vorbei den Berg hinunter laufen können, um dann mit der Trambahn Linie 20 zur reichen Nachbarin von Haidhausen zu fahren – nach Bogenhausen.

BOGENHAUSEN

In Bogenhausen residierten schon um die Jahrhundertwende die Reichen und Superreichen der Stadt. Noble Bürgervillen mit ausladenden Fassaden aus der Gründerzeit und dem Jugendstil prägen das Straßenbild zum Beispiel in der Holbein-, Mühlbauer- und Prinzregentenstraße. Tagsüber ist hier viel Geschäftigkeit und Leben, aber am Abend leeren sich die Straßen. Geschlafen wird nämlich häufig woanders, weil die horrenden Mieten das Viertel so teuer gemacht haben, daß nur noch Kanzleien, Verlage und Konsulate ihre Messingschilder an die Eingangspforten der Villen schlagen können. Viele besitzen hier zwar Häuser, doch sie wohnen anderswo. Aber städtebaulich ist Bogenhausen auf jeden Fall ein kleines Juwel in dieser Stadt.

Gleich am **Prinzregentenplatz** erwartet Sie das **Prinzregententheater**, das 1900/01 von Max Littmann nach den Reformplänen Richard Wagners in einer Mischung aus Klassizismus und Jugendstil erbaut wurde, um den Werken Richard Wagners den passenden Rahmen zu verschaffen. Bis zum Wiederaufbau des Nationaltheaters war es Münchens Opernbühne, 1963 wurde es wegen Baufälligkeit geschlossen. Ein Verein von Anhängern und Gönnern erreichte es dann aber, daß das Theater teilrestauriert 1988 glanzvoll wiedereröffnet werden konnte. Am schönsten zeigt es sich am Abend, festlich erleuchtet, wenn die Besucher die wunderschön renovierten Foyers und Treppen bevölkern.

Ein Stück weiter in Richtung Friedensengel, am **Prinzregentenbad** vorbei (in dem man im Winter Schlittschuh laufen kann), stoßen Sie auf eine Sehenswürdigkeit besonderer Art: den **Feinkost-Käfer**. Er ist, neben dem Dallmayr in der Innenstadt, der berühmteste Gourmet-Tempel Münchens. Den „Käfer" kennt jeder – selbst die, die ihn sich nicht leisten können. In der „Käferschenke" treffen sich regelmäßig Geschäftsleute und Prominente, um in gepflegter Atmosphäre hochkarätige Verträge abzuschließen, während einen Stock darunter Delikatessen aus aller Welt verkauft werden.

Wenn Sie wieder auf die Straße treten, liegt schräg gegenüber, an der Ecke Ismaninger-/Prinzregentenstraße, die berühmte **Villa Stuck**. Sie wurde 1897/98 nach Entwürfen Franz von Stucks erbaut, dem neben Franz von Lenbach wohl bekanntesten Münchner Maler seiner Zeit. Schon zu seinen Lebzeiten galt diese klassizistische Jugendstilvilla, die 1913/14 noch ein Atelierhaus erhielt, als eine Art Gesamtkunstwerk. Heute gehört sie

165

der Stadt München, die sie für große Kunstausstellungen nutzt, deren Besuch sich stets lohnt. Nebenan gart einer der exklusivsten Chinesen Münchens.

Wenden Sie sich zunächst aber lieber einer Dame zu, die Ihnen hocherhobenen Hauptes den Rücken zuwendet. Hoch über dem unteren Teil der Prinzregentenstraße steht, nein: schwebt sie eher, und blickt geduldig auf den sie links und rechts ähnlich einer abfallenden antiken Pferderennbahn umspülenden Verkehr. Es ist der **Friedensengel**, eines der beliebtesten Fotomotive der Stadt. Über dem im altgriechisch-römischen Stil gehaltenen Sockel, in den vier Mosaike eingearbeitet sind, die von den Segnungen des Friedens zeugen sollen, erhebt sich auf einer schlanken Säule der sechs Meter hohe, völlig vergoldete Engel, in der einen Hand den Friedenszweig und in der anderen eine Figur der griechischen Göt-

Oben: Immer im Abflug – der Friedensengel.
Rechts: Die Hypobank – ein Drei-Säulen-
Tempel des Kapitals.

tin Athene haltend. Der Friedensengel wurde zum 25-jährigen Jubiläum des Deutsch-Französischen Krieges als Mahnmal für den Frieden von der Stadt München gestiftet. Von hier hat man auch einen wunderschönen Blick auf die architektonisch einheitliche Linie der unteren Prinzregentenstraße mit dem Prinz-Carl-Palais als ihrem Abschluß.

Östlich vom Friedensengel, am **Europa-Platz**, zweigt *die* Straße Bogenhausens ab, die **Möhlstraße**. Hier stehen die alten protzigen Villen der Brauereibesitzer, Industriellen und Adligen der Jahrhundertwende, von Gärten umgeben, und heute meist von Konsulaten und Kanzleien besetzt. Man kann neidisch werden beim Anblick dieser Prachtbauten, aber allein deren Heizungskosten liegen höher als die sowieso schon hohen Mieten für eine Münchner Durchschnittswohnung.

Rechts durch die Siebertstraße kommen Sie in die **Holbeinstraße**. Die dortigen Jugendstilhäuser stehen allesamt unter Denkmalschutz. Sehen Sie sich besonders die Fassade des Hauses Nr. 7 an, dem wohl gelungensten Beispiel großbürgerlicher Münchner Wohnkultur, entstanden im Jahr 1907. Die Straße weiter entlang, erstreckt sich dann der **Shakespeareplatz**, gesäumt von Bäumen und herausgeputzten Häusern. Aber auch hier, in einer zum Wohnen prädestinierten Gegend, ideal für Familien mit Kindern, das gleiche Bild: auf den Schildern fast nur Namen von Agenturen, Kanzleien oder Firmen. Wenn Sie jetzt die **Possartstraße** zurückgehen, kommen Sie wieder zurück zum Prinzregentenplatz.

Von hier gelangen Sie mit der U 4 nach nur drei Stationen direkt zum **Arabellapark**. Er existiert erst seit 1965, als man begann, die ehemals dort gelegenen Äkker und Wiesen auf völlig andere Art umzupflügen – mit Bulldozern nämlich. Von hier aus nahm die Karriere des Münchner „Baulöwen" Jörg Schörghuber ihren Ausgang. Denn hier wurde „Münchhattan" geplant und gebaut. Heute leben und arbeiten im Arabellapark etwa 50.000 Menschen hinter Münchens einziger Skyline-Kulisse. Rund um den **Rosenkavalierplatz** wird hier aber auch flaniert und eingekauft, Kaffee getrunken und sich gesonnt. Hier hat sich einer der Großverlage Deutschlands, der Burda-Verlag, angesiedelt, hier versuchen die Beamten des Umweltministeriums Licht ins Dunkel der sich verschärfenden ökologischen Krise zu bringen, hier steht eines der originellsten Kinos der Stadt, das „Cadillac", in dessen Foyer ein echter Cadillac zu bewundern ist. Die etwas phantasielose Fassade des **Sheraton-Hotels**, in klassischem Betongrau gehalten, und die wesentlich gelungenere des „Oldies" unter all diesen Hochhäusern, das **Arabella-Haus**, läßt die Bewohner dieses hypermodernen Viertels anscheinend unbeeindruckt. Sie scheinen sich hier einfach wohl zu fühlen.

Ebenfalls wohl fühlt sich hier die bayerische **Hypobank**, und das zeigt sie auch. Sie ließ sich einen Drei-Säulen-Tempel des Kapitals hochziehen, ein aluminiumglänzendes Monstrum, kalt und faszinierend zugleich und nach dem Olympiaturm das zweithöchste Gebäude der Stadt. Während seiner Bauzeit (1975-81) sackten sogar die Fundamente eines der drei Teilgebäude ab, zwischen denen die verspiegelten dreieckigen Gebäudekomplexe aufgehängt sind.

Wenn Ihnen so viel moderne Architektur zuviel sein sollte, nehmen Sie am besten den 154er Bus und fahren dorthin, wo es auch Thomas Mann und dem reichsten Mann Deutschlands, Herrn Flick, am besten gefiel – hinunter zur **Mauerkircherstraße**. Gehen sie die **Thomas-Mann-Allee** entlang (im Haus Nr. 10 hat er gewohnt, bevor die Nationalsozialisten ihn vertrieben), genießen Sie die Stille an der Isar, betrachten Sie in aller Ruhe die Hunde und Menschen, die Jogger und Radler, die Ihnen entgegenkommen.

Und dann gehen Sie die **Pienzenauerstraße** entlang zurück. Dieses Areal

nennt sich **Herzogpark**. Ende des 19. Jahrhunderts gab es hier noch Wälder und Wiesen, bis dann 1892 eine Stadterweiterung ins Auge gefaßt wurde. Dies war die Geburtsstunde des besten Wohnviertels der ganzen Stadt. Hier ist es am fettesten und am reichsten, dieses eh' schon reiche München.

Vorn an der altehrwürdigen **Max-Joseph-Brücke** bringt Sie dann der Bus oder die Tram (Linie 20) wieder zurück nach Schwabing oder direkt ins Zentrum. Zum Schluß aber noch ein kleiner Geheimtip – der **Bogenhausener Kirchplatz**. Ein kleiner Zwiebelturm bewacht hier einen schönen, wenn nicht *den* schönsten Friedhof der ganzen Stadt. Die Kirche **St. Georg**, mit einer Kanzel von Ignaz Günther, war einst die Pfarrkirche des Dorfes Bogenhausen. An der Mauer entlang, die die Kirche umgibt, liegen etliche berühmte Männer und Frauen Münchens begraben – zum Beispiel Erich Kästner, Carl Wery, Liesl Karlstadt, Annette Kolb, Oskar Maria Graf und Rainer W. Fassbinder.

„ISARFLIMMERN"

Auch andere Weltstädte haben schöne Flüsse – Paris die Seine, New York den Hudson, und Wien natürlich die Donau. Aber München hat mit der Isar weit mehr als einen Fluß. Die Isar ist der Lebensnerv der Stadt, ihr natürliches Zentrum, von dem aus es nur ein „Rechts oder Links der Isar" gibt. Sie ist Strand und Boulevard, Park und Spielplatz, Philosophenwinkel und Grüne Lunge, vor allem für die Jogger und die Hunde.

Früher allerdings diente sie weit weniger den Freizeitbedürfnissen der Bewohner. Denn auf den Rat Max Pettenkofers hin wurden die Abwässer im 19. Jahrhundert direkt in die Isar geleitet, um so die katastrophalen sanitären Umstände, die noch wenige Jahrzehnte zuvor Pest und Cholera über die Stadt brachten, von ihren Wurzeln her zu beseitigen.

Oben: „Münchner Leben" live am Flaucher.
Rechts: Farbenfrohe Herbststimmung am Isarufer.

„Isaria", die Wilde, nannte man den ungebändigten Gebirgsfluß. Aus dem Karwendelgebirge kommend, nahm sie ihren Weg über Fels und Schotter bis nach München. Sie war gefährlich, voller Stromschnellen und Untiefen, die manchem Flößer, der die gewaltigen Stämme zur Weiterverarbeitung in die Stadt begleitete, zum Verhängnis wurden. Doch das ist lange her.

Heute ist die Isar betoneingefaßt, befriedet, eher träge und – zumindest innerhalb der Stadt – ihres Temperaments beraubt, das nur während der Schneeschmelze noch zu erahnen ist, wenn ihre Hochufer überspült sind und an der kleinen Staustufe oberhalb des Deutschen Museums die braunen Wogen der sonst so grünen Isar über das Hochwasserbett donnern. Im Stadtrat wird zwar immer wieder über eine „Rückverwilderung" der Isar diskutiert, aber bis jetzt ist davon nur wenig zu sehen. Dem Münchner ist all das ziemlich gleichgültig. Er liebt seine Isar, so wie sie ist, auch wenn sie im Sommer oft nur noch ein kleines Rinnsal zwischen den gleißend weißen Kiesbänken ist. Und er nutzt sie für jede und bei jeder Gelegenheit.

Am spektakulärsten vielleicht bei einer der vielen Floßfahrten von Wolfratshausen nach München. Was früher harte Fron war, ist heute beliebter Zeitvertreib beim Betriebsausflug. Mit Dixieband oder Blaskapelle, Freibier faßweise und eigenem Chemo-Klo dümpelt Floß um Floß in ausgelassener Heiterkeit isarabwärts. Anmeldungen dafür sind oft zwei Jahre vorher abzugeben! Gemütlicher können Sie das Ganze gestalten, wenn Sie sich ein Schlauchboot oder einfach eine Luftmatraze beschaffen.

Schöner und ruhiger allerdings ist eine Fahrt mit dem Fahrrad an den Ufern der Isar entlang. Mehr als 100 Kilometer Radwege stehen von Nord nach Süd zur Verfügung (und umgekehrt natürlich!). Auf beiden Seiten des Flusses locken grüne Pfade, Wiesen und Kiesbänke. Und natürlich all die herrlichen, schattigen Biergärten, wie zum Beispiel der „Mühlenwirt" bei Schäftlarn im Süden oder der „Aumeister" im Norden der Stadt.

Zwar sollte man heutzutage in dem Fluß nicht mehr baden, aber das kümmert kaum jemanden – zu verführerisch lockt das oft türkisfarbene Wasser die Baderatten. Und so sind ab den ersten warmen Tagen von der Pupplinger Au bei Icking bis hinunter zum Eisbach im Englischen Garten die Isarstrände voll von Sonnen- und Badehungrigen. Mehr als jedes Freibad locken sie die Massen an, familienfreundlich und kostenlos. Und der „Flaucher" mit seinen weiten Kiesbänken, den Staustufen, dem Park und dem Biergarten bildet das Zentrum dieses großartigen natürlichen Freizeitparks.

„Vom Isarflimmern, wo alle Nackerten san..." singt der Lokalbarde Willy Michl und beschreibt, was jeder weiß und sehen will, nämlich das Nacktbaden mitten in der Stadt. Und so teilt sich in München die Isar ihr Publikum: Die Nackten sonnen sich auf der Praterinsel unterhalb des

Deutschen Museums, und die Voyeure benutzen die Brücken ausgiebig zwecks besserer Aussicht.

Oft, wenn der Sommer faul und schwer über der Stadt liegt, gleichen die Ufer der Isar einem Heerlager. Dann wird gefeuert und gegrillt, daß es nur so raucht. Ganze Bierfässer werden durch den Kies gerollt und kiloweise Würstl verzehrt. Ganze Heerscharen trinken sich in die Nacht, und gar mancher wacht erst am nächsten Tag mitten im Müll des Festes wieder auf. Eine Einladung für solch ein Isarfest ist so etwas wie ein gesellschaftliches „Muß" während der Sommermonate.

Aber nicht nur der Sommer wird durch die Isar besonders schön. Sie bringt auch leuchtende Farben in die Stadt. Das lichte Grün des Frühlings, das kalte, frische Blau aus den Bergen, das Rotgelb der Kastanien im Herbst und das strahlende Weiß des ersten Schnees. Deshalb besucht der Münchner seine Isar das ganze Jahr. Hier treffen sie sich alle – Giesinger, Auer, Haidhauser, Schwabinger oder die noblen Bogenhauser.

SCHLACHTHOF-/ GLOCKENBACHVIERTEL

Verkehrsverbindungen

U-BAHN: U3/U6 bis Goetheplatz, Poccistraße, Implerstraße. U1/U2 bis Fraunhofer Straße. *BUS:* Nr. 31 bis Implerstraße, Aberlestraße, Poccistraße. Bus Nr. 8 bis Goetheplatz. *STRASSENBAHN:* Nr. 25 und 27 bis Fraunhoferstraße.

Restaurants / Nachtleben

BAYERISCH: **Paulaner Bräuhaus**, Kapuzinerplatz 5, Tel: 530331, deftige Hausmannskost. *BRASILIANISCH:* **Rio's**, Fraunhoferstraße 43, Tel: 201 4993, täglich 10.00-1.00 Uhr, Samba live, Spezialitäten, Reservierung ratsam. *INDISCH:* **Tandoori**, Baumstraße 6, Tel: 2012208, Mo-So 12.00-24.00 Uhr. *TÜRKISCH:* **Schwimmkrabbe**, Ickstattstraße 13, Tel: 2010080, täglich 17.00-1.00 Uhr, Spezialitäten, am Wochenende Bauchtanz. *ALTERNATIV:* **Ballhaus**, Szene-Café-Restaurant, Klenzestr. 71, Tel: 2010992, Mo-So von 10.00-1.00 Uhr, Sushi-Bar ab18.00 Uhr. **Burg Pappenheim**, Baaderstraße 26, Tel: 2011811, von 18.00-1.00 Uhr, Alternativ-Treff. **Fraunhofer**, Fraunhoferstr. 9, Tel: 266460, tägl. 16.30-1.00 Uhr, **Tagöll**, Hans-Sachs-Str. 12, Tel: 266821, Di-So 10.00-1.00 Uhr, Mo 19.00-1.00 Uhr, Café im Foyer des Modernen Theaters. *BARS / HOMOSEXUELLEN-TREFFS:* **Bodega Bar**, Hans-Sachs-Str. 9, Tel: 2603431, Mo-Do 19.00-2.00 Uhr, Fr, Sa bis 3.00 Uhr. **Colibri**, Utzschneiderstr. 8, Tel: 2609393, tägl. 11.00-22.00 Uhr, nur für Männer. **Deutsche Eiche**, Reichenbachstraße 13, Tel: 268477, 11.00-15.00 Uhr und 18.00-1.00 Uhr, Mo geschlossen, deftige Küche, von Homosexuellen geschätzt. **Frauencafé im Kofra**, Baldestr. 8, Tel: 2010450. Mi, Do 18.00-22.00 Uhr, Fr, Sa 19.00-23.00 Uhr. **Juice**, Baaderstraße 13, Tel: 2021266, Mo-Sa 14.00-1.00 Uhr, So ab 10.30, für Schwule jeden Alters, distinguiert. **Ochsengarten**, Müllerstraße 47, Tel: 266446, tägl. 20.00 Uhr-1.00 Uhr, Lederkneipe nur für Männer. **Together**, Hans-Sachs-Straße 10, Tel: 263469, täglich außer Mo 21.00-1.00 Uhr, Sa 21.00-3.00 Uhr, beliebter Treff für für Homosexuelle beider Geschlechter.

Apotheken

Fraunhofer-Apotheke, Fraunhoferstraße 38, Tel: 2012327. **Holz-Apotheke**, Holzstraße 19, Tel: 263841. **Balde-Apotheke**, Auenstraße 84, Tel: 2013215.

Post

Fraunhoferstraße 22a, Tel: 53882573. Goetheplatz 1, Tel: 53882612.

Taxis

Baldeplatz, Tel: 216171. Goetheplatz, Tel: 536017, Reichenbachplatz, Tel: 2161331.

LEHEL

Verkehrsverbindungen

U-BAHN: U4/U5 bis Lehel. *BUS:* Nr. 53 bis Königinstraße, Friedensengel, Prinzregentenstraße. *STRASSENBAHN:* Nr. 20 bis Nationalmuseum, Lehel, Maxmonument.

Restaurants / Nachtleben

BAYERISCH: **Schnitzelhaus**, St.-Anna-Str. 11, Tel: 293494, tägl. 10.00-24.00 Uhr. preiswert, Sommerbiergarten. *INTERNATIONAL:* **Bistro Eck**, Maximilianstr. 17, Tel: 230390, 12.00-15.00 Uhr und 18.00-24.00 Uhr, exklusiv. **Halali**, Schönfeldstr. 22, Tel: 285909, neue deutsche Küche, Fisch, Hummer, Wildgerichte, Mo-Fr 12.00-15.00, Mo-Sa 18.00-1.00, Reservierung ratsam. **Kulisse**, Maximilianstr. 26, Tel: 294728, Mo-Sa 9.30-1.00 Uhr, Anlaufpunkt für Theaterfreunde. **Sabitzer**, Reitmorstr. 21, Tel: 298584, 18.30-1.00 Uhr, Sa, So geschl., phantasievolle Küche, gute Weine, elegant. **Schönfelder Hof**, Schönfeldstraße 15a, Tel: 2809362, verfeinerte deutsche Küche, Fisch, Ente, täglich wechselnde, frische Gerichte, Mo-Fr 11.30-14.30 und 18.00-1.00 Uhr. *MEERESFRÜCHTE:* **Austernkeller**, Stollbergstr. 11, Tel: 298787, 18.00-1.00 Uhr, Mo geschlossen, gehobene Preise. *RUSSISCH:* **Datscha Gastiniza Russka**, Paradiesstr. 8, Tel: 297271, Mo-Fr 11.00-1.00 Uhr, Sa, So 17.00-1.00 Uhr, Reservierung ratsam. *BARS:* **Havana-Club**, Herrnstr. 30, Tel: 291884. **Schumann's**, Maximilianstraße 36, Tel: 229060, So-Fr 18.00-3.00 Uhr, Sa geschlossen.

Freizeit

Das **Müllersche Volksbad** ist mit seinen Jugendstil-Elementen das schönste Hallenbad Münchens. Rosenheimerstr. 1, Tel: 23613429. Mit S1-S8 bis Isartor oder Rosenheimer Platz.

Post

Thierschstraße 3, Tel: 53882713 und Unsöldstraße 9, Tel: 53882690.

Taxis

Königinstraße, Tel: 285968. Max-Monument, Tel: 294041. Nationalmuseum, Prinzregentenstraße, Tel: 297045.

AU / GIESING

Verkehrsverbindungen

S-BAHN: S1, S2 bis Giesing. *U-BAHN:* U1, U2 bis Kolumbusplatz, Silberhornstraße, Untersbergstraße, Giesing. *BUS:* Nr. 44 und 45 bis Giesing. Bus Nr. 52 bis Maria-Hilf-Platz, Kolumbusplatz. *STRASSENBAHN:* Nr. 25 bis Maria-Hilf-Platz, Silberhornstraße. Nr. 27 bis Maria-Hilf-Platz, Giesing.

Restaurants / Nachtleben

BAYERISCH: **Salvatorkeller**, Hochstraße 77, Tel: 4599130, tägl. 9.00-1.00 Uhr, Starkbier. *INTERNATIONAL:* **Rodeo-Emmeramhof**, Tegernseer Landstr. 11, Tel: 6973278, tägl. 10.30-0.30 Uhr, Steaks. **Schickeria**, Brecherspitzstr. 6, Tel: 6920303, tägl. 11.00-1.00 Uhr, gute Küche, Bar. **Grünes Eck**, St.-Martin-Str.aße 7, Tel: 694051, 18.00-1.00 Uhr, Musikkneipe, **Die weisse Villa**, Aschauerstr. 28, Tel: 685557, 20.00-5.00 Uhr, Nacht-Club für Herren.

Freizeit

Auer Dult: Dreimal jährlich auf dem Maria-Hilf-Platz. Im Mai heißt sie *Maidult*, im Juli *Jakobidult* und im Oktober *Kirchweihdult*.

Einmal jährlich findet auf dem *Nockherberg* der *Starkbieranstich* im **Salvatorkeller** statt, Tel: 4599130. Anstich in der 1. Märzhälfte, dann Biergenuß total für die nächsten 16 Tage (1993 z.B. vom 12.-28. März).

Polizei / Post

Polizeiinspektion 21, Au, Am Neudeck 1, Tel: 6230030. **Polizeiinspektion 23**, Giesing, Chiemgaustraße 2, Tel: 699320. **Postämter**: Tölzerstraße 5, Tel: 6121436. Balanstraße 385, Tel: 687423. Chiemgaustraße 83, Tel: 41228901. Haushamerstraße 3, Tel: 41228902.

Taxis

Candidplatz, Tel: 216184. Giesinger Bahnhof, Tel: 6914077. Ostfriedhof, Tel: 6916238. Wettersteinplatz, Tel: 216183.

HAIDHAUSEN / BOGENHAUSEN

Verkehrsverbindungen

S-BAHN: S1-S8 bis Ostbahnhof, Rosenheimer Platz. *U-BAHN:* Mit U4/U5 bis Max-Weber-Platz, U4 bis Prinzregentenplatz, U5 bis Ostbahnhof. *BUS:* Nr. 51 bis Max-Weber-Platz, Rosenheimer Platz. Nr. 53 und 54 bis Prinzregentenplatz und Ostbahnhof. Nr. 56 bis Ostbahnhof. Nr. 44 bis Richard-Strauss-Straße, Böhmerwaldplatz. Nr. 154 bis Arabellapark und Effnerplatz. *STRASSENBAHN:* Nr. 18 bis Deutsches Museum, Gasteig und Max-Weber-Platz. Mit der Nr. 19 bis Max-Weber-Platz und Ostbahnhof.

Restaurants / Nachtleben

BOGENHAUSEN: **Bogenhausener Hof**, Ismaninger Str. 85, Tel: 985586, 18.30-1.00 Uhr, So geschl., gehobenes Niveau. **Da Pippo**, Brahmsstr. 32, Tel: 4704848, 11.30-14.30 und 18.00-

23.30 Uhr, So geschl., edler Italiener, gehobene Preise. **Käfer-Schänke**, Prinzregentenstr. 73, Tel: 41680, Mo-Fr 12-24.00 Uhr, feine Küche. **Mifune**, Ismaninger Str. 136, Tel: 987572, Mo-Sa 18.00-23.00 Uhr, So geschl., lux. Japaner. **HAIDHAUSEN**: *BAYERISCH, mit Biergarten:* **Hofbräukeller**, Innere Wiener Straße 19, Tel: 4487376, geöffnet 9.00-24.00 Uhr. **Tassilogarten**, Auerfeldstraße 18, Tel: 487186. *SPEZIALITÄTEN:* **Amaranth**, Steinstr. 42, Tel: 4487356, So-Fr 11.30-1.00 Uhr, Sa ab 17.00 Uhr, vegetarisch, Reservierung ratsam. **Bernard & Bernard**, Innere Wienerstr. 32, Tel: 4801173, 19.00-1.00 Uhr, Crêpes. **Kytaro**, Innere Wiener Str. 36, Tel: 4801176, griechisch, Reservierung ratsam. **La Marmite**, Lilienstr. 8, Tel: 482242, 18.00-23.00 Uhr, Sa, So geschl., französisch. **New Orleans**, Franziskanerstr. 39, Tel: 4480520, 18.00-1.00 Uhr, Südstaaten-Küche. **Rue des Halles**, Steinstr. 18, Tel: 485675, 18.00-1.00 Uhr, Sa, So geschl., französisch. **Tai Tung**, Prinzregentenstr. 60, Tel: 471100, 12.00-14.30 und 18.00-23.00 Uhr, Chinese mit Michelin-Sternen. *SZENE-KNEIPEN / RESTAURANTS:* **Café Chaos**, Franziskanerstr. 43a, Tel: 486315. **Drehleier**, Balanstr. 23, Tel: 484337, 19.00-1.00 Uhr, Musik, Kabarett, preiswerte Küche. **Franci's**, Franziskanerstr. 2a, Tel: 487137, Mo-Sa 9.00-1.00 Uhr, Sa ab 10.30 Uhr, Szene, preiswert. **Gorki Park**, Breisacherstr. 19, Tel: 4480274, tägl. 18.00-1.00 Uhr, russische Spezialitäten zu den Klängen der Internationale. **Café Größenwahn**, Lothringerstr. 11, Tel: 4485035, Mo-Fr 12.00-1.00 Uhr, Sa, So ab 10.00 Uhr. **Hinterhof-Café**, Sedanstr. 29, Tel: 4489964, Mo-Sa 8.00-20.00 Uhr, So ab 9.00 Uhr, Müsli und Schmalzbrot. **Jam**, Rosenheimer Str. 4, Tel: 484409, gutes Essen, normale Preise. **Café Johannis**, Johannisplatz 15, Tel: 4801240, Mo, Mi, Do 11.00-1.00, Fr, Sa ab 3.00 Uhr, Di geschlossen, hier ist die Zeit in den 50er Jahren stehengeblieben. **Kuczinski**, Preysingstr. 20, Tel: 4487676, 17.00-1.00 Uhr, So ab 11 Uhr, guter Brunch. **Café Stöpsel**, Preysingstr. 18, Tel: 4486559, 9.00-19.00 Uhr, Mo geschlossen, *der* Frühstückstip, preiswert. **Café Wiener Platz**, Innere Wiener Str. 48, Tel: 4489494, 8.00-1.00 Uhr, In-Treff.

Polizei / Post

Polizeidirektion Ost, Bad-Schachener-Str. 4, Tel: 41101. **Polizeiinspektion 22**, Holbeinstr. 9, Tel: 92391. **Post**: Kirchenstr. 4. Orleansplatz 7, Arabellastr. 26.

Taxis

Max-Weber-Platz, Tel: 4704002. Prinzregentenplatz, Tel: 479931 und 216155. Am Gasteig, Tel: 216123. Ostbahnhof, Tel: 216153.

MUSEEN IN MÜNCHEN

Seinen Ruf, eine der bedeutendsten europäischen Museums-Städte zu sein, verdankt München letztlich der Sammelleidenschaft der Wittelsbacher. Ihre über Jahrhunderte hinweg angehäuften Kunstschätze bilden auch heute noch den Grundstock der großen Münchner Museen, für die Ludwig I. imperiale Prachtbauten errichten ließ. Nach wie vor gehören seine „Kunsttempel" (Glyptothek, Antikensammlung, Alte und Neue Pinakothek) zu den obligatorischen Adressen aller Kunstliebhaber.

Heute jedoch sind an die Stelle der blaublütigen Förderer die öffentliche Hand, vermögende Privatleute und Konzerne getreten. Das Angebot an Museen ist enorm und ihre Sammlungen werden durch spektakuläre Ankäufe und Schenkungen ständig vergrößert und bereichert. Nicht zu vergessen sind in der Münchner Kunstszene auch die Aktivitäten der Galerien, die sich als einzige Vermittler zeitgenössischer Kunst in dieser Stadt verstehen, denn nachweislich tun sich die offiziellen Stellen in München damit schwer.

Rund um den Königsplatz

„Ich will aus München eine Stadt machen, die Deutschland so zur Ehre gereichen soll, daß keiner Deutschland kennt, wenn er München nicht gesehen hat", lautete die Devise von Ludwig I., der schon als Kronprinz mit der Grundsteinlegung zur **Glyptothek** im Jahr 1816 mit der Verwirklichung seines Anspruchs begann. Nach den Entwürfen Klenzes entstand um eine quadratischen Innenhof eine freistehende Vierflügelanlage im Stil eines ionischen Tempels, die als bedeu-

Vorherige Seiten: Antike Größe in der Glyptothek. Links: Eines der Prunkstücke der Alten Pinakothek – die „Alexanderschlacht" von A. Altdorfer.

tendstes Beispiel klassizistischer Architektur damals erhebliches Aufsehen erregte (1831). Die Sammlung mit den Giebelfiguren des Aphaia-Tempels von Ägina, den frühgriechischen Kuroi und dem Barberinischen Faun, um nur die herausragenden Einzelstücke der zahlreichen griechischen und römischen Skulpturen zu nennen, ist weltberühmt und hält dem Vergleich mit entsprechenden Objekten des Louvre und des British Museum jederzeit stand.

Direkt gegenüber bildet der fensterlose spätklassizistische Bau der **Staatlichen Antikensammlung** den südlichen Abschluß des Königsplatzes. Auch dieses Museum wurde auf Initiative von Ludwig I. errichtet und zeigt eine umfangreiche Sammlung attischer Vasen des 6. und 5. Jh. v. Chr., griechische und römische Terrakotten, griechische, römische und etruskische Bronzen sowie Schmuck und Gläser aus diesen Kulturen.

Schräg gegenüber den Propyläen, der westlichen Begrenzung des Königsplatzes an der Ecke Luisenstraße, residiert die **Städtische Galerie im Lenbachhaus** in der ehemaligen Villa des Münchner „Malerfürsten" Franz von Lenbach, die er sich 1887-97 im florentinischen Renaissance-Stil errichten ließ.

Die Schwerpunkte der umfangreichen Sammlungen liegen im 19. Jh. (Lenbach, Corinth, Slevogt) und im 20. Jh., mit zahlreichen Werken des Jugendstils und der Künstlergruppe „Blauer Reiter" (Marc, Macke, Münter, Jawlensky, Klee). Ein Glanzstück im Lenbachhaus ist die berühmte Kandinsky-Sammlung mit mehr als 500 Werken des Begründers der abstrakten Malerei. Hinzu kommen regelmäßige Wechselausstellungen zur zeitgenössischen Kunst.

Das nächste große Museum im Umkreis des Königsplatzes, die **Alte Pinakothek**, zwischen Arcis- und Barerstraße gelegen, erreicht man nach einem kurzen Spaziergang von nur fünf Minuten entlang der Luisenstraße in Richtung Nor-

den. Die Alte Pinakothek zählt heute zu den sechs wichtigsten Gemäldegalerien der Welt. Sie wurde 1826-36 von Klenze im Auftrag Ludwigs I. erbaut und galt seinerzeit als ein „Meisterwerk der Proportionskunst" (H. Wölfflin). Leider fielen die 24 Statuen von L. Schwanthaler entlang der Südfassade, die berühmte Maler darstellten, und die Fresken im Inneren von P. Cornelius den Bomben des 2. Weltkrieges zum Opfer. Im Inneren jedoch wartet eine der bedeutendsten Sammlungen der abendländischen Malerei vom 14. bis zum beginnenden 19. Jh. auf die Kunstfreunde aus aller Welt.

Den Grundstock hatte bereits 1530 Wilhelm IV. mit einer Folge von Historienbildern gelegt. Zu den berühmtesten Gemälden dieser Kunstgattung zählt die *Alexanderschlacht* von Albrecht Altdorfer. Maximilian I. setzte die Sammeltätigkeit der Wittelsbacher durch Ankäufe von

Oben: Henry Moores „Große Liegende" vor der Neuen Pinakothek. Rechts: Ein Kunstmüder in der Neuen Pinakothek.

Arbeiten von Albrecht Dürer fort (darunter *Die vier Apostel).* Kurfürst Max Emanuel hingegen interessierte sich verstärkt für die Niederländer und Flamen (Van Dyck, Breughel); durch Karl Theodor schließlich wurden der Sammlung Werke von Rubens (u.a. *Der Höllensturz der Verdammten)* beigesteuert. Max IV. Joseph brachte später seine Bilder französischer Meister mit nach München. Mit der Säkularisation kamen kostbare Schätze aus Kirchen und Klöstern hinzu. Ludwig I. selbst machte sich als Sammler präraffaelitischer Werke einen Namen. Im 19. und 20. Jh. wurden weitere wertvolle Ankäufe von den großen Banken finanziert.

Direkt gegenüber, nur durch weitläufige Rasenflächen und die Theresienstraße getrennt, steht der wie eine Mischung aus Art Deco und Postmoderne anmutende Komplex der **Neuen Pinakothek** – wegen seiner Rundbögen und gestaffelten Pultdachfenster, versetzten Wände und geknickten Kupferdächer nach seinem Architekten A. von Branca oft despektierlich „Palazzo Branca" genannt (erbaut

zwischen 1975 und 1981). Das Innere ist schleifenförmig um zwei Innenhöfe angeordnet; ständig biegt man um irgendwelche Ecken, steigt Treppen hinauf und hinunter, oder man bewegt sich durch etwas düster wirkende Verbindungskorridore. Was man auf diesem manchmal etwas verwirrenden Rundgang zu sehen bekommt, ist eine sehr wechselvolle Sammlung europäischer Malerei vom ausgehenden 18. bis zum beginnenden 20. Jh., deren Grundbestände ebenfalls auf Ludwig I. zurückgehen, der 1846 den Grundstein für den im 2. Weltkrieg zerstörten Vorgängerbau legte.

Hier schweift das Auge von gigantomanischen „Historienschinken" wie Pilotys *Thusnelda im Triumphzug des Germanicus* (4,85 x 7,11 m) zu C. D. Friedrichs *Riesengebirgslandschaft,* von C. Spitzwegs *Der arme Poet* zu A. Feuerbachs *Medea,* von E. Degas' *Die Büglerin* zu van Goghs *Blick auf Arles.* Auf dem Parkgelände neben dem Haupteingang überwältigt der Anblick der *Großen Liegenden* von Henry Moore.

Rund um den Marienplatz

Gewiß nicht weniger, aber Museen ganz anderer Art können Sie während eines Bummels rund um den Marienplatz erkunden. So ziemlich in der Mitte zwischen Karlsplatz und Marienplatz versteckt sich hinter einer Kirchenfassade das **Deutsche Jagd- und Fischereimuseum,** dennoch leicht erkennbar an seinem oft von Kindern bekletterten Bronze-Wildschwein am Eingang. Die Kirchenfassade selbst gehörte einst zur Augustinerkirche, die 1803 im Zuge der Säkularisation schlicht zur Mauthalle umfunktioniert wurde. In diesem Kuriositäten-Kabinett lassen sich reihenweise die ausgestopften Köpfe kapitaler Hirsche unter frühbarocken Gewölben mit Stukkaturen bestaunen; hier stehen verspielt elegante Jagdschlitten unter Kristallüstern auf der Empore des einstigen Altarraums. Vor allem aber ist hier eine echte Weltrarität zu bewundern – eine ganze Kollektion des „Wolpertingers", eines echt bayerischen Fabeltieres, von dem es

im Museumstext heißt: „Allergisch gegen Kölsch, Reisegesellschaften und Republikaner".

Die vier kleinen Räume im gotischen Turm der ehemaligen Stadtbefestigung neben dem Alten Rathaus direkt am Marienplatz werden heute vom **Spielzeugmuseum** genutzt, einer Stiftung des Karikaturisten Ivan Steiger. Erwachsene dürften allerdings in diesem kleinen Museum eher auf ihre Kosten kommen als Kinder, denn die nostalgischen Erinnerungsstücke stehen ordentlich aufgereiht und geschützt in Glasvitrinen. Neben der kleinsten Puppe der Welt ist allerlei Holz-, Papier-, Blech- und mechanisches Spielzeug von 1780 bis heute ausgestellt.

Auf dem Weg zum Stadtmuseum am St.-Jakobs-Platz kommt man zwangsläufig am **Ignaz-Günther-Haus** (Eingang gegenüber) vorbei. In diesem typischen gotischen „Ohrwaschl"-Haus lebte und

Oben: Wolpertinger gibt es weltweit nur im Jagdmuseum zu sehen. Rechts: Hier gibt es Nachttöpfe für jeden Geschmack.

arbeitete der berühmte Hofbildhauer (1725-77) des Rokoko. Die Hausmadonna am rückwärtigen, zweiten Eingang des Hauses zum Oberanger hin ist eine Arbeit des Meisters, eine Kopie allerdings, dann das Original hängt im Bayerischen Nationalmuseum. Für die Öffentlichkeit zugänglich sind nur die unteren Zimmer und der gotische Saal im ersten Stock. Die Räume geben Ausstellungen mit meist stadtgeschichtlicher Thematik einen würdigen Rahmen.

Schräg gegenüber wurde im ehemaligen Zeughaus der Stadt mit den dazugehörigen Marstallgebäuden das **Stadtmuseum** eingerichtet. In diesem einzigartigen, vielfältigen und sehr lebendigen Museum werden natürlich vorrangig Exponate zur Münchner Stadtgeschichte präsentiert. Anhand von zwanzig stilrein möblierten Räumen wird hier Münchner Wohnkultur vom 18.–20. Jh. gezeigt.

Zu den unvergleichlichen Prunkstücken des Hauses zählen zweifellos zehn der ursprünglich 16 Moriskentänzer des Erasmus Grasser. Dieser Meister der Spätgotik schnitzte seine Lindenholzfiguren für den Tanzsaal im Alten Rathaus. Wer Interesse an der Münchner Stadtgeschichte hat, sollte sich auch das mittelalterliche Stadtmodell des Drechslermeisters Jakob Sandtner ansehen.

Außerdem gibt es diverse Sonderabteilungen wie das Foto- und Filmmuseum, die zweitgrößte europäische Musikinstrumenten-Sammlung, eine Sammlung zur Textil- und Kostümgeschichte, eine Puppentheater-Sammlung und ein kleines Brauerei-Museum.

Wenn Sie die Sammlungen des Stadtmuseums „bewältigt" haben, empfiehlt sich ein Entspannungsbummel über den Viktualienmarkt hinüber zur Westenriederstraße, wo eines der jüngsten und originellsten Münchner Museen auf Sie wartet, das **ZAM** (Zentrum für außergewöhnliche Museen). Außergewöhnliches, höchst Skurriles gibt es hier tatsächlich massenhaft zu sehen! Im Nacht-

topfmuseum z. B. 2000 „Exponate" aus zwei Jahrtausenden, das älteste davon aus dem Rom des 2. Jh. v. Chr. Im Schlösser-Museum wiederum knarren und knarzen Vorhängeschlösser und mittelalterliche Keuschheitsgürtel. Außerdem gibt es noch ein Korkenzieher-, ein Tretauto-, ein Osterhasen- und ein Sissy-Museum.

Wem all das noch nicht skurril genug ist – bitte schön, es sind nicht mehr als zwanzig Schritte vom ZAM bis zum **Valentin-Musäum** schräg gegenüber im Turm des Isartors, einem Rest der mittelalterlichen Stadtbefestigung. „Für Neunzigjährige in Begleitung ihrer Eltern freier Eintritt", verkündet das Schild am Eingang. Hier findet sich das geistige Erbe dieses berühmtesten aller Münchner Komiker und Volksschauspieler – u. a. sein „Winterzahnstocher" mit Pelzbesatz, seine „leider geschmolzene" Schneeplastik und der Nagel, an den er seinen ursprünglichen Beruf als Schreiner hängte. Im winzigen Turmstüberl kann man gemütlich Kaffee trinken und die angeblich besten Münchner Weißwürste genießen.

Faszination der Technik

Wenn man vom Isartor aus die Zweibrückenstraße entlanggeht und die Isar überquert, kommt man zum größten und berühmtesten Münchner Museum, dem **Deutschen Museum**, auf einer Insel inmitten der Isar gelegen, ein gewaltiger Bau mit insgesamt 50.000 qm Ausstellungsfläche. Selbst wenn man nur eine Minute vor jedem Einzelobjekt verweilen würde, bräuchte man für eine Gesamtbesichtigung 24 Tage mit jeweils zwölf „Arbeitsstunden"!

Konzipiert wurde diese gigantische „Leistungsschau" von Wissenschaft und Technik schon Ende des 19. Jh. durch Oskar von Miller, der Grundstein wurde 1906 durch Kaiser Wilhelm II. gelegt, die Bauarbeiten (G. von Seidl) zogen sich bis 1925 hin. Seither lockt das Deutsche Museum Millionen von Besuchern aus aller Welt an, die sich in einem endlosen Strom von der nahegelegenen S-Bahnstation Isartor zum Museumseingang wälzen, hin zu einer einzigartigen und alle

Bereiche von Naturwissenschaft und Technik umfassenden Sammlung, die durch Schaubilder, Modelle, Dioramen, Filme und Versuchsanordnungen ergänzt sind. Hier kann man winzige Ziegelsteine mitnehmen, die eine Modell-Ziegelfabrik „ausspuckt"; jemand vom Museumspersonal setzt sich in einen Metallkäfig, auf den mit ohrenbetäubendem Krachen ein 220.000 Volt starker Blitz niedersaust; man kann auch (im Sommer) zu Mittag essen in einem Mitropa-Speisewagen aus dem Jahre 1928. Im Keller bewegt man sich durch die Stollen eines nachgebauten Bergwerkes, im Planetarium kreist das Universum in majestätischer Ruhe um den Kopf, in der Luftfahrthalle steht eines der ersten Düsenflugzeuge der Welt, die ME 262; selbstverständlich ist auch das erste Auto der Welt zu besichtigen, Carl Benz',„Motorwagen" von 1886. Oder wollen Sie wissen, wie ein „Com-

puter" zu Leibniz' Zeiten aussah, dem großen Philosophen und Mathematiker des 17. Jh.? Oder wollen Sie sehen, mit welch „primitiver" Versuchsanordnung Otto Hahn und Fritz Strassmann 1938 die erste Kernspaltung der Welt gelang?

Odeonsplatz - Prinzregentenstraße

Ein weiterer Museumsbummel bietet sich an ausgehend vom Odeonsplatz bzw. der Südseite des Hofgartens. Der Obelisk vor dem Eingang zum Festsaalbau der Residenz weist den Weg zur **Staatlichen Sammlung Ägyptischer Kunst** in stuckgeschmückten Renaissance-Räumen, wo die ägyptischen Exponate der Glyptothek und der Ägyptischen Sammlung vereinigt sind. Weltweit handelt es sich dabei um das einzige Museum ägyptischer Kunst, das sich bei seinen Neuerwerbungen vor allem auf die Rundplastik spezialisiert hat. Daneben gehören das Gesichtsfragment einer Kolossalstatue des Echnaton, Mumienporträts und -särge zu den wertvollsten Einzelstücken.

Oben: Faszination der Technik in der Flugzeughalle des Deutschen Museums.

Wem jedoch das alte Ägypten zu fern liegt, der sollte sich lieber zur nordwestlichen Ecke der Hofgarten-Arkaden begeben, gewissermaßen dem Lustprinzip folgend. Dort hat nämlich erst vor kurzem Europas einziges **Museum für erotische Kunst** seine Pforten geöffnet. Hier finden sich solch lustbetonte Exponate wie eine Briefmarkensammlung mit erotischen Motiven von Tintoretto bis Gauguin, ein Empire-Kaffeeservice mit erotischen Motiven und Fotos eines weltberühmten Pariser Aktmodells der Jahrhundertwende. Eine Uhr mit pulsierendem Sekundenzeiger in Form eines Penis sagt Ihnen, wie spät es ist.

Nur wenige Schritte weiter, ebenfalls im Nordtrakt der Hofgarten-Arkaden, liegt der Zugang zum **Deutschen Theatermuseum**. Aus der ursprünglichen Gedenkstätte an die Hofschauspielerin Clara Ziegler (1844-1909) entwickelte sich hier im Lauf der Zeit ein anerkanntes Fachinstitut zur Weltgeschichte des Theaters mit zahlreichen Theaterbauplänen, Bühnenbildentwürfen, Kostümen, Masken, Requisiten und Szenenfotos.

Nur wenige Schritte (den Altstadtring unterquerend) sind es von hier zum **Haus der Kunst** am Anfang der Prinzregentenstraße. Die Grundsteinlegung für dieses 160 m lange Gebäude mit seiner „dorischen" Säulenkolonnade erfolgte 1933, unmittelbar nach der Machtergreifung Hitlers. Eröffnet wurde es 1937 vom Reichspropaganda-Minister J. Goebbels als „Haus der Deutschen Kunst" mit einer Ausstellung der Werke von Nazi-Künstlern. Angesichts dessen ist es eine späte Genugtuung, daß ausgerechnet dort in der **Staatsgalerie moderner Kunst** zahlreiche Werke der damals verfemten Künstler von längst anerkanntem Weltrang versammelt sind. Hier können Werke der deutschen Expressionisten, wie Beckmann, Heckel, Kirchner, Nolde, Schmidt-Rottluff ebenso bewundert werden wie solche von Braque, Picasso, Chirico, Ernst, Mirò, Dalí oder Magritte.

Gleich zwei Museen zum Thema Bayern stehen dicht beieinander linkerhand an der Prinzregentenstraße in Richtung Isar. Den Grundstock zum **Bayerischen Nationalmuseum** legten ebenfalls bereits die Wittelsbacher mit ihren Fachsammlungen „Kunst und Kunsthandwerk in Bayern". Heute gilt das Nationalmuseum als eines der bedeutendsten Museen für europäische Skulptur, Kunsthandwerk und Volkskunst vom frühen Mittelalter bis zur Gegenwart. Dazu gehört auch die einzigartige Sammlung von Krippen aus ganz Europa.

In einem Seitenflügel untergebracht ist das ergänzende „moderne" Pendant, die **Neue Sammlung** – die größte Design-Sammlung Europas, in der alle möglichen historischen Gebrauchsgegenstände von Bügeleisen bis zu Zapfsäulen dokumentiert sind.

Der Rundgang durch die **Prähistorische Staatssammlung** – gleich um die Ecke – eröffnet Einblicke in die Vor- und Frühgeschichte Bayerns anhand von archäologischen Funden von der Steinzeit bis zum Mittelalter. Zu den herausragenden Schätzen dieses Museums zählen drei karolingische Säulen, ein Stuckrelief und Freskenreste aus der Sola-Basilika von Solnhofen.

Nur wenige Schritte weiter kommen Kunstinteressierte zur **Schack-Galerie**, die lange Zeit im gleichen Gebäude untergebracht war wie die Bayerische Staatskanzlei – Kunst und Macht also unter einem Dach. Die Sammlung der hier ausgestellten Werke aus der deutschen Spätromantik (Schwind, Spitzweg, Lenbach, Feuerbach, Böcklin, Marées) ist dem Mäzenatentum des Grafen Schack (1815-94) zu verdanken.

Den Schlußpunkt, nach Überquerung der Isar, bildet die neo-klassizistische **Villa Stuck**. Sie wurde nach Plänen des Hausherren und „Malerfürsten" Franz von Stuck zwischen 1897 und 1898 errichtet. Im Mittelpunkt des Interesses dürften weniger die Wechselausstellun-

gen zum Thema Jugendstil im Atelier-trakt stehen, sondern das Haus selbst als „Gesamtkunstwerk" und die Originalinterieurs im Wohnbereich des Künstlers.

Weitere Museen

Zu einer wichtigen Museums-Adresse noch im Innenstadtbereich zählt das **Staatliche Museum für Völkerkunde** in der Maximilianstraße (bis 1995 wegen Umbau geschlossen). Abgesehen von spektakulären Wechselausstellungen ist dieses Münchner Museum mit seiner Sammlung von rund 300.000 Einzelobjekten nach seinem Berliner Pendant das zweitgrößte seiner Art in der Bundesrepublik. Nachweislich wurde die „Kuriositätensammlung" der bayerischen Herzöge und Kurfürsten schon 1782 dem interessierten Publikum in der damaligen Hofgartengalerie zugänglich gemacht. Nach streng wissenschaftlichen Erkennt-

Oben: Der prunkvolle Eingang zum Museum für Völkerkunde.

nissen geordnet, liegen heute die Schwerpunkte der Sammlungen bei den Exponaten aus Süd-, Ost- und Südostasien. Kaum weniger umfangreich jedoch sind die Bestände aus Afrika, Süd- und Mittelamerika sowie aus Ozeanien.

Im 1990 eröffneten **Museum Mensch und Natur**, in einem Seitentrakt von Schloß Nymphenburg, setzt man auf die allerneuesten museumspädagogischen Erkenntnisse bei der Wissensvermittlung. Dabei geht es um vermeintlich so trockene Themen wie *Unruhiger Planet Erde, Bunte Welt der Minerale, Geschichte des Lebens, Nahrung für die Menschheit, Von der Vielfalt der Arten, Von der Art des Menschen* und *Nerven und Gehirn*.

Im **BMW-Museum**, einer 40 m breiten, silbrig schimmernden und fensterlosen „Betonschüssel" direkt neben dem BMW-Verwaltungszentrum, werden die firmeneigenen Sammlungen von Autos, Flugmotoren und Motorrädern in einer von anerkannten Künstlern konzipierten und alle vier Jahre wechselnden Ausstellung aufwendig inszeniert gezeigt.

MUSEEN

Gemäldegalerien

Staatliche und städtische Museen sind montags geschlossen, am Sonntag ist der Eintritt frei.
Alte Pinakothek, Barer Str. 27, Tel: 23805-215/6, 9.15-16.30 Uhr, Di, Do 19.00-21.00 Uhr (nicht an Feiertagen). **Neue Pinakothek**, Barer Str. 29, Tel: 23805-195, beide Museen erreichbar mit Straßenbahn Nr. 18 ab Karlsplatz (Stachus), 9.15-16.30 Uhr, Di 19.00-21.00 Uhr (nicht an Feiertagen). **Schack-Galerie**, Prinzregenstr. 9, Tel: 23805-224, U4/U5 bis Lehel, tägl. außer Di 9.15-16.30 Uhr. **Haus der Kunst**, Tel: 222651, mit der **Staatsgalerie für moderne Kunst**, Tel: 292710, Prinzregentenstr. 1, beide Häuser sind wegen Renovierung bis Mitte 1993 geschlossen. **Städtische Galerie im Lenbachhaus**, Luisenstr. 33, Tel: 521041, U2 bis Königsplatz, 10.00-18.00 Uhr. **Villa Stuck**, Prinzregentenstr. 60, Tel: 4707086, U5 bis Prinzregentenplatz, 10.00-17.00 Uhr, Do bis 21.00 Uhr.

Kunst- und Kulturgeschichte

Bayerisches Nationalmuseum, Prinzregentenstr. 3, Tel: 211241, mit U4/U5 bis Lehel, 9.30-17.00 Uhr. **Neue Sammlung**, Designmuseum, Prinzregentenstr. 3, Tel: 227844, mit U4/U5 bis Lehel, 10.00-17.00 Uhr. **Staatliche Münzsammlung**, Residenzstr. 1, Tel: 227221/2, mit U3/6 und U4/5 bis Odeonsplatz, 10.00-17.00 Uhr, Fr bis 16.30 Uhr. **Staatliche Graphische Sammlung**, Meiserstr. 10, Tel: 5591490, mit U2 bis Königsplatz, Mo-Mi 10.00-13.00 und 14.00-16.30 Uhr, Do bis 18.00 Uhr, Fr bis 12.30 Uhr.

Altertum / Außereuropäische Kulturen

Glyptothek, Königsplatz 3, Tel: 286100, mit U2 bis Königsplatz, 10.00-16.30 Uhr, Do 12.00-20.30 Uhr. **Prähistorische Staatssammlung**, Lerchenfeldstr. 2, Tel: 293911, mit Straßenbahn 20, Bus 53, tägl. außer Mo 9.00-16.00 Uhr, Do bis 20.00 Uhr. **Staatliche Antikensammlung**, Königsplatz 1, Tel: 598359, mit U2 bis Königsplatz, 10.00-16.30 Uhr, Mi 12.00-20.30 Uhr. **Staatliches Museum für Völkerkunde**, Maximilianstr. 42, Tel: 2285506, wegen Renovierung bis 1995 geschlossen. **Staatliche Sammlung Ägyptische Kunst**, Residenz, Eingang Hofgartenstr., Tel: 298546, mit U3/6 und U4/5 bis Odeonsplatz, 9.00-16.00 Uhr, Di 19.00-21.00 Uhr.

Stadtgeschichte

Münchner Stadtmuseum, St.-Jakobs-Platz 1, Tel: 233-22370, erreichbar mit U3/U6 und allen S-Bahnen bis Marienplatz, tägl. außer Mo 10.00-17.00 Uhr, Mi bis 20.30 Uhr. **Silbersalon**, Sendlinger Str. 75/II (Eingang Hackenstr.), mit U3/6 bis Marienplatz, alle S-Bahnen, Sa 13.00-17.00 Uhr, So 10.00-17.00 Uhr. **Ignaz-Günther-Haus**, St.-Jakobs-Platz 15, U3/U6 und alle S-Bahnen bis Marienplatz, tägl. außer Mo 10.00-17.00 Uhr.

Spezialmuseen

Bavaria Film Tour, Bavariafilmplatz 7, 8022 Geiselgasteig, Tel: 649067, mit U1/U2 bis Silberhornstraße, dann mit der Straßenbahn 25 bis Bavariafilmplatz. Führungen vom 1.3.-31.10. täglich 9.00-16.00 Uhr. **Deutsches Jagd- und Fischereimuseum**, Neuhauser Str. 53, Tel: 220522, mit U3/U6 bis Marienplatz, alle S-Bahnen, tägl. 9.30-17.00 Uhr, Mo und Do bis 21.00 Uhr. **Deutsches Theatermuseum**, Galeriestr. 4a, Tel: 222449, mit U3/U6 bis Odeonsplatz. **Feuerwehrmuseum**, Blumenstr. 34, Tel: 23806311, mit U1/2 und U3/6 bis Sendlinger Tor, nur Sa 9.00-16.00 Uhr. **Jüdisches Museum**, Maximilianstr. 36, Tel: 297453, Di, Mi 14.00-18.00 Uhr, Do bis 21.00 Uhr. **Mineralogische Staatssammlung**, Theresienstr. 41, Tel: 23941, täglich 10.00-18.00 Uhr, Di bis 21.00 Uhr, erreichbar mit der Straßenbahn Nr. 18. **Museum für erotische Kunst**, Odeonsplatz 8/I (Eingang Filmcasino), Tel: 2283544, mit U3/U6 und U4/5 bis Odeonsplatz, tägl. außer Mo 11.00-19.00 Uhr. **Museum Mensch und Natur**, Schloß Nymphenburg, Tel: 176494, mit Straßenbahn 12, mit Bus 41 bis Schloß Nymphenburg, tägl. außer Mo 9.00-17.00 Uhr. **Paläontologische Staatssammlung**, Richard-Wagner-Str. 10, Tel: 5203361, Mo-Do 8.00-16.00 Uhr, Fr bis 14.00 Uhr, mit U2 bis Königsplatz. **Spielzeugmuseum**, Alter Rathausturm, Marienplatz, Tel: 294001, mit U3/U6 und allen S-Bahnen, Mo-Sa 10.00-17.30 Uhr, sonn- und feiertags bis 18.00 Uhr. **Valentin-Musäum**, Isartorturm, Tel: 223266, alle S-Bahnen bis Isartor, Mo, Di, Sa 11.01-17.29 Uhr, So 10.01-17.29 Uhr. **ZAM** - Zentrum für außergewöhnliche Museen, Westenriederstr. 26, Tel: 2904121, alle S-Bahnen bis Isartor, tägl. 10.00-18.00 Uhr.

Technische Museen

BMW-Museum, Petuelring 130, Tel: 3895-3307, mit U2/U3 bis Olympiazentrum, tägl. 9.00-17.00 Uhr. **Deutsches Museum**, Museumsinsel 1, Tel: 21791, alle S-Bahnen bis Isartor, täglich außer Mo 10.00-17.00 Uhr. **Nähmaschinenmuseum**, Heimeranstr. 68-70, Tel: 510880, mit U4/U5 bis Heimeranplatz, Mo-Fr 10.00-16.00 Uhr. **Siemens-Museum**, Prannerstr. 10, Tel: 2342660, alle S-Bahnen sowie U4/U5 bis Karlsplatz, Mo-Fr 9.00-16.00 Uhr, Sa 10.00-14.00 Uhr, Elektrotechnik, Elektronik.

EINKAUFEN

In München sein Geld los zu werden, ist keine Schwierigkeit. Denn beim Shopping zeigt sich München wirklich „auf Weltniveau" – nämlich bei den Preisen. Kaufen kann man in München fast alles – falls man es bezahlen kann. Das reicht vom gravierten Maßkrug bis zu den modischen Extravaganzen von Rudolph Mooshammer. In München zeigen nicht nur die Superreichen in unbekümmerter Schamlosigkeit, was sie haben, sondern auch die Möchtegern-Schickeria. Selbst wer nicht gerade zu den Spitzenverdienern zählt, gibt sich in dieser Stadt trendbewußt und prestigebedacht. Beginnen wir also mit einer kleinen Shopping-Geographie: Die beiden großen Münchner Einkaufszonen liegen direkt im Innenstadtbereich: Zwischen Stachus und Marienplatz stehen entlang der Fußgänger-

Oben: Im Lichthof des Kaufhaus Hertie.
Rechts: Modische Eleganz in der Residenz-Straße.

184

zone beiderseits der Neuhauser- und der Kaufingerstraße die großen Kaufhäuser – Hertie, Kaufhof, Karstadt (Haus Oberpollinger). In den kleineren Stichstraßen, aber auch in der nahen Sendlingerstraße machen die Einzelhandelsgeschäfte mit pfiffigen Angeboten – sei es Mode, Schmuck, Schuhe oder Accessoires – die Wahl zur berühmten Qual.

Für den Einkauf mit dem dicken Scheckheft und der Vorliebe für international anerkannte Namen der Haute Couture kommen die Nobelgeschäfte in der Maximilian-, Theatiner- und Residenzstraße sowie die Designer-Boutiquen in der nahen Briennerstraße in Frage. An deren Anfang, nur wenige Meter vom Odeonsplatz entfernt, beherbergt der **Luitpold-Block** in luxuriösem Ambiente etwa 30 Geschäfte und Boutiquen. Das übriggebliebene Kleingeld kann man anschließend im Palmengarten des Café Luitpold verpulvern.

Allen Unkenrufen zum Trotz erfreut sich Schwabing zumindest beim Shopping ungebrochener Lebendigkeit. Denn rechts und links der „Touristenmeile" Leopoldstraße eröffnen auf dem Teilstück zwischen Herzogstraße und Münchner Freiheit immer wieder besonders Mutige Boutiquen. Witzige Mode in jeder Preislage neben zeitlos gediegener Eleganz findet man auch entlang der Hohenzollernstraße.

Sucht man Mode von internationalem Rang, dann bietet München eine große Auswahl. So gut wie jeder der großen Couturiers ist hier vertreten: **Valentino** (Brienner Straße 11) und, in unmittelbarer Nachbarschaft, **Chanel** (Brienner Straße 10). **Kenzo** residiert in der Maximilianstraße 22. Für extravagante Strickmode steht der Name **Missoni** (Amiraplatz 1). Die prominentesten Schneider Münchens sind **Rudolph Mooshammer** (Maximilianstr. 14) und **Max Dietl** (Residenzstr. 16). **Ludwig Beck** gegenüber dem Rathaus ist nicht irgendein Kaufhaus: Das Angebot umfaßt ausgefallene

Mode inklusive einer riesigen Auswahl dazugehöriger Accessoires plus exquisiter Naturkosmetika. Für Trachtenmode vom Feinsten sind **Loden-Frey** (Maffeistr. 7-9) und das **Wallach-Haus** für Volkskunst und Tracht (Residenzstr. 3) bekannt. Nicht billiger Massenkitsch, sondern ein ausgesprochen „edles" Geschenk ist eine maßgefertigte „Krachlederne" aus handschuhweichem Hirschleder von **August Strauß** (Heiliggeiststr. 2). Wem der Sinn nach bayerischen Edelsouvenirs steht, wird bei **Etcetera** (Wurzerstr. 12), **Dirndlkönigin** (Residenzstr. 18) und **Niedermaier** (Goethestr. 23) bestens bedient. Der Name **Mändler** (Theatinerstr. 7) steht für freche, aber teure Mode. Die bekanntesten Adressen für ausgeflippte Mode sind **Bagheera** (Maximiliansplatz 12a) und der **Leopoldmarkt**.

Drei der größten Sportgeschäfte der Stadt liegen kaum einen Steinwurf voneinander entfernt: **Sport-Scheck** (Sendlinger Str. 85), **Sport-Schuster** (Rosenstr. 1-6) und **Sport-Münzinger** (Marienplatz 8). Bei einem davon finden Sie garantiert Ihren passenden Skianzug oder griffigen Tennisschläger.

In Sachen Delikatessen gibt es zwei Nobeladressen in München: den **Dallmayr** (Dienerstr. 11) und den **Feinkost-Käfer** (Prinzregentenstr. 49). Wenn es Ihnen dort zu teuer ist, sind Sie am **Viktualienmarkt** bestens aufgehoben. Am wesentlich ruhigeren **Elisabethplatz** finden Sie den angeblich besten Käseladen Deutschlands. Falls Sie Wild kaufen wollen, sollten Sie ins **Zerwirkgewölbe** gehen, dem ältesten Wildgeschäft Deutschlands. **Elly Seidl** (Maffeistr. 1 und Karlstor 2) und die **Confiserie Leyssiefer** (Asamhof) sind bekannt für ihre allerfeinsten Pralinen. Hartgesottene Zigarrenraucher bekommen ihre exquisite Davidoffs und Havannas beim **Zechbaur** (Ecke Residenz-/Perusastr.).

Über vier Etagen erstreckt sich der Bücher-„Supermarkt" **Hugendubel** am Marienplatz, während es in der Filiale am Salvatorplatz etwas ruhiger zugeht. Etwas mehr Zeit für Bücherwürmer nimmt man sich beim **Kaiser** am Marienplatz.

RUND UMS BIER

München genießt noch immer unwidersprochen den Ruf „Weltstadt des Bieres" zu sein, obwohl die größten Brauhäuser der Welt gar nicht in München stehen. Für diesen ungebrochenen Ruf sorgen sieben Münchner Großbrauereien, deren Gerstensaft weltberühmt ist, wenngleich selbst viele Münchner zugeben, daß die „Nordlichter" besseres Bier brauen. Gebraut wird bayerisches Bier jedenfalls immer noch nach dem Bayrischen Reinheitsgebot von 1516, das Herzog Wilhelm IV. erließ, weil es bis dahin offenbar gar schreckliche Bierrezepte gegeben haben muß. Wirtschaftliche Interessen möchten heutzutage am liebsten diese Verordnung unterlaufen. Aber für die Münchner Brauer gilt nach wie vor, daß nur Gerste, Hopfen, Wasser und ein wenig Hefe verwendet werden.

Oben: In einem Hopfengarten. Rechts: Wo bleiben denn nur die Biergarten-Gäste?

Ob man nun dem *Hellen*, dem *Dunklen* oder gar dem *Weißbier* den Vorzug gibt, ist einzig und allein Geschmackssache. Starkbiere sind der *Bock* und der *Doppelbock* mit fast 20 Prozent Stammwürze. Vom Norden her hat zwar mittlerweile das Pils seinen Einzug in Bayern gehalten, dafür hat inzwischen Bayerns wichtigste Bierspezialität, das Weißbier, quasi im Gegenzug seinen Siegeszug gen Norden angetreten. Wer den Bierdurst im neuen Jahr schon sehr früh verspürt, bekommt den ersten *Bock* (am Sonntag nach Aschermittwoch) draußen vor den Toren Münchens in der **Forschungsbrauerei** in Perlach. Wer hingegen die Berge liebt, „erklimmt" den **Nockherberg**, der sich über dem Stadtteil Au erhebt, und genießt in den ersten wärmenden Sonnenstrahlen Mitte März, der „fünften Münchner Jahreszeit", den *Salvator*. Äußerster Beliebtheit erfreuen sich bei sommerlicher Hitze die *Radlermaß* – halb Bier, halb Limonade – und die *Russenmaß* – halb Weißbier, halb Limonade.

Die absoluten Bier-Hochburgen aber sind der **Löwenbräu-Keller** am Stiglmaierplatz, der **Mathäser** am Stachus – der Welt größtes Wirtshaus – und das **Hofbräuhaus am Platzl**. Wer es eher gepflegt mag, sitzt in den bürgerlichen Stuben, wer deftige Atmosphäre schätzt, nimmt in der „Schwemme" Platz.

Sein eher gepflegtes Bier bekommt man in einer der 4000 Gaststätten der Stadt, wie beispielsweise im **Peterhof** am Marienplatz, wo (auf einer Tafel am Eingang ist es vermerkt) angeblich die Weißwurst erfunden wurde, oder im **Donisl**, gleich links vom Rathaus, der im Fasching rund um die Uhr geöffnet hat. Aber auch im Tal beim **Bögner**, ebenso wie schräg gegenüber in **Weißen Bräuhaus**, oder in den ältesten Wirtshäusern der Stadt, der **Hundskugel** (Hotterstr. 18), und dem **Alten Hackerhaus** in der Sendlinger Straße. Wer hingegen Wert auf Prominenz legt, versucht es im **Franziskaner** gleich hinter dem Neuen Rathaus.

Biergärten

Bei schönem Wetter jedoch werden die Münchner alle Jahre wieder zu „Gartenfreunden" – genauer: zu Freunden des Biergartens. Diese Institution, die weltweit nicht ihresgleichen findet, hat ihre ganz spezielle Geschichte.

Da das Bier immer eine sehr empfindliche Sache war und in der Sommerhitze schnell verdarb, mußte es in Kellern eingelagert werden. Um deren kühlende Wirkung zu steigern, pflanzte man obendrauf schattenspendende Kastanienbäume, die wegen ihrer dichten Belaubung die Sonne am besten abhielten. Die Münchner kamen sehr schnell darauf, daß man sich unter die Kastanien auch setzen konnte, wenn es in der Sonne zu heiß war und man Lust auf eine frische Maß verspürte. Getrunken wurde damals noch aus *Keferlohern,* Krügen aus glasiertem Steingut, in dem das Bier länger kühl blieb. Heute sind sie meist durch Glaskrüge ersetzt. Die „Maß" ist das Maß für jeden echten Biergarten – unter einem

Liter geht auch heute noch nichts. Der Bierpreis ist zwar immer noch ein Grund zum Granteln für alle Münchner, doch schon lange kein „Kriegsgrund" mehr. (Die Chronik berichtet von einem „sechsundsechzigjährigen Krieg", nachdem der Preis für eine Maß um einen halben Kreuzer heraufgesetzt werden sollte. Er begann 1844 mit der Demolierung von Brauhäusern und endete 1910 mit der Niederbrennung von Brauereigasthöfen.)

Schlecht schaut es manchmal mit der Einschenk-Moral einiger Schankkellner aus, die scheinbar nicht genau wissen, wie eine „Maß" vom Volumen her aussieht. Dabei existiert sogar noch jene „Mutter der bayerischen Maß", die als wunderschönes Eichgefäß aus dem 18. Jh. im Heimatmuseum der Stadt Neuburg a. d. Donau zu besichtigen ist.

Einheimische wie „Zuagroaste" schätzen am Biergarten besonders, daß man seine eigene Brotzeit mitbringen darf. Dies geht auf einen Erlaß von König Ludwig I. zurück. Die Wirte beschwerten sich seinerzeit, daß die Brauer in ihren

Wirtsgärten neben dem Bier auch gleich die Brotzeit mitverkaufen durften und ihnen so ihr Geschäft verdarben. Da der König der Meinung war, daß der beste Kompromiß jener sei, mit dem alle gleichermaßen unzufrieden sind, urteilte er, daß jeder Untertan seine eigene Brotzeit an ungedeckten Tischen mitbringen dürfe. Und so ist es bis heute geblieben.

Der mit Abstand größte Biergarten Münchens ist der **Hirschgarten** (Hirschgartenallee 1), der, inmitten eines riesigen Parks gelegen, auf eine wechselvolle Geschichte zurückblicken kann. Einst diente er zur Aufzucht von Fasanen, dann wurde dort Hopfen angebaut und später Maulbeerbäume gepflanzt, um eine Seidenraupenzucht aufzubauen, bis schließlich auf dem 40 Hektar großen Areal ein eingezäuntes Wildgehege errichtet wurde, das heute noch existiert. Ebenfalls in Neuhausen präsentiert sich der **Concor-**

Oben: Gezahlt wird gleich! Rechts: Typische Biergarten-Atmosphäre im Hirschgarten.

dia-Garten (Landshuter Allee 165). Unter Kastanien, Birken und Ahornbäumen läßt sich dort die Maß ungestört genießen. Eine weitere Biergarten-Oase, in der man sich einfach wohlfühlen muß, ist der unweit davon gelegene **Taxis-Garten** (Taxisstr. 1). Der zweitgrößte und wohl bekannteste Biergarten ist der am **Chinesischen Turm**, wo bei sonnigem Wetter jeden Tag die Hölle los ist, weil er dann eine der „Verkehrsdrehscheiben" für Spaziergänger, Jogger, Hundebesitzer, Radlfahrer, Studenten und natürlich Touristen aus aller Welt ist. Von hier aus bietet sich auch eine Ernüchterungs-Spazierfahrt durch den Englischen Garten mit einer der Pferdedroschken an. In unmittelbarer Nachbarschaft – und etwas „vornehmer" – liegt die Gartenwirtschaft am **Kleinhesseloher See**, in dessen Wirtsgarten man teilweise auch bei trüben oder gar regnerischem Wetter sitzen kann.

Als Altschwabinger Biergarten muß unbedingt der **Osterwald-Garten** (Keferstr. 12) erwähnt werden, der an einem der vielen Eingänge zum Englischen Garten liegt. Nicht weit davon liegt die **Hirschau** (Gyslingstr. 15), sympathisch, gut gepflegt und „ausgestattet" mit gemütlicher Atmosphäre unter uralten Kastanien. Gleich daneben liegt eine große Tennisanlage. Noch weiter nördlich kann man sich beim **Aumeister** (Sondermeierstr. 1) erfrischen. Wechselt man auf die andere Isarseite, ist man schon bei der **Sankt-Emmerams-Mühle** (St. Emmeram 41) angelangt, deren Publikum eigentlich zu Unrecht im „Schicki-Micki-Bereich" angesiedelt wird.

Ebenfalls rechts der Isar, aber in der Innenstadt, gibt es beliebte Biergärten, wie zum Beispiel den **Hofbräukeller** am Wiener Platz, der schon seit über 100 Jahren als Treffpunkt vieler Münchner gilt. Hoch über dem Stadtteil Au gelegen, findet man den **Salvatorkeller** (Hochstr. 77), vor allem berühmt wegen seines Starkbier-Festes im März. Unmittelbar an der Isar liegt die **Menterschwaige** (Men-

terschwaigstr. 4), in der schon König
Ludwig I. seine Maifeste feierte.

Wer lieber in der Innenstadt bleiben
will, kann in den **Augustiner-Keller** (Arnulfstr. 52) gehen, von dem sehr viele
Stammgäste behaupten, er sei im Sommer ihr zweiter Wohnsitz. Man trifft dort
viel Prominenz und oft auch Münchens
berühmtesten Spaziergänger, den Kolum-
nisten Sigi Sommer, der dort seinen
Stammtisch hat. Hier hat die „Fischer-
Vroni" ihren Stand, die angeblich den besten „Steckerlfisch" Münchens macht.
Der **Löwenbräu-Keller** (Nymphenburgerstr. 2), erbaut im Jahre 1882, kann
ebenfalls mit seinem traditionsreichen
Biergarten aufwarten, und von der oberen
Terrasse hat man einen schönen Ausblick
über den Stiglmaierplatz. Um ein paar
Jahre älter ist die **Augustiner-Großgast-
stätte** (Neuhauserstr. 16), in deren Innen-
hof-Garten man bis in die Nacht hinein
gemütlich sitzen kann. Das berühmteste
aller Wirtshäuser der Welt jedoch ist unbestritten das **Hofbräuhaus am Platzl**,
das vor mehr als 400 Jahren erbaut wur-

de. Das angenehme Plätschern des Lö-
wenbrunnens im Biergarten verliert sich
hier im babylonischen Sprachengewirr
der Besucher aus aller Welt.

Damit sind längst nicht alle Biergärten
Münchens erwähnt. In vielen muß man
um einen Platz kämpfen, aber dann
schmeckt die Maß, die Hektik des Tages
weicht, selbst Klassenunterschiede scheinen aufgehoben, alle sitzen einträchtig
beisammen, trinken und diskutieren, die
Stimmung wird zunehmend lockerer –
und selten bleibt es bei nur einer Maß.

Bei so viel Fröhlichkeit allerdings wollen die Anwohner der Biergärten immer
weniger mitmachen. Klagen über nächtliche Ruhestörung, verparkte Zuwege und
sonstige Belästigungen häufen sich, und
so ist es kein Wunder, daß so mancher
Wirt inzwischen in arge Bedrängnis gera-
ten ist. Aber da nun einmal der Biergarten
eine Münchner Institution ist, gilt bis auf
weiteres der Urteilsspruch eines Münchner Gerichts: „Ein Biergarten liegt im höheren Interesse, und eine gewisse Duld-
samkeit muß deshalb sein."

DIE WIES'N

Angefangen hat alles damit, daß der bayerische Kronprinz Ludwig die Prinzessin Therese von Sachsen-Hildburghausen zur Frau nahm. Da der spätere König Ludwig I., der München um großartige klassizistische Bauten bereicherte, auch so profanen Dingen wie Volkfesten in keinster Weise abgeneigt war, weil sie „den Nationalcharakter ansprechen, der sich auf Kinder und Kindeskinder vererbt", nahm er den Vorschlag seines Kegelbruders Dall'Armi mit Freuden auf, die Hochzeitsfestlichkeiten mit einem Pferderennen zu beschließen. Das war am 12. Oktober 1810. Die Begeisterung über diesen Freudentag war so groß, daß man beschloß, dieses Ereignis in den folgenden Jahren zu wiederholen. Das Oktoberfest war geboren, und womit einst der Monarch seine Untertanen erfreute,

Oben: Sechs Millionen Besucher wälzen sich alljährlich über die „Wies'n". Rechts: Zünftige Blasmusik zum Wies'n-Auftakt.

ist mittlerweile zum größten Volksfest der Welt geworden – und zu einem Riesengeschäft.

181 Jahre ist es inzwischen alt, das berühmte Fest auf der „Wies'n", wie sie im Volksmund heißt, einer Münchner Kurzform für Theresienwiese, dem Namen, den sie seit damals zu Ehren der Braut trägt. Das Angebot an allgemeinen Verlustigungen war in den ersten Jahrzehnten bescheiden. Zwei Schaukeln, ein Karussell; und in kleinen Buden konnten sich die Besucher mit Bier versorgen. Heute beginnt der Aufbau schon mitten im Hochsommer, denn die großen Festzelte, Riesenräder, Achterbahnen und Fahrgeschäfte sind zwar keine architektonischen Meisterwerke, aber technische Anlagen von oft imponierender Größe. Die Buden und Standl dagegen sind in ein paar Tagen aufgebaut. Zehn Riesenzelte gehören dann zwei Wochen lang zur „Stadt in der Stadt", ebenso wie zahlreiche gastronomische Mittel- und Kleinbetriebe, Verkaufsbuden für Tabakwaren, Süßwaren, Wurst- und Fischsemmeln, Brezeln, An-

denken und ein Milchpavillon. Hinzu kommen 45 Fahrgeschäfte, von der Achterbahn bis zum Riesenrad, 70 Wurf- und Schießbuden, sowie zahllose weitere Schau- und Belustigungsgeschäfte. Insgesamt sind es an die 640 Betriebe – eben das größte Volksfest der Welt.

Der Münchner liebt sie, seine „Wies'n", und wenn am Samstag um zwölf Uhr zum Auftakt Böllerschüsse ertönen, dann wirkt sie wie ein unwiderstehlicher Magnet, der ihn hinauszieht, auch wenn er sich geschworen hat, nie wieder hinzugehen angesichts der immer höheren Bierpreise, der unverdrossen schlechten Einschenkmoral, der Völkerscharen und der Fahrgeschäfte, von denen man nur mehr in Superlativen spricht. Die Achterbahn saust nicht mehr nur einen Berg hinunter, sondern vollführt drei Loopings und das *Traumschiff* legt nicht zur Südseereise ab, sondern startet in den Münchner Himmel. Atemberaubend, schnell und waghalsig – das Zusehen allein kitzelt schon mächtig an den Nerven.

Aber wer weiß, wo er zu suchen hat, findet noch Reste vom alten bajuwarischen Flair auf der Theresienwiese. An die lange Wies'n-Tradition erinnern noch der Vogel-Jakob mit seiner unvergleichlichen Imitation von Vogelstimmen, oder der Flohzirkus, dessen Akteure nur mit der Lupe wahrgenommen werden können. Haut den Lukas – so manchem Muskelprotz stieg schon beim Hammerschlag die Röte in's Gesicht angesichts der Kraft eines schmächtigen Frauenzimmers. Aus dem Sarg steigen sie noch immer, Frankenstein und seine Kumpane, die Gondeln schaukeln uns in das Reich der Geister. Sie übertreffen sich gegenseitig mit furchterregenden Geräuschen und Skeletten an den Fassaden.

Neben den sensationellen Attraktionen, wie *Looping, Kalypso* und *Teufelsrad,* gibt es sie immer noch – die *Krinoline,* jene schwankende Drehscheibe und das *Toboggan,* das in Ehren ergraute Förderband, an dessen Spitze zu gelangen

mit ungeahnten Schwierigkeiten verbunden ist. Nicht zu vergessen das *Orchestrion* mit seinen über 1000 Pfeifen – die größte fahrbare Orgel der Welt. Seit 1872 wird *Beim Schichtl* „geköpft", und ihm verdanken wir jenen Slogan, der zum geflügelten Wort wurde: „Auf geht's beim Schichtl".

Hier prallen sie aufeinander, die Völkerscharen aus allen Kontinenten – an die sieben Millionen pro Jahr, von denen die 1,3 Millionen Münchner den kleinsten Teil ausmachen. Jeden Abend verwandeln sich die Bierzelte in wahre Hexenkessel. Schon Monate zuvor sind die noch vergleichsweise gemütlichen Logen, die „Boxen" ausgebucht – meist von Firmen und Vereinen. Auf den Tischen und Bänken vollführen Australier, Kanadier und Italiener Freudentänze, um dem Bierhimmel näher zu kommen, der ihnen in ihren Heimatländern verschlossen bleibt. Eine beachtliche Hektoliterzahl an Bier läuft bei jedem „Prosit der Gemütlichkeit", bei jedem „oans, zwoa, gsuffa" auf der Wies'n die Kehlen hinunter.

SPORT UND FREIZEIT

Die sportlichen Aktivitäten vieler Münchner bestehen keineswegs aus Fingerhakeln, Stein- oder Maßkrugstemmen, wie gewisse Klischees immer noch glauben machen möchten.

Den Impuls zum Breitensport in München gab kein geringerer als König Ludwig I., der zwar selbst kein Sportler war, sondern eher ein Freund der schönen Künste. Heute sind in München 785 Sportvereine registriert. Daß der Münchner Sport Geschichte machte, beweisen zwei große Münchner Traditionsvereine, die dem Fußball weit über die Grenzen Bayerns hinaus zu Ruhm und Ansehen verhalfen. Inzwischen sind die „Löwen", die Mannschaft des TSV 1860, einstmals Deutscher Meister und noch vor dem FC Bayern in der Bundesliga spielend, nur noch in der Bayernliga und haben ihre

Oben: FC Bayern-Fans in vollem Kriegsschmuck. Rechts: Diese beiden spielen lieber Straßenschach.

besten Jahre wohl hinter sich. Dennoch ist es unter „gestandenen" Münchnern nach wie vor Ehrensache, „Sechziger"-Fan zu sein und samstags ins Stadion an der Grünwalder Straße zu pilgern. Im futuristischen Oval des Olympiastadions hingegen bestreitet der in München trotz seiner fußballerischen Erfolge der letzten Jahrzehnte nicht so recht geliebte FC Bayern, der deutsche Rekordmeister, seine Heimspiele – 1991 mit geringem Erfolg (was in München so manchen diebisch freute), aber seit 1992 wieder im Kommen. Es scheint dennoch, als seien die glorreichen Fußball-Zeiten der Bekkenbauer, Breitner, Gerd Müller und Sepp Maier vorerst vorbei. Im Gegensatz zu damals spielen sowieso kaum noch Bayern im Trikot des FC Bayern.

Ebenfalls in der Bundesliga schlägt sich recht erfolgreich der TSV Milbertshofen im Handball; im Volleyball stellt er sogar das Gros der deutschen Nationalmannschaft. Sportarten wie Boxen oder Ringen hingegen widerstreben erstaunlicherweise anscheinend dem Münchner

Naturell und sind daher kaum vertreten – was man vom Windsurfen nicht behaupten kann. Die Seen des Voralpenlandes und die zu Badeseen umfunktionierten ehemaligen innerstädtischen Kiesgruben, wie beispielsweise der Feringa-See, bieten hierzu genügend Gelegenheit. Leider sind die „Pfützen" an windigen Wochenenden so überfüllt, daß kaum noch Platz für ein anständiges Surfmanöver bleibt.

Die Bäder haben schon lange das Image von reinen Bade-„Anstalten" abgelegt und können durchaus mit den Freizeitoasen in der Region, wie z. B. dem Lerchenauer- und Feldmochinger See, mithalten. Das gilt für die Familienidylle in Allach genauso wie für die moderne Meereswellen-Gaudi im Cosimapark, das Michaelibad, das Nord-, Süd- und Westbad, das Prinzregentenbad oder das Ungererbad. Hier kann man schwimmen, trimmen, sonnenbaden, faulenzen, Schach und Tennis spielen, saunen, und vieles andere mehr. Mit 30-32 °C ist es im Cosima-Wellenbad oder im Dante-Freibad selbst im Winter so gemütlich warm wie in der heimischen Badewanne.

Der Olympiapark, mit der U-Bahn bequem zu erreichen, ist das Erbe der Spiele von 1972. Der Turm und das die drei Hauptstadien überspannende Zeltdach sind zu Wahrzeichen des modernen Münchens geworden. Der Park wurde nicht, wie befürchtet, zur „Olympischen Ruine", sondern für die Bürger zum Volkspark für allerlei sportliche Aktivitäten – sei es nun die Schwimmhalle, das Eislaufstadion, der Gesundheitspark oder das weite Areal zum Joggen. Echte Stimmung kommt auf, wenn der EC Hedos die „Fetzen fliegen" läßt, dessen Eishockey-Cracks aus aller Welt es geschafft haben, München in die Eishockey-Bundesliga zu bringen. Im langen Münchner Herbst bereits fällt im Olympiapark der Startschuß zum Sechs-Tage-Rennen, einem faszinierenden Spektakel aus Show und Radsport. Gefallen haben die Münchner mittlerweile auch am Tennis-

spielen gefunden. 1992 gab es in der Olympiahalle die Drittauflage des „Grand-Slam-Cup", des höchstdotierten Tennis-Spektakels der Welt. Tennis spielen die Münchner aber auch höchstpersönlich. Ohne Mitglied eines Clubs zu sein, können sie auf weit über zweihundert Plätzen in München ihrem Sport frönen. „Tennisarm-Geschädigte" hingegen haben schon lange das Racket gegen den Golfschläger getauscht, einen Sport, der inzwischen auf mehreren Anlagen um München herum betrieben wird.

Höhepunkte für Münchner Pferdesport-Fans sind der „Große Preis von Bayern" der Traber in Daglfing und der „Große Mercedes-Preis" auf der Galopprennbahn in Riem, der zukünftig auch mit einem festlichen Ball verknüpft werden soll, um so auch zum gesellschaftlichen Ereignis zu werden.

Zu den „klassischen" Ausgleichssportarten für die Münchner zählen aber immer noch das Eisstockschießen im Winter und das Radln in die zahlreichen Biergärten in der restlichen Zeit des Jahres.

MÜNCHNER KULTURLEBEN

„Die Kunst blüht, die Kunst ist an der Herrschaft, die Kunst streckt ihr rosenumwundenes Zepter über die Stadt hin und lächelt...", so schrieb Thomas Mann 1902 über München in seiner Novelle *Gladius Dei*, aus der auch das vielzitierte Diktum „München leuchtet" stammt. Seine Beschreibung der Münchner Kulturszene war aber nicht nur begeistert, sondern auch ironisch gemeint. Denn die Opern-, Theater- und Konzertlandschaft der weißblauen Metropole ist zwar heute wie damals zu schwindelnden Höhenflügen, aber auch zu provinziellen Abstürzen fähig. Über eines jedoch kann man sich in der Münchner Musik- und Theaterszene selten beklagen – über genügend Publikum. Wer einmal die sich schon in der Dunkelheit formierende und bis zum Morgen ausharrende Menschenschlange in der Maximilianstraße gesehen hat, wo Karten für das Nationaltheater, das Cuvilliéstheater und die Kammerspiele verkauft werden, merkt schnell, wie leidenschaftlich die Münchner sich für Theater und Konzert begeistern können.

Mit der Oper und ihren Komponisten hatte München schon lange eine leidenschaftliche Liaison: Mozart feierte an der Münchner Oper mit *Idomeneo* seinen ersten Triumph; Richard Wagners *Meistersinger* erlebten in München ihre Premiere, und das Vorspiel zu *Parsifal* dirigierte Wagner in der Münchner Oper höchstpersönlich für seinen größten Fan – König Ludwig II. Der dritte Liebling des Münchner Opernpublikums ist Richard Strauss, der schon 1901 mit *Feuersnot* die Herzen der Münchner eroberte.

Klangvoll sind auch heute noch die Namen der Dirigenten, Regisseure und Sänger, die das Münchner Opernpublikum in der Bayerischen Staatsoper, dem

Vorherige Seiten: Im Bierzelt, angeblich der „Himmel der Bayern". Links: Nicht nur Tina Turner gastiert regelmäßig in München.

Nationaltheater am Max-Joseph-Platz, begeistern. Johannes Schaaf führt hier ebenso Regie wie der „Kulturmogul" und Generalintendant aller bayerischen Theater selbst, August Everding; und weltbekannte Sänger wie Luciano Pavarotti, Hermann Prey oder René Kollo stehen hier mehrmals im Jahr auf der Bühne.

Zweimal wurde das 1818 errichtete Nationaltheater zerstört und wiederaufgebaut. Heute ist es Deutschlands bedeutendster klassizistischer Theaterbau. Der pompöse Innenraum, der 2000 Besucher faßt, verleiht den Opernaufführungen den passenden festlichen Rahmen. Im Nationaltheater kann man aber auch Auftritte des Bayerischen Staatsballetts bewundern, das unter der Leitung der Ex-Ballerina Konstanze Vernon nach fast zehnjähriger künstlerischer Krise einen erfreulichen Aufschwung genommen hat.

Höhepunkt und Ausklang jeder Münchner Opern-Saison sind die alljährlichen **Opernfestspiele** im Juli. Die begehrten Karten sind trotz horrender Preise (bis zu 250 Mark) schnell ausverkauft.

Gleich neben dem Nationaltheater, aber nicht halb so prächtig, obwohl frisch renoviert, steht das **Residenztheater**. Günther Beelitz, Intendant des Bayerischen Staatsschauspiels, beweist leider nicht immer ein glückliches Händchen bei der Gestaltung des Programms. Mit wenigen Ausnahmen hält man sich eher an Altbewährtes, und auch das gerät manchmal leider noch sehr provinziell.

Sowohl die Vorstellungen des Staatsschauspiels wie die der Staatsoper sind auch im „Schmuckstück" der Residenz zu sehen, dem **Cuvilliés-Theater**. Welch geeignetere Kulisse gäbe es wohl für eine Mozart-Oper als das schönste Rokoko-Theater der Welt, das François Cuvilliés 1751-53 in verschwenderischer Pracht geschaffen hat? Zum Repertoire des Cuvilliéstheaters gehören aber auch so stimmungsvolle Vorstellungen wie die vorweihnachtliche Lesung *Die Heilige Nacht* von Ludwig Thoma.

An der Rückseite der Residenz steht der ehemalige Marstall des königlichen Hofes, in dem heute eine zusätzliche Bühne des Staatsschauspiels und der Staatsoper untergebracht ist. In der kühlen Halle des **Marstall-Theaters** wird erfreulicherweise auch Platz eingeräumt für experimentelles Theater, das in den „großen" Häusern oft keinen Platz findet.

Die festliche Eröffnung des **Prinzregententheaters** am Prinzregentenplatz fand schon 1901 mit Richard Wagners *Meistersingern* statt. 1988 wurde das wegen Baufälligkeit fast 20 Jahre geschlossene Haus teilweise wiedereröffnet. Generalintendant August Everding hat es sich zur Augabe gemacht, auch die Bühne noch zu renovieren.

Oper, Operette, Ballett und Musical gehören zum breitgefächerten Repertoire des **Staatstheaters am Gärtnerplatz**.

Oben: In alter Pracht wieder aufgebaut präsentiert sich das Nationaltheater. Rechts: Rokoko-Prunk im Cuvilliés-Theater.

Die dortigen Aufführungen werden allerdings selten zu den strahlenden Inszenierungen am Münchner Opern- und Theaterhimmel gezählt.

Unbestritten eines der renommiertesten Theater Deutschlands sind die **Kammerspiele** an der Maximilianstraße. Kaum ein Theater kann sich rühmen, seine Stücke mit so berühmten Schauspielern wie Peter Pasetti, Heinz Bennent, Rolf Boysen oder Cornelia Froboess zu besetzen. Seit 1983 ist Dieter Dorn hier Intendant. Neben den Klassikern, denen man in den Kammerspielen ganz neue Reize abgewinnt, gibt es in den letzten Jahren auch immer mehr moderne Stücke zu sehen. Einer der Erneuerer des Münchner Theaterlebens, George Tabori, trug mit seinen Beckett-Inszenierungen z. B. nicht unwesentlich bei zur Veränderung des leider manchmal etwas provinziellen Münchner Theatergeschehens. Allerdings sind aufgrund ungebremster Experimentierfreudigkeit doch immer wieder Inszenierungen dabei, die allein schon durch schauspielerische Leistung

und gelungene Bühnenbilder das Publikum auf den Plätzen halten.

Zusätzlich bespielt das Ensemble der Kammerspiele auch den **Werkraum** der Münchner Kammerspiele in der Hildegardstraße. Dort haben auch Nachwuchstalente die Chance, anspruchsvolles, oft avantgardistisches Theater zu zeigen.

Vom Namen her sollte man sich beim **Volkstheater** am Stiglmaierplatz nicht in die Irre führen lassen – sehr volkstümlich geht es bei der Stückeauswahl in diesem Theater, dessen Intendantensessel Ruth Drexel einnimmt, meist nämlich nicht zu. Mit Engagement und Können setzt man hier eine Palette, die von Shakespeare über Achternbusch bis zu Patrick Süskind reicht, in Szene.

Unterschiedlichste Aufführungen sind im **Gasteig**, Münchens gewaltigem „Kulturpalast" am Rosenheimer Berg, zu sehen: experimentelles Theater, Tanz und Performance ebenso wie Film- und Musikfestivals. Musikalische Prominenz wie Friedrich Gulda, Alfred Brendel oder Ivo Pogorelich beglückten im Gasteig schon

mehrfach ihr begeistertes Publikum, junge Künstler fanden hier ihre erste Chance für einen öffentlichen Auftritt – sei es im Richard-Strauss-Konservatorium, in der Black Box, im Kleinen Konzertsaal oder im Carl-Orff-Saal. Außerdem haben die **Münchner Philharmoniker** (unter Leitung von Sergiu Celibidache) im Gasteig ihr endgültiges Zuhause gefunden – in der Philharmonie.

Apropos Orchester – welch andere deutsche Großstadt kann gleich fünf teilweise international renommierte Symphonie-Orchester vorweisen – die schon erwähnten Münchner Philharmoniker, das **Bayerische Staatsorchester** (Leitung: Wolfgang Sawallisch), das **Symphonieorchester des Bayerischen Rundfunks** (Leitung: Sir Colin Davis, ab 1993 Lorin Maazel), das **Münchner Rundfunkorchester**, und schließlich die **Münchner Symphoniker**. Auch an Konzertsälen für deren erfreulich lebhafte künstlerische Konkurrenz herrscht in München kein Mangel – sei es die Philharmonie, der Herkulessaal, das Cuvil-

liéstheater, das Nationaltheater oder der Große Sendesaal des Bayerischen Rundfunks. Nicht zu vergessen bei soviel symphonischem Glanz sind auch das **Münchner Bach-Orchester** und der **Münchner Bach-Chor**, beide vom 1981 verstorbenen Interpreten Karl Richter zu Weltruhm geführt.

Boulevard und Bayerisches

Die Liebhaber des Boulevard-Theaters sind am besten aufgehoben in der **Kleinen Komödie** im Hotel Bayerischer Hof, in der **Komödie** am Max-II-Monument oder in der **Kleinen Freiheit** in der Maximilianstraße. Dort erwartet einen trotz wechselnder Qualität sicher ein vergnüglicher Abend mit Schauspielern, die man vor allem aus den Vorabendprogrammen des Fernsehens kennt.

Früher fanden dort rauschende Faschingsbälle statt und Varietékünstler aus

Oben: Konzert in der Philharmonie. Rechts: Münchner Kulturleben ganz anders.

aller Welt traten auf, heute bietet das **Deutsche Theater** in der Schwanthalerstraße meistens Musical-Gastspiele oder Eigeninszenierungen, vom *Phantom in der Oper* bis zur *West Side Story.*

Eine Eigenheit bayerischer Kleinkunst waren im München der Jahrhundertwende und bis zum Nationalsozialismus die Volkssänger. Mit deftigen Possen, komischen Parodien und kleinen Sketchen unterhielten diese Münchner Originale ihr Publikum bei Bier und Brotzeit. Der berühmteste Komiker, der aus der Münchner Volkssänger-Zunft hervorging, war zweifellos Karl Valentin. Die Tradition der ehemaligen Volksänger-Lokale hält heute das **Platzl** gegenüber dem Hofbräuhaus noch aufrecht, und erheitert, wie noch zu Zeiten des Münchner Volkssängers „Weiß Ferdl", hauptsächlich Touristen mit bayerischen „Gstanzln", Schuhplattlern und Musik.

Bayerisches Volkstheater, das sowohl Einheimische wie Touristen begeistert, bietet die Bühne im **Gasthof Iberl** in Solln. Herzerfrischend sind auch die

bayerischen Rührstücke der Laienspielgruppen in der Schwabinger **Max-Emanuel-Brauerei**, zu denen unter anderem das tragisch-traurige Spiel von der *Wahren G'schicht vom Wildschütz Jennerwein* gehört. An weiteren urbayerischen Lustspielen kann man sich auch im **Millionendorf-Theater** in der Zielstattstraße erfreuen. Die heutigen Volkssänger vom **Münchner Isar-Brettl** geben ihre Kunst im „Augustiner" in der Neuhauser Straße zum Besten.

Freie Bühnen

In München gibt es 50 - 60 freie Theatergruppen und eine ganze Reihe kleiner Privattheater, angeblich mehr als in New York. Zu den „alteingesessenen" gehört das **Theater 44** in der Hohenzollernstraße. Einst auf Sartre und das absurde Theater spezialisiert, tut es sich heute auch mit der einen oder anderen Trend-Inszenierung hervor (z. B. Sam-Shepard-Stücke). Im **Modernen Theater**, das seinem Namen mit aktuellen Stücken und Thematiken durchaus gerecht wird, kann man auch kurzweilige Klassiker-Aufführungen erleben. Im **Theater am Sozialamt**, kurz TAMS, gastieren manchmal englische und italienische Theatergruppen, das Programm hat bisweilen einen leicht surrealen Touch, dann gibt es aber auch wieder ganz handfestes, kritischzeitbezogenes Theater.

Ebenfalls zum alten Stamm der Münchner Kleintheater-Szene gehören die experimentelle **Kulturwerkstatt** von Kelle Riedl im Westend und das **proT** (Prozessionstheater) im Theater in der Steinseestraße. Gern erliegen Schauspieler und Künstler aller Couleur dort dem niederbayerischen Charme des „Machers" Alexej Sagerer und lassen sich bereitwillig in seine Klang-Farbe-Stimmen-Partituren integrieren.

Im **Theater rechts der Isar** gehört von Zeit zu Zeit ein „Dario Fo" zum guten Ton; Autoren wie A. Boal, M. Duras, B. Brecht, F. Wedekind und F. Dürrenmatt stehen hier regelmäßig auf dem Spielplan. Unter den neueren, die Münchner

Kulturszene aufregend und farbenfroh gestaltenden Kleintheatern wagt sich das **Teamtheater** mit großem Erfolg an expressionistische Vorlagen, besticht aber auch mit gekonnt-witzigen Klassiker-Inszenierungen.

Präzise und einfallsreich sind auch die Klassiker-Bearbeitungen des **Theater Scaramouche**: Molière, Kleist und neuerdings auch alljährlich im Sommer eine spritzige Shakespeare-Komödie auf der Freilichtbühne im Westpark. Auch das **Pathos Transport Theater** bürstet Klassiker erfolgreich gegen den Strich, jüngstes Beispiel: ein Euripides *(Alcestis)* in reiner Frauenbesetzung. Auch die **Pasinger Theaterfabrik** bietet ein breitgefächertes Repertoire, schillernd-packende und mit Einfällen gespickte Shakespeare-Aufführungen, aber auch Strindberg. Von der Klassik bis zur Moderne reicht die Stücke-Palette des **Theaters links der**

Oben: Deftig geht es zu bei der Münchner Volkssängerbühne. Rechts: ... Leger hingegen beim Filmfest im Gasteig.

Isar. Dort machen auch häufig Schulklassen ihre erste Begegnung mit der Arbeit an kleinen Bühnen. Das **Theater im Karlshof** lockert seinen eher literarisch gehaltenen Spielplan zwischendurch mit einem erotischen Lustspiel auf.

Kabarett und Kleinkunst

Weit über Münchens Grenzen hinaus ist die **Münchner Lach- und Schießgesellschaft** bekannt, die ihre Bühne an der Ecke Haimhauser-/Ursulastraße hat. Gegründet wurde dieses berühmteste Kabarett Deutschlands von Sammy Drechsel. Jahrelang feierte es im Fernsehen in der Besetzung mit Hans Jürgen Diedrich, Dieter Hildebrandt, Barbara Noack und Jürgen Scheller bundesweit Triumphe. Von der alten Besetzung ist als Zugpferd leider nur Dieter Hildebrandt übrig geblieben, dessen *Scheibenwischer* allmonatlich erfreulich hohe Einschaltquoten im Fernsehen hat.

Politisches Kabarett von unterschiedlicher Qualität kommt im **Rationaltheater** in der Hesseloherstraße unter Leitung von Rainer Uthoff auf die Bühne. Seit 26 Jahren präsentiert **Novaks Schwabinger Brettl** in der Occamstraße ein internationales Programm in fast nostalgischer Altschwabinger Atmosphäre. Ebenfalls eine Schwabinger Institution in der Kaiserstraße ist die Kneipe **Heppel & Ettlich** mit ihrem Hinterzimmertheater, in dem Kabarettisten, Entertainer und „Dichterleser" auftreten. In der kalten Jahreszeit gibt es am Sonntagvormittag oft auch ein Kinderkino, während die geplagten Eltern in Ruhe ihren Brunch genießen können. Etwas abgelegen in Münchens Norden steht das Wirtshaus am Hart. Dort trifft sich „alternatives" Publikum bei Speis und Trank, im Sommer auch im Biergarten; abends gibt es dann im **Hinterhoftheater** Kabarett und sogar Theaterstücke. Komisches, Parodistisches und Kabarettistisches bietet auch die Bühne des **Theater im Fraunhofer**.

Kinder, Kinder

Nicht nur Erwachsene begeistern sich für die Bretter, die die Welt bedeuten, sondern ebenso Kinder und Jugendliche: Das **Münchner Theater für Kinder** in der Dachauer Straße 46 bringt Märchen auf die Bühne. Schon Generationen von Münchnern haben als Kinder mit Begeisterung die Aufführungen des **Münchner Marionettentheaters** verfolgt, zu dessen Repertoire auch Opern für Kinder gehören. Gegründet wurde es 1858 von Graf Pocci, dem Autor der Kasperl-Stücke, und dem in München wohlbekannten „Papa Schmid". Engagiertes, sozialkritisches Jugendtheater, das auch mobil in Schulen vorgeführt wird, inszeniert das **Theater der Jugend** in der Schauburg am Elisabethplatz (ab Juli 1993).

Rock, Pop, Festivals

Rock- und Popgrößen aus aller Welt gastieren bei ihren häufigen München-Gastspielen meist in der **Olympiahalle**, in der **Rudi-Sedlmayr-Halle** oder im **Zirkus Krone**. Für Megastars wie z. B. Michael Jackson stehen auch das **Riemer Reitstadion** und das **Olympiastadion** zur Verfügung. Im Sommer kann man zu Füßen der Olympia-Schwimmhalle im **Theatron** Konzertklängen lauschen, die von Jazz bis Rock reichen.

Die Zeiten für Festivals waren in München leider schon einmal besser. Die zwei wichtigsten Festivals des Sommers sind inzwischen das Tollwood-Festival und das Filmfest im Gasteig. Das **Tollwood-Festival** am Olympiaberg zieht Jahr für Jahr immer mehr Besucher an. In den dann aufgespannten Zelten spielen Theatergruppen, Konzerte werden gegeben und Kleinkunst steht auf dem Programm.

Das **Filmfest** im Gasteig, das sich nicht nur kulturell, sondern auch gesellschaftlich zu einem wichtigen Ereignis gemausert hat, bietet anspruchsvolle, engagierte Filme mit kleinerem Budget, z. B. von Filmemachern aus der Dritten Welt, kulturellen Minderheiten (Indianer) oder den „American Independents".

MÜNCHEN BEI NACHT

„Deutschlands heimliche Hauptstadt," wie München oft genannt wird, konnte sich beim Nachtleben nie entscheiden, ob es Weltstadt oder Provinznest sein will. Jemand aus der „24-Stunden-Stadt" Berlin würde nicht mit der Antwort zögern: Provinznest. In der Tat – für eine Weltstadt (mit Herz!) ist das Münchner Nachtleben eher dürftig, für manch Verwöhnten fast schon Grund, vorzeitig wieder abzureisen und München eben als „Millionen-Dorf" im Gedächtnis zu behalten. Am zahlungskräftigen Klientel kann es nicht liegen. Liegt's also am bayerisch-münchnerischen Naturell, dem ein zünftiger Biergartenbesuch bis 23.00 Uhr schon Frivolität genug ist? Gewiß – vor allem aber liegt es an der in München recht rigide gehandhabten Sperrstundenregelung. Der harte Kampf um die Sperr-

Oben: Das Park-Café vor dem großen Ansturm. Rechts: Charles Schumann mit seiner Cocktail-Crew.

stunde beschäftigt Wirte, Nachtschwärmer, müde Bürger und den Stadtrat seit Jahrzehnten. Leider nur ein Hoffnungsschimmer am Horizont der Vergnügungssüchtigen ist mittlerweile die Aussicht, daß für eine begrenzte Probezeit die Sperrstunde, außer in reinen Wohngebieten, ganz aufgehoben werden soll. Einstweilen aber muß man sich als ausgebuffter „nighthawk" mit dem begnügen, was es gibt. Und geben tut es schon einiges – aber es ist rar, teuer und mächtig „exklusiv". Denn die Sitten in Münchens „nightlife scene" sind streng wie nirgends sonst. Entweder man gehört dazu und wird vom Türsteher als guter Bekannter begrüßt oder man entspricht im Outfit genau dem Stammpublikum – trifft beides nicht zu, wird man die Münchner In-Treffs meist nur von außen kennenlernen.

In-Treffs

Seit Jahrzehnten eines der begehrtesten Nachtlokale Münchens ist das **P1** im

Haus der Kunst. Heute gehört es Michael Käfer, Sohn des Münchner Feinkost-Moguls Gerd Käfer, und ist traditionell ein Anziehungspunkt für Reiche, Prominente und ausnehmend „schöne Münchnerinnen" (oft nur auf Durchreise). Mick Jagger wurde hier schon genauso gesehen wie Boris Becker.

Am Rand des Alten Botanischen Gartens zieht Nacht für Nacht das hell erleuchtete **Park-Café** die Blicke auf sich. Die am Eingang handverlesenen Szeneleute Münchens treffen sich dort – so sie dürfen – nach Mitternacht bei ohrenbetäubender Musik.

Schon etwas früher, um 19 Uhr, öffnet das **Nachtcafé** am Maximiliansplatz seine Pforten. Bis fünf Uhr morgens (!) hat das Nachtcafé bei Live-Jazz-Musik auf, und es dient so manchem als Wartestation bis zur ersten U-Bahn. Nach einer anstrengenden Nacht kann man sich hier abschließend mit einem frühen Frühstück für den neuen Tag stärken.

Eine eigene Glitzerwelt hat Kai Wörsching geschaffen – in **Kai's Bistro** am Viktualienmarkt legt man besonderen Wert auf die verspielte Dekoration, die jahreszeitlich wechselt. In dem vom Jet-Set ausgiebig frequentierten Bistro spielt das Essen nur eine untergeordnete Rolle. Wichtiger ist das Ambiente, das auch die Prominenz sehr zu schätzen weiß.

Cocktails für Verwöhnte

Auf ihren berühmten Namen kann sich **Harry's New York Bar** in der Falkenturmstraße stützen. Nur wenige Minuten vom Hofbräuhaus entfernt, schlug bei Harry's vor vielen Jahren die Geburtsstunde der American Bar in München. Bei Klaviermusik schlürfen hier schöne Mädchen und betuchte Herren unterschiedlichen Alters ihre Drinks. Die Cocktails sind ebenso hervorragend wie bei **Schumann's**, nur einige Minuten davon entfernt in der Maximilianstraße. Charles Schumann, Ex-Barkeeper bei Harry's, hat sich nämlich vor Jahren mit seiner eigenen Bar selbständig gemacht. Vor allem Journalisten, Rechtsanwälte und Werbeleute pflegen hier ihren Stammtisch und beobachten scheinbar gelassen das nächtliche Gedrängel um die Bar.

In der Hochbrückenstraße, zwischen Hofbräuhaus und Tal, zieht die **Wunderbar** vor allem jüngere Nachtschwärmer an, die ihren Drang nach Süßem am dortigen *Kiosk Wunderbar* stillen können. Aber auch die Cocktails sind nicht übel.

Eine mexikanische Bar mit Hemingway-Touch ist **Julep's** in Haidhausen. Zwischen unverputzten Ziegelwänden werden hier im Handumdrehen 150 verschiedene Cocktails zur Auswahl gemixt.

Unbedingt erwähnenswert sind auch noch **Regina's Cocktailbar** am Maximiliansplatz, die **Havana-Bar** in der Herrnstraße und die **Madrigal-Bar** in der Maximilianstraße. Außerdem gibt es natürlich noch die Bars und Nightclubs der großen Hotels. Elegant und anspruchsvoll sind sie alle, aber nicht unbedingt typisch für das Münchner Nachtleben: die **Piano Bar** und der **Nightclub** im „Bayerischen Hof", die **Piano Bar** im „Park Hilton" und den **Vibraphon Night Club** im „Sheraton".

Wo man gewesen sein muß

An der Flaniermeile Schwabings, der Leopoldstraße, betreibt die Schauspielerin Iris Berben ihren In-Treff **Roxy**. Nachmittags schlürft man hier in der warmen Jahreszeit auf dem Bürgersteig seinen Cappucino, abends seinen Drink im kühlen und coolen Innenraum. Rosentapeten zieren die Wände des **Roses** an der Leopoldstraße, das jeden Abend proppevoll ist. In diesem Lieblingslokal des jugendlichen Geldadels kocht die Stimmung oft derart hoch, daß sogar Tische und Bänke als Tanzfläche herhalten müssen. Das **Café Reitschule**, immer von einem leichten Pferdegeruch durchweht, ist

Rechts: Lieder und Chansons bei Kerzenlicht – Münchner Nachtleben.

für viele die erste Anlaufstelle vor einer langen Nacht. Wem das Publikum nicht interessant genug ist, kann auch durch eine Glasscheibe den Reitern bei ihren Runden zuschauen. Ein In-Treff eher für junge Leute ist das **Peppermint** in der Müllerstraße, unweit des Deutschen Museums. Auf keinen Fall darf man versäumen, dort die *tacos* (mexikanische Chips) mit scharfer Sauce zu probieren.

Diskotheken

Ob Sie nun wirklich das Tanzbein schwingen oder nur „anbandeln" wollen – in einer der zahlreichen Münchner Diskotheken läßt sich beides mühelos miteinander verbinden. Versuchen Sie es doch mal z. B. in Münchens mittlerweile dienstältester Disko, dem **Crash** in der Lindwurmstraße.

Nichts für Sie? Na gut – nur wenige Schritte von einander entfernt liegen das **babalu** in der Leopoldstraße und die **babalu-Bar** in der Ainmillerstraße. Laute Musik und ausgeflipptes junges Publikum haben beide gemeinsam. Passende Musik wie Soul und Reggae bietet das **Cadillac** in der Nähe des Marienplatzes seinem vorwiegend dunkelhäutigen Publikum. Das **Charly M** am Maximiliansplatz ist seit Jahren eine beliebte Diskothek für die etwas reifere Jugend. Nur aufgestyltes Publikum hingegen ist im **Sugar Shack** in der Herzogspitalstraße willkommen, an Laufkundschaft ist man hier nicht interessiert. Gerade erst den Kinderschuhen entwachsen scheinen die Jungen und Mädchen, die sich schon frühabends am Wochenende in der **Theaterfabrik in Unterföhring** treffen. Unter der Woche gibt es in der Theaterfabrik auch gut besuchte Konzerte.

Rock und Jazz bei Wein und Bier

Viele Kneipen Münchens bieten ihren Gästen ein wechselndes musikalisches Live-Programm. Dazu gehört auch das

bekannte **Kaffee Giesing**, das vom Liedermacher Konstantin Wecker geführt wird. Jazz, Blues und Rock'n Roll ziehen hier ein bunt gemischtes Publikum an. Manchmal kostet der Kunstgenuß Eintritt, manchmal geht's auch ohne.

Ein alter Jazz-Traditionsclub Münchens hat seit kurzem wieder seine Pforten an neuer Stelle, am Oskar-von-Miller-Ring, geöffnet: das **Allotria**. Das neue Programm sieht – wie schon im alten Domizil in der Türkenstraße – jeden Tag ein neues Programm von Dixie bis Samba vor. Münchner Bands jeglicher Couleur (vorwiegend verschiedene Jazz-Richtungen) spielen in der **Unterfahrt** in der Kirchenstraße von Haidhausen. Am Sonntagvormittag um 11 Uhr ist der Jazz-Frühschoppen ein beliebter Zeitvertreib.

Südamerikanische Klänge und südamerikanisches Ambiente kann man seit neuestem im **Jambalaya** in der Herzogstraße goutieren. Um das brasilianische Flair voll auszukosten, muß man aber auch unbedingt eine der südamerikanischen Spezialitäten kosten.

Schwabinger Szene

Die alte Schwabinger Tradition der Künstlerlokale gehört leider längst der Vergangenheit an. Heute gleicht Alt-Schwabing eher einem Vergnügungsviertel mit Schnellimbissen und Touristenkneipen. Denn die Leopoldstraße wurde im Lauf der Zeit von chicen Cafés und Boutiquen erobert. Trotz allem haben so manche der alten Kneipen und Lokale überlebt und neue sind hinzu gekommen – die meisten von ihnen sind im Kapitel „Mythos Schwabing" beschrieben.

An dieser Stelle soll lediglich auf zwei Lokale in der Maxvorstadt hingewiesen werden, die beide so etwas wie Münchner Institutionen sind. Das ist zum einen das **La Bohème** in der Türkenstraße. Prominente wird man in dem ehemals linken Szenetreff kaum finden, sondern eher Schwabinger Nachtschwärmer, die sich in den Sesseln und Sofas eine Pizza, Spaghetti und viele Biere schmecken lassen. Zum anderen gibt es, schräg gegenüber, das leicht angejahrte, aber eher gemütliche **Charivari**, das sich erst dann bis zum Bersten füllt, wenn im nahegelegenen Kino „Türkendolch" die Nachtvorstellung zu Ende ist und das „Bohème" die Türen verrammelt.

Dinner um Mitternacht

Hin und wieder überkommt einen auch zu reichlich vorgerückter Stunde, nach dem fünften Cocktail oder mit wundgetanzten Fußsohlen, der große Hunger. Keine Angst – zu jeder Stunde und auch für jeden Geldbeutel findet man in München für dieses Problem eine Lösung.

Bis 6 Uhr morgens kann man sich im **La Piazetta** am Oskar-von-Miller-Ring italienischen Gaumenfreuden zu gehobenen Preisen hingeben. Auch das **Noodles** in der Maximilianstraße versorgt sein chices junges Publikum bis 3 Uhr morgens mit italienischen Delikatessen. Wesentlich billiger ist es im Schwabinger Ristorante **Adria** in der Leopoldstraße. Dort trifft man sich schon seit vielen Jahren bis 3 Uhr morgens bei einer Pizza.

Wer hingegen Bayerisch-Deftiges zu später Stunde bevorzugt, bekommt es im **Bräuhaus zur Brezn** in der Leopoldstraße ebenfalls bis 3 Uhr. Eher für Hartgesottene geeignet ist der **Mathäser Weißbierkeller** am Stachus. Bis Mitternacht und ab 3 Uhr morgens, mit einer Putzpause zwischen 7 und 8 Uhr, läßt man sich dort bei leider mäßigem bayerischen Essen das Bier schmecken – und die Musi spielt dazu.

Den nächtlichen Heißhunger auf Hamburger und Pommes Frites stillt man in der Ingolstädter Straße bei **McDonalds drive in**, der nur zwischen 5 und 6 Uhr morgens geschlossen hat. Eher zu empfehlen ist jedoch nach einer durchfeierten Nacht ein Kaffee mit Schmalznudel im **Café Frischhut** am Viktualienmarkt. Ab 5 Uhr morgens begegnen sich hier buntgemischt die Frühaufsteher des Marktgewerbes am Viktualienmarkt und ausdauernde Nachtschwärmer.

Altes Residenztheater (Cuvielliés-Theater), Residenzstr. 1, 80333 München.
Nationaltheater (Bayerische Staatsoper), Max-Joseph-Platz, 80539 München. (Wegen Renovierung bis 30.6.1993 geschlossen.)
Theater im Marstall, Marstallplatz, 80539 München. Vorverkauf für diese drei Theater: Maximilianstr. 11, Tel: 221316. Mo-Fr 10.00-13.00 und 15.30-17.30, Sa bis 12.30 Uhr.
Prinzregenten-Theater, Prinzregentenplatz 12, 81675 München.
Residenztheater, Max-Joseph-Platz 1, 80539 München, Tel: 225754. Vorverkauf, auch für das Prinzregenten-Theater, Mo-Fr 10.00-13.00 Uhr und 15.30-17.30 Uhr, Sa bis 12.30 Uhr.
Staatstheater am Gärtnerplatz, Gärtnerplatz 3, 80469 München, Tel: 2016767. Vorverkauf: Mo-Fr 10.00-13.00 und 15.30-17.30, Sa bis 12.30 geöffnet.
Münchner Kammerspiele, Maximilianstr. 26, 80539 München.
Werkraum der Münchner Kammerspiele, Hildegardstr. 1, 80539 München. Vorverkauf für beide Theater: Maximilianstr. 26, Tel: 23721-328. Mo-Fr 10.00-18.00, Sa, So bis 13.00 Uhr.
Schauburg, Theater der Jugend, Entenbachstr. 37 und im Werkraum der Kammerspiele. Vorverkauf Tel: 23721-365, Mo-Fr 9.00-17.30 Uhr, Sa ab 13.30 Uhr.
Deutsches Theater, Schwanthalerstr. 13, 80336 München, Tel: 55234360. Vorverkauf Mo-Fr 12.00-18.00 Uhr, Sa 10.00-13.30 Uhr.
Münchner Volkstheater, Brienner Str. 50, 80333 München, Tel: 5234655.
Gasteig (Black Box), Rosenheimerstr. 5, 81667 München, Tel: 480980.

Blutenburg-Theater, Kriminalbühne, Blutenburgstr. 35, 80636 München, Tel: 1234300.
Bunterhund, Occamstr. 11, 80802 München, Tel: 347289.
Theater im Fraunhofer, Fraunhoferstr. 9, 80469 München, Tel: 267850.
Theater bei Heppel & Ettlich, Kaiserstr. 67, 80801 München, Tel: 349359.
Hinterhof-Theater, Wirtshaus am Hart, Sudetendeutsche Str. 40, 80937 München, Tel: 3116039.
Theater am Hof, Leutstetten bei Starnberg, Tel: 08151/8156 oder 21581.
Gasthaus Iberl, Wilhelm-Leibl-Str. 22, 81479 München, Tel: 794214.

Theater im Karlshof, Karlstr. 43, 80333 München, Tel: 596611.

Theaterwerkstatt Kelle Riedl, Barer Straße 53, 80799 München, Tel: 2715377.

Münchner Theater für Kinder, Dachauerstr. 46, 80335 München, Tel: 595454.

Kleine Freiheit, Maximilianstr. 31, 80539 München, Tel: 221123.

Kleine Komödie im Bayerischen Hof, Passage Promenadeplatz, 80333 München, Tel: 292810.

Komödie am Max-II, Maximilianstr. 47, 80538 München, Tel: 221859.

Millionendorf-Theater, Zielstattstr. 6, 81379 München, Tel: 3508646.

Modernes Theater, Hans-Sachs-Str. 12, 80469 München, Tel: 266821.

Münchner Isar-Brettl, Neuhauserstr. 18, 80331 München, Tel: 55199257.

Münchner Lach- und Schießgesellschaft, Haimhauserstr., 80802 München, Tel: 391997. Ab 14.00 Uhr täglich Vorbestellung.

Münchner Marionettentheater, Blumenstr. 29a, 80331 München, Tel: 265712.

Münchner Rationaltheater, Hesseloherstr. 18, 80802 München, Tel: 334050.

Münchner Volkssängerbühne, Max-Emanuel-Brauerei, Adalbertstr. 33, 80799 München, Tel: 2715158.

Pasinger Fabrik, August-Exter-Straße 1, 81245 München, Tel: 8341841.

Pathos Transport, Dachauerstr. 110 d, 80335 München, Tel: 184243, tagsüber: 123557.

Peter Steiners Theaterstadl, Wieskirchstr. 2, 81539 München, Tel: 6903671, Reservierung unbedingt notwendig.

Platzl Bühne, Platzl 1, 80331 München, Tel: 237030.

ProT, Steinseestr. 2, 80337 München, Tel: 81671.

Theater rechts der Isar, Wörthstr. 7-9, 81667 München, Tel: 4482261.

Theater links der Isar, Auenstr. 19, 80469 München, Tel: 4483657.

Theater Scaramouche, Hesseloherstr. 3, 80802 München, Tel: 334555.

Teamtheater, Am Einlaß 4-5, 80469 München, Tel: 2604333.

Theater 44, Hohenzollernstr. 20, 80801 München, Tel: 3228748.

KONZERTE

Herkulessaal in der Residenz, 80333 München, Vorbestellung Tel: 220868.

Philharmonie, Carl-Orff-Saal im Gasteig, Rosenheimerstr. 5, 81667 München, Vorbestellung Tel: 48098614 oder Informationen Tel: 480980.

Blutenburg-Konzerte, Schloß Blutenburg, München-Obermenzing, Tel: 9570028 und 939933.

Aktuelle Informationen über Veranstaltungen und Spielpläne sind dem Münchner Tages- und Theaterzeitungen und dem Monatsprogramm des Fremdenverkehrsamtes München zu entnehmen.

NACHTLEBEN

Adam's City, Pacellistr. 2, 80333 München, Tel: 294455, Mo-Fr bis 6.00 Uhr. **Allotria**, Oskarvon-Miller-Ring 3, 80333 München, Tel: 285858, Mo-Do bis 2.00 Uhr, Fr, Sa bis 3.00 Uhr. **babalu**, Leopoldstr. 19, 80802 München, Tel: 399451, bis 4.00 Uhr. **babalu Bar**, Ainmillerstr. 1, 80801 München, Tel: 398464, bis 3.00 Uhr. **Cadillac**, Theklastr. 1, 80469 München, Tel: 266974, Di-So 22.00-4.00 Uhr. **Charivari**, Türkenstr. 92, 80799 München, Tel: 282832, tägl. bis 3.00 Uhr, Fr, Sa bis 4.00 Uhr. **Charly M.**, Maximiliansstr., 80333 München, Tel: 595272, 22.00-4.00 Uhr. **Club Morizz**, Klenzestr. 43, 80469 München, Tel: 2016776, bis 2.00 Uhr. **Conti-Bar**, Max-Joseph-Str. 5, 80333 München, Tel: 551570, bis 2.00 Uhr. **Harry's New York Bar**, Falkenturmstr. 9, 80331 München, Tel: 222700, Mo-Sa bis 3.00 Uhr. **Havana Club**, Herrnstr. 30, 80539 München, Tel: 291884, So-Mi bis 1.00 Uhr, Do-Sa bis 2.00 Uhr. **La Bohème**, Türkenstr. 79, 80799 München, Tel: 2720833, bis 2.00 Uhr. **La Piazetta**, Oskar-von-Miller-Ring 3, 80333 München, Tel: 282990, bis 6.00 Uhr. **Nachtcafé**, Maximiliansplatz 5, 80333 München, Tel: 595900, bis 5.00 Uhr. **Nachtwerk**, Landsbergerstr. 185, 80687 München, Tel: 5704344, bis 4.00 Uhr. **Night Club im Bayerischen Hof**, Promenadeplatz. 2, 80333 München, Tel: 2120-994, Sa, So bis 3.00 Uhr. **Noodles**, Maximilianstr. 21, 80539 München, Tel: 229295, bis 3.00 Uhr. **Park Café**, Sophienstr. 7, 80333 München, Tel: 598313, bis 4.00 Uhr. **Regina's Cocktailbar**, Maximiliansplatz 5, 80333 München, Tel: 557003, So-Mi bis 3.00 Uhr, Do-Sa bis 4.00 Uhr. **Roses**, Leopoldstr. 9, 80802 München, Tel: 392526, So-Do bis 2.00 Uhr, Fr-Sa bis 3.00 Uhr. **Schmalznudel**, Prälat-Zistl-Str. 8, 80331 München, Tel: 268237, 5.00-14.00 Uhr. **Schumann's**, Maximilianstr. 36, 80539 München, Tel: 229060, So-Fr bis 3.00 Uhr. **Sugar Shack**, Herzogspitalstr. 6, 80331 München, Tel: 263720, 23.00-4.00 Uhr. **Sunset**, Leopoldstr. 69, 80802 München, Tel: 390303, bis 4.00 Uhr. **Trader Vic's**, Promenadenplatz 2-6, 80333 München, Tel: 21200, bis 3.00 Uhr. **Vertigo**, Leopoldstr. 23, 80802 München, Tel: 343535, 22.00-3.00 Uhr. **Weintrödler**, Brienner Str. 10, Tel: 283193, bis 6.00 Uhr. **Wunderbar**, Hochbrückenstr. 3, 80331 München, Tel: 295118, bis 3.00 Uhr.

ESSENGEHEN

Daß Bier in München eine Art Grundnahrungsmittel ist, hat seine Richtigkeit – aber selbst den Münchnern steht durchaus häufig der Sinn nach „Höherem", sprich: nach (zumindest) einem Häppchen aus der reichhaltigen Palette von Gaumenfreuden, die die „nördlichste Stadt Italiens" zu bieten hat. Wo also beginnen, wenn man ausgelaugt von Stadtrundgang und Museumsbesuch eine gastronomisch halbwegs solide Rast machen möchte?

Bayerisch-Münchnerisch

...natürlich! Da gibt es z. B., gut transportabel, die fast an jeder Ecke erhältliche, vermutlich in München erfundene Leberkäs-Semmel, die ähnlich dem Weißbier mittlerweile ihren bundeswei-

Oben: Ihr jedenfalls schmeckt die bayerische Küche. Rechts: Drei-Sterne-Koch Heinz Winkler vor seinem Nobelrestaurant.

ten Siegeszug gen Norddeutschland angetreten hat. Nur sitzend genießen sollte man – soweit möglich der urbayerischen Regel entsprechend noch vor dem Mittagsläuten – den gastronomischen Klassiker Münchens, die Weißwürste mit dem süßlichen Senf dazu. Falls Sie sich gerade in einem der großen Biergärten erholen wollen, sei Ihnen empfohlen, sich einen weitaus weniger bekannten Münchner Leckerbissen zu gönnen – einen Steckerlfisch, in der Regel eine frisch vom Holzofengrill herübergereichte Makrele. Daß die Münchner ansonsten immer nur Schweinsbraten oder „Tafelspitz" mit Semmelknödel essen, ist eines der zahlreichen Klischees über diese Stadt. Gern mögen sie ihn schon, am liebsten mit Speck-Krautsalat, – aber doch nicht jeden Tag! Über die Qualität der Münchner Kartoffelknödel läßt sich ohnehin streiten. Über die spezifisch Münchnerischen Semmelknödel hingegen nicht.

Ob Ihnen nun das eine oder andere schmeckt, müssen Sie selbst herausfin-

den – Möglichkeiten entlang der touristischen „Trampelpfade" gibt es genug z. B. im behaglichen Ambiente des **Augustiner-Bräu**, im **Peterhof** (mit Direktblick zum Rathaus-Glockenspiel), etwas bajuwarisch-derber im **Weißen Bräuhaus**, oder – wieder etwas gedämpfter – im **Straubinger Hof**. Die oben genannten Lokale liegen alle im Innenstadtbereich – übrigens auch der **Bögner**, eine der ältesten Gaststätten Münchens, „altersmäßig" gleich nach der **Hundskugel** und dem **Alten Hackerhaus**. Nicht vergessen werden darf in diesem Zusammenhang natürlich der **Franziskaner** mit seiner eher bayerisch-distinguierten Atmosphäre. Das einzig vergleichbare Lokal in Schwabing ist ohne Zweifel die **Gaststätte Leopold** in der Leopoldstraße.

Le Gourmet

Aber nur weil man in München ist, muß man ja nicht immer Weißwürste, Schweinsbraten oder Lüngerl essen – beileibe nicht, denn in München gibt es „mickerige" 4000 Lokale, Gaststätten und Restaurants, die darauf warten, daß Sie sie „beehren". Fangen wir mit den „feinsten" an. Da sind zunächst die „Großen Drei" der Münchner Haute Cuisine, wovon laut Gourmet-Urteil zwei zu den besten der Welt zählen. Voilà – wie wär's (zu stolzen Preisen und für den kleinen Hunger) im **Tantris**, ehemals unter Leitung *des* deutschen Küchenchefs schlechthin, Eckart Witzigmann, derzeit aber nicht minder gut unter Regie von Heinz Winkler? Denn seit etlichen Jahren führt Witzigmann sein eigenes, qualitativ ähnlich anspruchsvolles Lokal, das **Aubergine**. Keine drei Sterne, aber dennoch eine Art gastronomische Legende Münchens sind die sorgfältig verschachtelten Räumlichkeiten beim „Feinkost-Käfer", genau gesagt: die **Käfer-Schenke**. Ach ja – da gibt's auch noch ein wegen seiner Nähe zum Messegelände renommiertes Restaurant, das bis vor kurzem den programmatischen Namen *Le Gourmet* trug, mittlerweile aber **Il Corsaro**. Das **Le Gourmet** selbst befindet sich jetzt in der

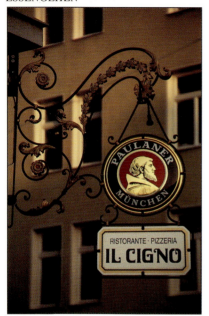

Hartmannstr. 8. Wie man hört, ist die Küche nicht schlechter, aber italienischer geworden. Ebenfalls einen guten Ruf unter Gourmets hat das Restaurant **Königshof** im Hotel Königshof (Karlsplatz).

Bei der Welt zu Gast

Als „Tor zum Süden" hat sich diese Stadt auch aus kulinarischer Sicht schon immer verstanden. So verwundert es niemanden, daß die italienische Küche schon in München Fuß faßte, als es noch nirgendwo sonst den „Italiener um die Ecke" gab, und sich seither in dieser Stadt ungebrochener Beliebtheit erfreut. Einer der „Italiener"-Treffpunkte der Schickis und Mickis ist das **Pantera Rosa** (Rosenkavalierplatz 15). Italiener sind beim Essen Puristen. Deshalb zieht sich die Rockröhre Gianna Nannini grundsätzlich ins **La Piazetta** (Oskar-von-Miller-Ring 3) zurück. Die Preise sind in bei-

Oben: Ein Tip für alle Liebhaber der italienischen Küche.

den Lokalen so hoch wie die Geschlechtertürme von San Gimignano. Ebenfalls zum „Kult-Italiener" entwickelt hat sich das **Adria** (Leopoldstr. 19). Hierher geht man allerdings erst zu späterer Stunde.

Von den spanischen Lokalen in München können aus Platzgründen nur zwei Adressen genannt werden: das **Centro Espagnol** (Daiserstr. 20) und das **La Tasca** (Mettinghstr. 2). Nicht nur wegen der ausgezeichneten spanischen Küche zu normalen Preisen (Kaninchen!) strömen die Leute dorthin, sondern auch, um die ungezwungene Atmosphäre zu genießen.

„Der Grieche" schlechthin in München ist das **Kytaro** (Innere Wiener Str. 36) mit seinem überdachten Hinterhof. Wer Lust auf *sirtaki* und gutes griechisches Essen hat, sollte sich ins **Agora** in der Lindwurmstraße begeben.

Daß französische Küche nicht unbedingt teuer sein muß, beweist **La Marmite** (Lilienstr. 8). Kostspieliger auf Französisch hingegen speist man in **Rue des Halles** (Steinstr. 18).

Oder ist Japanisches gefällig? Das **Mifune** (Ismaninger Str. 136) ist da ein gutes Beispiel. Günstiger gelegen ist das **Daitokai** in der Kurfürstenstr. 59. Und Sushis, die Hohe Schule der japanischen Kochkunst, bekommt man im lauten und schummrigen **Ballhaus** (Klenzestr. 71) oder im ruhigen und gemütlichen **Tokami** (Rablstr. 45).

Das **Co-Do** (Lothringer Str. 7) mit vietnamesischer Küche ist ebenso empfehlenswert wie das **Shida** (Klenzestr. 37) mit thailändischer Küche. Mit den „Chinesen" brauchen wir erst gar nicht anfangen – da gibt es etwa 120 mit mehr oder weniger guter Pekingente.

Wer hingegen in post-sozialistischem Ambiente schwelgen möchte, dem sei eine weltweit selten anzutreffende Rarität empfohlen: das **Gorki-Park** (Breisacherstr. 19). Hier können Sie Ihre Borschtschsuppe und Heringsfilets mit Roten Beeten unter roten Fahnen und Leninbüsten genießen.

RESTAURANTS

BAYERISCH: **Altes Hackerhaus**, Sendlinger Straße 75, 80331 München, Tel: 2605026. **Augustiner-Bräu**, Neuhauser Str. 16, 80331 München, Tel: 55199257. **Wirtshaus zum Bögner**, Tal 72, 80331 München, Tel: 2913261. **Franziskaner**, Perusastr. 5, 80333 München, Tel: 2318120. **Hundskugel**, Hotterstr. 18, 80331 München, Tel: 264272. **Königshof**, Karlsplatz 25, 80335 München, Tel: 551370. **Peterhof**, Marienplatz 22, 80331 München, Tel: 2608097. **Straubinger Hof**, Blumenstr. 5, 80331 München, Tel: 2608444, So geschlossen. **Weisses Bräuhaus**, Tal 10, 80331 München, Tel. 299875.

CHINESISCH: **Kam Lung**, Blutenburgstr. 53, 80636 München, Tel: 1291254. **Mandarin**, Ledererstr. 21, 80331 München, Tel: 226888. **Tai Tung**, Prinzregentenstr. 60, 81675 München, Tel: 471100.

FRANZÖSISCH: **La Marmite**, Lilienstr. 8, 81669 München, Tel. 482242, Sa, So geschlossen. **Rue des Halles**, Steinstr. 18, 81667 München, Tel: 485675, Sa, So geschlossen.

GOURMET-KÜCHE: **Aubergine**, Maximiliansplatz 5, 80539 München, Tel: 598171, So, Mo geschlossen. **Le Gourmet**, Hartmannstr. 8, 80333 München, Tel: 2120958, Mo geschlossen. **Käfer-Schänke**, Prinzregentenstr. 73, 81675 München, Tel: 41680, Sa, So geschlossen. **Tantris**, Johann-Fichte-Str. 7, 80805 München, Tel: 362061.

GRIECHISCH: **Agora**, Aberlestr. 1, 81371 München, Tel: 765976. **Kytaro**, Innere Wienerstr. 36, 81667 München, Tel: 4801176.

ITALIENISCH: **Adria**, Leopoldstr. 19, 80802 München, Tel: 396529. **La Piazetta**, Oskar-von-Miller-Ring 3, 80333 München, Tel: 282990, 23.00-6.00 Uhr. **Pantera Rosa**, Rosenkavalierplatz 15, 81925 München, Tel: 917132.

JAPANISCH: **Daitokai**, Kurfürstenstr. 59, Tel: 2711421, 80801 München. **Mifune**, Ismaninger Str. 136, 81675 München, Tel: 987572. **Tokami**, Rablstr. 45, 81669 München, Tel: 4489526, Sa, So geschlossen.

MEERESFRÜCHTE: **Austernkeller**, Stollbergstr. 11, 80539 München, Tel: 298787, Mo geschlossen. **Boettner**, Theatinerstr. 8, 80333 München, Tel: 221210, Sa, So geschlossen.

RUSSISCH: **Datscha Gastiniza Russka**, Paradiesstr. 8, 80538 München, Tel: 297271. **Gorki-Park**, Breisacherstr. 19, 81667 München, Tel: 4480274.

SPANISCH: **Centro Espagnol**, Daiserstr. 20, 81371 München, Tel: 763653, Mo geschlossen. **La Tasca**, Mettinghstr. 2, 80634 München, Tel: 168201, 18.00-1.00 Uhr, Mi geschlossen.

THAILÄNDISCH: **Mangostin**, Maria-Einsiedel-Str. 2, 81379 München, Tel: 7232031, drei Asien-Restaurants unter einem Dach. **Shida**, Klenzestr. 32, 80469 München, Tel: 269336.

VEGETARISCH: **Amaranth**, Steinstr. 42, 81667 München, Tel: 4487356, Reservierung erwünscht. **Buxs**, am Viktualienmarkt, Frauenstr. 9, 80469 München, Tel: 229482, So geschlossen. **Café Wildwuchs**, Leonrodstr. 19, 80634 München, Tel: 160474, Nichtraucher-Café im Werkhaus. **Gollier**, Gollierstr. 83, 80339 München, Tel: 501673, Reservierung ratsam. **Der Ignaz**, Georgenstr. 67, 80799 München, Tel: 2716093. **Jahreszeiten**, Hertie-Schmankerlgasse am Stachus, 80336 München, Tel: 594873, Geschäftsöffnungszeiten. **Jahreszeiten**, Amalienstr. 97 (an der Uni), 80799 München, Tel: 390919. **Jahreszeiten**, Sebastiansplatz 9, am Viktualienmarkt, 80331 München, Tel: 2609578. **TOFU am Isartor**, Thomas-Wimmwe-Ring 3, 80539 München, Tel: 2904135, So geschlossen. **Vitamin-Buffet**, Herzog-Wilhelm-Str. 25, 80331 München, Tel: 2607418.

VIETNAMESISCH: **Co-Do**, Lothringer Str. 7, 81667 München, Tel: 4485797.

RESTAURANTS / GASTSTÄTTEN
IN DER UMGEBUNG VON MÜNCHEN

IM NORDWESTEN: **Schloßwirtschaft Weyhern**, in der Nähe von Odelzhausen, Tel: 08134/394, im Winter Mo, Di geschlossen.

IM SÜDEN: **Gasthaus Fischmeister**, Ambach, Seeuferstr. 31, am Starnberger See, Tel: 08177/533, Mo geschlossen. **Gasthaus Fischbach**, zwischen Bad Tölz und Penzberg, Tel: 08041/4871. **Hoislbräu**, Promberg zwischen Beuerberg und Penzberg, Tel: 08856/2535, Mo, Di geschlossen, herrlicher Alpenblick. **Jägerwirt Kirchbichl**, zwischen Dietramszell und Bad Tölz, Tel: 08041/9548, Mo, Do geschl., mit Biergarten. **Klosterbräu Schäftlarn**, Am Kloster, Tel: 08178/3694, Biergarten. **Gasthof Schmuck**, Arget, Tel: 08104/1777, Mi geschl. **Gasthaus Steinbacher**, Steingau, zwischen Otterfing und Bauernrain, Tel: 08024/4249, Di, Mi geschlossen. **Waldgasthof**, in Buchenhain, südlich von Pullach, Tel: 7930124, Biergarten.

IM SÜDOSTEN: **Alter Wirt Oberpframmern**, Tel: 08093/1045, Di geschlossen. **Brauereischänke Aying**, Münchnerstr. 2, Aying, Tel: 08095/1345, So geschlossen.

IM SÜDWESTEN: **Schloßbräustüberl Seefeld**, Graf Törring Str. 1, Seefeld am Pilsensee, Tel: 08152/78922. Biergarten. **Kloster Andechs**, bei Herrsching am Ammersee, Tel: 08152/376281, Mo, Di geschlossen. Beliebtes Ausflugsziel: dunkles Bockbier auf dem Klosterberg.

MESSESTADT MÜNCHEN

Wenn Heinrich der Löwe 1157 nicht dem Bischof von Freising seinen Isar-Übergang angezündet und bei *Munichen* eine eigene Brücke erbaut hätte, um sich den Zoll der Salztransporte aus dem Salzburgischen zu sichern, wäre es wohl um den heutigen Messeplatz München schlecht bestellt gewesen. So aber entwickelte sich im Lauf der Jahrhunderte aus der einstigen Zoll- und Marktstelle ein Handelsplatz mit bedeutenden Märkten auf dem Schrannenplatz (heutiger Marienplatz) und „Dulten" in der Au und in Haidhausen – schon früh also war München Anziehungspunkt und Umschlagplatz für Bauern und Handwerker.

Gewerbliche Leistungsschauen lokalen Charakters wagte man jedoch erst nach 1800. Eine der ersten war die 1854 mit sehr großem Erfolg durchgeführte Ausstellung im „Glaspalast" – 200.000

Oben: Ein Messebesuch macht durstig.
Rechts: Das BMW-Verwaltungsgebäude.

Besucher lockte sie an. Bedeutungsvoll war auch die Ausstellung „München 1908", die auf dem neu erbauten Gelände oberhalb der Theresienwiese stattfand, dem heutigen Messegelände. Wirtschaftskrisen und Kriege hemmten jedoch die weitere Entwicklung.

War sie am Anfang noch als Allround-Messe ausgelegt, so fand nach dem 2. Weltkrieg ein Wandel zur hochwertigen Fachmesse statt. Seither wuchs die Zahl der Messen, Aussteller, Besucher und Hallenflächen unaufhaltsam. Produkte der Hochtechnologie *(Systec, Systems, Electronica, Laser),* der Konsum- und Investitionsgüterindustrie *(Interbrau, Hokumak, Ceramitek, Modewoche)* und des Handwerks bestimmen das Messegeschehen. Mit jährlich mehr als 30 Messen und Ausstellungen insgesamt gehört München heute zu den „Großen Fünf" der Messemetropolen in Deutschland.

Caravan und Boot, für die Reiselustigen und Freizeitkapitäne, sowie *Heim und Handwerk,* das Eldorado für Bastler und Hausverschönerer gehören zu den absoluten „Rennern" beim „gewöhnlichen" Messevolk (viele Messen sind nur Fachbesuchern vorbehalten). Profis und fortgeschrittene Heimwerker treffen sich regelmäßig im Frühjahr, wenn das Handwerk zu „seiner" Messe ruft.

Neben dem unschätzbaren Image-Effekt für die Stadt ist die „Messe München" ein nicht wegzudenkender Faktor für die wirtschaftliche Entwicklung der Landeshauptstadt und ganz Bayerns. Doch mit dem Erfolg kamen auch die Probleme. Das Messegelände – inmitten der Stadt gelegen – kann nicht weiter mitwachsen. Wartelisten für Aussteller, räumliche Enge, übervoller Veranstaltungskalender und eine damit verbundene Abwanderungsgefahr sind das Ergebnis. Doch eine Lösung ist bereits gefunden: Die „Messe München" wird in einigen Jahren auf dem Gelände des alten Flughafens in Riem ihren neuen Standort finden.

ISAR-VALLEY

In den letzten 40 Jahren konnte sich München einschließlich seiner näheren Umgebung zu einem bedeutenden Wirtschaftzentrum der High-Tech-Industrie, vor allem der Mikroelektronik, entwickeln. Hierzu trugen auch die Olympischen Spiele 1972 bei, die viele infrastrukturelle Verbesserungen hinterließen.

Ein weiterer wesentlicher Faktor für eine günstige Entwicklung war der hohe Freizeitwert, den das „Isar-Valley" den Spezialisten, die anfangs nur im berühmten „Silicon-Valley" bei Los Angeles zu finden waren, bieten konnte – Skiing im Winter in den nahen Alpen, eine nur hier so lebendige Biergarten-Atmophäre, die Seen der Voralpenlandschaft zum Baden, Segeln und Surfen im Sommer und ein reiches Kulturangebot.

Als sich die Siemens AG entschloß, in die Elektronik einzusteigen und ihr Forschungszentrum in Neu-Perlach errichtete, hatte dieser Schritt eine enorme Sogwirkung auch auf andere High-Tech-Unternehmen dieser Industrie-Sparte. Nahezu alle international bedeutenden Großunternehmen haben heute im Großraum München Fertigungsanlagen oder sind mit Niederlassungen vertreten.

Schon lange mischt die in Ottobrunn ansässige Firma Messerschmitt-Bölkow-Bloom (MBB) international in der Luft und Raumfahrt mit, sei es beim *Airbus,* bei der *Ariane,* bei Luft-Boden-Raketen, Hubschraubern oder beim *Tornado.* Krauss-Maffei produziert neben Lokomotiven, Maschinen, Fahrzeugen auch Rüstungsgüter wie den Jagdpanzer *Leopard* und Flugabwehrraketen, MTU die dazupassenden Panzermotore; Siemens wiederum ist für die dazugehörige Radar-Elektronik zuständig.

Eines der größten Chemie-Unternehmen Bayerns, die Wacker GmbH, ist mit einem imposanten Verwaltungsbau in Neuperlach präsent. Der Fahrzeugbau nimmt – an der Zahl der Beschäftigten

gemessen – nach der elektrotechnischen Industrie (Siemens) den zweiten Rang ein. Die Produktpalette von MAN reicht inzwischen weit über den reinen LKW-Bau hinaus. Für weiß-blaue „Fahrkultur" steht der Name BMW, deren Verwaltungsbau, einem Vierzylinder nachempfunden, zu den besonders markanten Gebäuden Münchens zählt.

Mit dem Max-Planck-Institut für Plasmaphysik, dem Forschungszentrum für Umwelt und Gesundheit und der Deutschen Forschungsgesellschaft für Luft- und Raumfahrt sind gleich drei Großforschungsanlagen in München tätig. Über 500 Kongresse pro Jahr zeugen von regem wissenschaftlichem Meinungsaustausch. Deutsches- und Europäisches Patentamt, Bundespatentgericht, sowie weitere einschlägige Institute haben hier ihren Sitz und unterstreichen so die Bedeutung Münchens als einem führenden Forschungs- und Technologie-Standort. Die beiden Universitäten und das Technologie-Zentrum sorgen zudem ständig für High-Tech-Nachwuchs.

SKIFAHREN

neuester Lift-Trassen im hintersten Tal, das Skifieber und die Skigymnastik – kurz, ein winterliches Lebensgefühl, das wie von einem Virus ausgelöst Anfang November beginnt, an Weihnachten anschwillt wie ein Kropf, bis in die Faschingszeit virulent bleibt und erst gegen Ostern hin langsam abklingt. Eine wahre Epidemie dieses winterlichen Lebensgefühls schüttelt die ganze Stadt, von der es oft nur eine Stunde bis zum ersten Schneehang ist. So schnell sind nämlich die Münchner in Lenggries, in Garmisch, am Spitzingsee oder am Sudelfeld. Das sind nur die wichtigsten stadtnahen Gebiete, die Hausberge sozusagen, wo sich heute Freiluft-Schneebars, Selbstbedienungscafés („Apfelstrudelhöhlen") und Fünf-Uhr-Tee-Diskos aneinanderreihen. Längst ist natürlich aus den Münchner Skifahrern Jetsetter geworden, die sich in den Dolomiten, am Arlberg, und in St. Moritz ebenso gut auskennen wie in „ihren" Heimatbergen.

Nicht der unvermeidliche Stau auf der Hin- und Rückfahrt, und nicht die Warteschlange an Lift und Seilbahn schrecken Münchner Skifans ab. Der Rausch der Brettl-Begeisterung scheint um so schöner zu sein, je voller die Pisten und Gipfellokale besetzt sind.

An dunklen Wintertagen morgens um sechs Uhr hört man am Bahnhof und auf Busparkplätzen großer Münchner Sportgeschäfte ein nagelndes und klapperndes Geräusch: die Tages-Skifahrer mit ihren klobigen Plastikskischuhen. Angekommen in der gleißenden Wintersonne, entpuppen sich diese schläfrigen Ski-Jünger zu bunten Winterschmetterlingen: Keine Farbe, kein Stoff, kein Gürtel, keine Brille, die nicht irisiert, blitzt, funkelt, leuchtet und blendet. Das einzig noch sichtbare Weiß ist oft nur noch am Gipfel zu erspähen. Da stehen sie dann am Lift: bunt wie eine schier endlose Perlenschnur, Zentimeter um Zentimeter sich vorwärts kämpfend, stundenlang wartend auf das minutenkurze Glück der Abfahrt.

SKIFAHREN

Früher, als alles noch anders war, erkannte man den Münchner auch daran, daß er Ski fuhr oder „in die Berg geht", wie man hier sagt. Der Münchner nahm seine „Brettln", seine „Spezln" und seinen Rucksack, begab sich zum Holzkirchner Bahnhof und fuhr zum Wallberg, zur Sutten oder zum Kreuzeck, stieg einen halben Tag den Hang hinauf, machte dort seine Brotzeit und fuhr dann den Berg, den er morgens schwitzend erklommen hatte, müde, aber dennoch vergnüglich wieder hinunter.

Aber heute ist alles anders, weil der Münchner inzwischen „seine" Berge mit Hunderttausenden von „Flachländern" teilen muß. Denn alle tun es, oder glauben, es tun zu müssen: Skifahren und alles, was dazugehört – die winterliche Jet-Set-Mode, die braune Haut, die Kenntnis

Oben: Nach stundenlangem Warten an der Liftstation geht's hinab ins Tal. Rechts: Föhnwetter zur Wies'n-Zeit.

FÖHN

An manchen Tagen ist der Himmel über München von klarem Blau und nur von vereinzelten Wolkenfetzen, die an den Rändern leicht ausgefranst sind, wie mit einem leichten Schleier überzogen. Die Temperaturen klettern an solchen Tagen selbst im Winter auf frühlingshafte Grade und die Berge scheinen direkt vor den Stadttoren auf ihre Besteigung zu warten – die klare Luft beschert eine schier überwältigende Fernsicht. Jeder andere würde sich ein solches Traumwetter wünschen. Der Münchner jedoch „grantelt" – der Taxifahrer sieht sich von lauter Deppen umgeben, denen sogleich der Führerschein entzogen werden sollte; die Sekretärin verschüttet den Kaffee auf dem Schreibtisch ihres Chefs: „Entschuldigung, ich weiß auch nicht, wahrscheinlich ist wieder Föhn!"; die Schüler versinken in tiefes Brüten und Abwesenheit: „O mei, wer soll sich das denn alles merken, wo doch heute Föhn ist!"

Die ganze Stadt leidet. Die Fremden, weil sie ihn nicht, und die Ureinwohner weil sie ihn zu gut kennen: den Föhn. Meteorologisch gesehen ist es ein Fallwind, der von Italien die Alpenhänge hochkriecht, dabei abkühlt und sich dann abregnet. Hat er den Kamm erreicht, stürzt er sich als trockener Fallwind nach Norden. Dabei erwärmt er sich pro 100 Meter Gefälle um 1° Celsius. In München angekommen, wirbelt er dann das Wetter, den Kreislauf und die Psyche durcheinander. Das Ganze hält meist ein bis drei Tage an.

Alle, die ehrlich genug sind und sich als Nichtleidende zu erkennen geben, eilen dann in die Berge. Dort herrscht an solchen Tagen nämlich eine Fernsicht von bis zu über 100 Kilometern.

Jeder, der in einem der wenigen Hochhäuser Münchens ganz oben arbeitet, wird heftigst beneidet um diesen Blick, der aus München ein zweites Innsbruck macht. In manchen Biergärten werden an

Föhntagen selbst im Winter die Schenken geöffnet, die Bänke abgewischt und die Maß Bier als Geschenk des so überaus gütigen Allmächtigen genossen.

Der Föhn ist Münchens „Zuckerl", gibt der Stadt etwas Unvergleichliches, Nirwana-Nahes. Die ganze Stadt begibt sich in einen Zustand der Nichtverantwortung für alles, was schiefgeht. Ausgelassenheit und Depression reichen sich verständnisvoll die Hand. Der Föhn muß für alles, was so ein Tag bringt, die Verantwortung übernehmen. „Heut' ist Föhn!" heißt soviel wie: „Was kann ich denn dafür!" Alle sind ihm vermeintlich hilflos ausgeliefert, selbst der Oberbürgermeister ist nicht für Entscheidungen verantwortlich zu machen, die er an einem Föhntag trifft. Und wenn sich am Abend der Himmel über München so rot verfärbt, daß die ganze Stadt zu brennen scheint, die Alpen glühen, als ob sie aus brennendem Koks bestünden, dann legt sich der Münchner des Nachts in seine Federn, seufzt erleichtert und träumt wieder vom nächsten schlimmen Föhn.

WITTELSBACHER UND FUGGER

München ist mehr als München – zu München gehört auch eine Fülle von Sehenswürdigkeiten und Ausflugszielen, die allesamt mühelos während eines Tagesausflugs zu bewältigen sind.

Als ersten Anlaufpunkt schlagen wir die Schloßanlage von **Schleißheim** nordwestlich von München (12 km) vor. Hier stehen gleich drei Schlösser der Wittelsbacher. Hinter der rekonstruierten Fassade des **Alten Schlosses**, das ursprünglich in der damaligen Weltabgeschiedenheit des Dachauer Mooses von Wilhelm V. als Alterssitz erbaut wurde und im 2. Weltkrieg bis auf die Grundmauern zerstört wurde, verstecken sich heute Ausstellungsräume des Bayerischen Nationalmuseums, darunter das **Krippenmuseum**. Gegenüber erstreckt sich die Barockfassade des **Neuen Schlosses**, das

Vorherige Seiten: Schloß Neuschwanstein.
Oben: Die Schloßanlage in Schleißheim.
Rechts: Perlachturm und Rathaus.

sich Kurfürst Maximilian II. Emanuel als Sommerresidenz errichten ließ, und das oft das „Münchner Versailles" genannt wird. Hier finden alljährlich die *Schleißheimer Sommerkonzerte* statt. Den Endpunkt des 1 km langen Parks bildet das Schlößchen **Lustheim**, in dem ein Porzellanmuseum untergebracht ist.

Dachau

Weltweit steht der Name „Dachau" (17 km nördlich von München) leider nur als Synonym für das nationalsozialistische Terror-Regime. Tausende besichtigen alljährlich die KZ-Gedenkstätte am Rand der Stadt, würdigen aber die restaurierte Altstadt-Idylle unterhalb des Schloßberges keines Blickes. Von der ursprünglichen, vierflügeligen Renaissance-Anlage des **Schlosses** selbst, die Wittelsbacher Herzöge wie Wilhelm IV. und Albrecht V. in Auftrag gaben und die Max Emanuel I. 1715 zu einem barocken Prachtbau umgestalten ließ, existiert nur noch ein bescheidener Rest: Zu den außergewöhnlichen Sehenswürdigkeiten zählt das prunkvoll gestaltete Treppenhaus hinauf zum Festsaal mit seiner Holz-Kassettendecke im Renaissancestil.

Die **KZ-Gedenkstätte** liegt am Rand der Stadt. Hinter Wachttürmen und hohen Mauern wird noch heute, ein halbes Jahrhundert danach, das Grauen des Nationalsozialismus fast körperlich spürbar. Neben Lagerstraße, Baracke und Krematorium ist vor allem das Museum im ehemaligen Wirtschaftsgebäude sehenswert, das erschütterndes Material über die Greuel der Nazis zeigt.

Augsburg

Von Dachau ist es nicht mehr weit zur Fugger-Stadt **Augsburg**, der drittgrößten Stadt Bayerns. Ihre Gründungsgeschichte beruft sich auf die Römer, die an dieser Stelle um 15 v. Chr. ein Heerlager anlegten – was Augsburg zu einer der ältesten deutschen Städte macht. Die baulichen Insignien klerikaler und profaner Macht während der Augsburger Geschichte stehen entlang der **Maximilianstraße**, die im Norden von der dreischiffigen Pfeiler-Basilika des Doms und an ihrem Südende von der Ulrichskirche begrenzt wird. Zu den Kunstwerken ersten Ranges im romanischen Dom **St. Maria** mit seinem gotischen Chorbau zählen das Südportal und die eindrucksvollen *Prophetenfenster*. Die Grabmonumente an der *Römermauer* erinnern an die Ursprünge der Stadt; relativ unscheinbar wirkt die Gedenktafel für den „Augsburger Religionsfrieden" von 1555, der den Bürgern der Freien Reichsstädte Konfessionsfreiheit zusicherte. Noch heute haben deshalb die Augsburger einen zusätzlichen Feiertag, das Friedensfest am 8. August.

Den Schlußakzent in Augsburgs „guter Stube", der Maximilianstraße, bildet das protestantisch-katholische Kirchen-Ensemble von **St. Ulrich und Afra**. Die kleinere – heute evangelische – Kirche entstand über dem Grab der 304 gestor-

benen Märtyrerin Afra. Der größere – katholische – spätgotische Kirchenbau mit Renaissance-Ausstattung birgt in seiner Krypta die Gebeine des Stadtheiligen Ulrich, der mit seinem Heer 955 auf dem Lechfeld die Hunnen besiegte.

Das Zentrum der alten Kaufmannsstadt liegt rund um die romanische Kirche **St. Peter** mit dem **Perlachturm**, für dessen Zwiebelhaube Elias Holl (1573-1646) verantwortlich zeichnet. Diesem Wahrzeichen der Stadt unmittelbar benachbart ist der mächtige Renaissancebau des **Rathauses** („Goldener Saal" im Obergeschoß), der seinerseits von zwei Zwiebeltürmen gekrönt wird. Der **Augustus-Brunnen** vor dem Rathaus sowie der **Merkur-** und **Herkules-Brunnen** – beide in der Maximilianstraße – vervollständigen den repräsentativen Eindruck des Straßenzuges. Zehn Gehminuten von hier befindet sich die **Fuggerei**, wo 1516-19 der Kaufmann und Bankier Jacob Fugger 53 Reihenhäuschen für bedürftige Stadtbewohner bauen ließ – die erste Sozialsiedlung der Welt.

DAS FÜNF-SEEN-LAND

In den großformatigen Wanderkarten, auf denen die Ortschaften Inning, Weßling und Starnberg im Norden, Schondorf, Utting und Dießen im Westen, Weilheim, Iffeldorf und Penzberg im Süden, Ambach, Ammerland und Berg im Osten abgebildet sind, sehen sie aus wie zwei große blaue Nieren, zwischen denen verstreut drei blitzende Zyklopenaugen liegen: Münchens fünf Voralpenseen. Ammersee und Starnberger See, Pilsensee, Wörthsee und Weßlinger See heißen sie, an die sich am südlichen Rand des Starnberger Sees noch milchstraßenähnlich weitere Wassernischen, Weiher und mit Süßwasser aufgefüllte ehemalige Gletscheraugen anschließen, die Osterseen. 21 sind es insgesamt, und alle zusammen bestimmen eine rundum hinreißend schöne Voralpen-Landschaft.

Oben: Windsurfen auf dem Starnberger
See, im Hintergrund das Karwendelgebirge.
Rechts: Auf dem Weg zum „heiligen Berg".

Der Ort **Starnberg** selbst, früher ob seiner Schönheit berühmt, ist heute häßlich und laut. Der Reichtum hat ihn zerstört. Nirgendwo sonst gibt es mehr Millionäre in Deutschland, bezogen auf die Einwohnerzahl. Manager aus Industrie und Wirtschaft sowie Stars von Film, Funk und Fernsehen bezahlen jeden Preis für eines der raren Seegrundstücke.

Der Ort selbst bietet außer der gepflegten Uferpromenade inklusive einem mittlerweile weit verzweigten Yachthafen und der kleinen Pfarrkirche St. Joseph auf einer Anhöhe oberhalb von Starnberg (Treppenweg) mit dem herrlichen Hochaltar von Ignaz Günther keine nennenswerten Sehenswürdigkeiten. Falls man nicht sonderlich interessiert ist an den „beautiful people" im etwas mondänen Undosa-Bad, setzt man sich am besten gleich auf einen der Ausflugsdampfer (Anlegesteg gleich hinter dem Bahnhof). Lohnend sind eventuelle Unterbrechungen der Fahrt inklusive kurzer Spaziergänge. Da bietet sich z. B. gleich das nahegelegene **Berg** an. Hier wurde der

Dichter Oskar Maria Graf geboren, der in seinem Roman *Das Leben meiner Mutter* dieser Landschaft ein literarisches Denkmal gesetzt hat.

Weitaus bekannter wurde der Ort jedoch im Zusammenhang mit dem bis heute nicht geklärten Tod des „unglücklichen" Märchenkönigs Ludwig II. Am 13. Juni 1886 wurden er und sein Arzt Prof. von Gudden an jener Stelle aus dem See geborgen, die heute durch ein großes Kreuz markiert ist. Alljährlich treffen sich am Todestag des Königs seine Anhänger zu einem Gedenkgottesdienst in der nahegelegenen **Votivkapelle**.

Von hier aus empfiehlt sich ein Spaziergang am Seeufer entlang über **Leoni** und vorbei am **Schloß Allmannshausen** bis nach **Ammerland**, wo die Türme des **Pocci-Schlößl** auftauchen. Sein Erbauer war der gleichnamige Graf, der den Kindern den Kasperl Larifari geschenkt hat.

Falls Sie noch nicht müde sind, können Sie bis nach **Ambach** weiterwandern, wo direkt am See eine schöne alte Bauernwirtschaft liegt, deren Speisekarte allerdings längst der Großstadt-Cuisine angepaßt ist. Wenn der Biergarten zu voll ist, können Sie hier wieder auf den Ausflugsdampfer steigen, der Sie über **Seeshaupt** (am Südzipfel des Sees) nach **Bernried** am Westufer bringt, wo schon von weitem der mächtige Bau des ehemaligen Augustiner-Stiftes und die knorrigen Buchen und Eichen des malerischen Parks sichtbar sind.

Von dort geht die Fahrt weiter nach **Tutzing**, bekannt als Sitz der dort ansässigen Evangelischen Akademie. Hier können Sie einen Ausflug machen zur **Ilka-Höhe**, mit 728 m die höchste Erhebung am See selbst, von der aus man einen herrlichen Blick auf den See und die nahegelegenen Alpen genießen kann. Wenn Sie dann wieder an der Uferpromenade stehen, erleben Sie vielleicht einen der faszinierenden Sonnenuntergänge, wo Berge und Wasser in orangefarbener Glut zu verschmelzen scheinen.

Falls Sie nicht so lange warten wollen, besteigen Sie am besten wieder den Ausflugsdampfer nach **Feldafing**, mit seiner

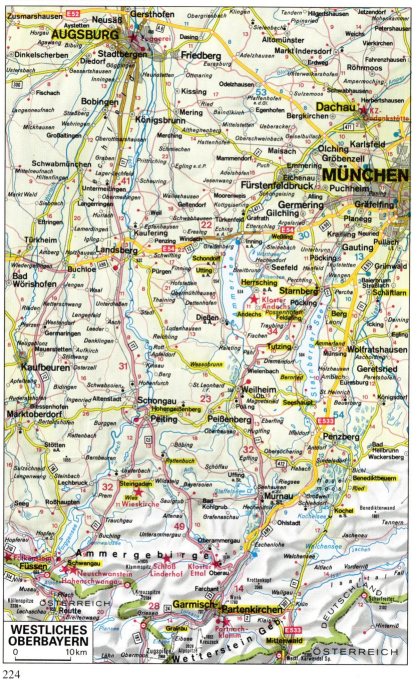

WESTLICHES
OBERBAYERN

0   10km

dem Ufer vorgelagerten **Roseninsel**, wo Max II., der Vater des „Märchenkönigs", sich ein Schlößchen bauen und 15.000 Rosen anpflanzen ließ. Kein Wunder, daß es nicht nur seinen Sohn, sondern auch dessen schöne Cousine, die spätere Kaiserin „Sissy" immer wieder nach Feldafing und ins nahegelegene **Possenhofen** (heute ein Segler-Dorado) gezogen hat. Im 1536 erbauten Schloß von Possenhofen verbrachte „Sissy" ihre Kindheit. Im heute zur Nobelherberge für die Superreichen umgebauten ehemaligen Gasthof an der Tutzinger Straße verbrachte sie alljährlich ihre Sommerferien, die sie nutzte, um sich zu vertraulichen Gesprächen mit Ludwig II. zu treffen.

Ammersee

Der Ammersee ist ruhiger, ländlicher, weniger aufgeputzt, einfach bäuerlicher. In den Ortschaften rund um den See, mit Ausnahme von Herrsching am Ostufer, sieht man noch zahlreiche Traktoren, Bauernhöfe und einfache Gasthöfe. Am besten, Sie fahren mit der S-Bahn nach **Herrsching**, der „Metropole" des Ammersees, mit seiner kurzen, aber hübschen Uferpromenade und seinem „Seeschlößchen". In Herrsching können Sie wieder eines der Ausflugsschiffe besteigen und nach Dießen am gegenüberliegenden Ufer fahren. Dessen Hauptstraße führt direkt hinauf zur Stiftskirche **St. Maria**, einem wahren Rokoko-Juwel.

Von hier können Sie anschließend übersetzen nach **Utting**. Dort lohnt sich ein kleiner Rundgang, da sich der Ort seine Architektur und seinen Charme weitgehend erhalten hat. Entlang des Westufers führt ein wunderschöner Wanderweg durch Bäume und Büsche, die immer wieder den Blick auf den See freigeben, vorbei an alten Villen, deren Ruhe und Beschaulichkeit sich auf einen selbst zu übertragen scheint.

In **Schondorf** sollten Sie sich die romanische Kapelle St. Jakob anschauen,

bevor Sie zurück nach Herrsching fahren, um noch den obligatorischen Ausflug zum „heiligen Berg" machen zu können, auf dem das **Kloster Andechs** steht, der älteste Wallfahrtsort Bayerns. Die Benediktiner beten und brauen hier schon seit Anfang des 15. Jahrhunderts und hüten den Reliquienschatz aus der Zeit der Kreuzzüge. Die früher spätgotische, dann von Johann Baptist Zimmermann im Barockstil umgestaltete Kirche Mariä Verkündigung gehört zu den meistbesuchten Wallfahrtskirchen Deutschlands. Die Beliebtheit des „heiligen Berges" ist aber auch auf das süffige Bier zurückzuführen, das die Mönche dort brauen und immer noch im Biergarten reichlich genossen wird. Wallfahren macht eben durstig!

Die anderen Seen

Vom Bahnhof Steinebach an der S5 aus gehen Sie nur zehn Minuten bis zum wunderschönen **Wörthsee** hinüber. Sein Wasser ist samtweich, grün schimmernd und erstaunlich sauber. Nur Windsurfer fallen von ihren Brettern, während Sie – mit Kühlem versorgt – im Ruderboot in die Sonne blinzeln. Wer lieber festen Boden unter den Füßen hat, dem sei die große Liegewiese am westlichen Ufer empfohlen, die man sich aber am Wochenende mit vielen anderen teilen muß.

Noch ruhiger und familiärer sind der **Pilsensee** und der **Weßlinger See**. Der erste liegt kurz vor Herrsching und ist am einen Ende ziemlich verschilft; der andere, sehr idyllisch gelegen, mit Restaurant und Café direkt am Ufer, wird mittlerweile schon künstlich „beatmet", weil den Fischen der Sauerstoff fehlt. Eigentlich ist es ein großer Weiher, an dessen Ufer sich beschaulich Kaffee trinken läßt.

Besonders schön sind die **Osterseen** südlich von Seeshaupt. Das ganze Gebiet steht unter Landschaftsschutz und Baden ist nur an wenigen Stellen möglich. Dafür läßt es sich aber in Ruhe und Beschaulichkeit um die Moorseen wandern.

KLÖSTER, SCHLÖSSER, BERGE

Im Pfaffenwinkel

Südlich des Fünf-Seen-Landes beginnt hügelig-wellig der westliche Teil des bayerischen Voralpenlandes. Hier gibt es eine ganze Reihe teilweise weltberühmter Sehenswürdigkeiten zu entdecken – von der Wieskirche bis Neuschwanstein. Wie wäre es also mit einem Wochenendausflug, um den Reiz der Landschaft und der zahllosen Kirchen, Klöster und Schlösser in Ruhe genießen zu können?

Am besten, Sie fahren über Starnberg direkt bis **Weilheim** und sehen sich dieses hübsche Städtchen an. Nicht nur seine Altstadt hinter einer größtenteils erhaltenen Stadtmauer mit der **Mariensäule** und dem **Stadtbrunnen** ist sehenswert, lohnend ist auch ein Besuch im **Pfaffenwinkel-Museum** – dort ist die Geschichte der im Volksmund „Pfaffenwinkel" ge-

Links: In Schloß Linderhof. Oben: Das Kuppelfresko in der Wieskirche.

nannten Region zwischen den Flüssen Lech, Ammer und Loisach dokumentiert. Der Pfaffenwinkel selbst ist – Gottseidank – bisher vom Massentourismus verschont geblieben. Die Weltsehenswürdigkeit Wieskirche ist zwar vielen bekannt, aber wer weiß schon, daß sie nur eine von 21 Kirchen und zwölf Klöstern der Gegend ist, deren Innenräume zum Schönsten gehört, was das Rokoko hervorgebracht hat? Auftraggeber all dieser Heerscharen pausbäckiger Putten und posauneblasender Engel in festlich stukkierten Räumen waren im 18. Jh. jene „Pfaffen", wie die geistlichen Herren geringschätzig vom Volk genannt wurden. Im 18. Jh. kümmerten sie sich nämlich weniger um das Seelenheil der ihnen anvertrauten Menschen, sondern mehr um Wissenschaften wie z. B. die Astrologie; andererseits traten sie als Förderer der Künste hervor, einem Faible, das zum wirtschaftlichen Ruin so manchen Klosters führte. Hier im Pfaffenwinkel, vor allem in Wessobrunn, waren deshalb einst die berühmtesten Baumeister und

Stukkatoren zu Hause, die, von den europäischen Fürsten mit Aufträgen eingedeckt wurden.

Rund 11 km nordwestlich von Weilheim liegt die Abtei von **Wessobrunn**, gegründet im Jahr 753 und später eines der mächtigsten Klöster Bayerns. Im Rahmen einer Führung wird der pompös gestaltete Gästeflügel des ehemaligen Benediktinerklosters und der Tassilo-Saal gezeigt. Bekannt wurde Wessobrunn auch als Fundort des ältesten deutschen Sprachdenkmals, dem *Wessobrunner Gebet*, das die Schöpfungsgeschichte in „bairischer" Mundart wiedergibt. Der Text ist auf dem Findling gegenüber dem Kloster nachzulesen.

Ein überschwengliches Beispiel der Rokoko-Baukunst findet sich in der „Gnadenkapelle" auf dem **Hohenpeißenberg** südwestlich von Weilheim. Der Stukkateur Josef Schmuzer, der Bildhau-

er Franz Xaver Schmädl und der Maler Matthäus Günther schufen hier einen wahren Rausch von Formen und Farben. Die Augustiner-Chorherren des nahen Rottenbuch gründeten auf dem 988 m hohen Berg schon 1781 ein Observatorium. Heute ragen dort die Peilantennen des Deutschen Wetterdienstes in den Himmel. Von hier aus bietet sich ein herrlicher Rundblick auf die umliegende Landschaft mit ihren elf kleinen Seen.

Im lichten Innenraum der Klosterkirche von **Rottenbuch** (südwestlich des Ortes Peißenberg) wird man von weiteren Heerscharen posauneblasender und pausbäckiger Engel empfangen. Hier waren dieselben Künstler wie in Hohenpeißenberg am Werk.

Direkt vor der **Echelsbacher Brücke** – von der aus sich ein phantastischer Ausblick hinab in die 130 m tiefe Ammerschlucht bietet – weisen die Schilder hinüber zur Wieskirche und dem nahen **Steingaden** mit seiner romanischen Prämonstratenserabtei und dem Welfenmünster St. Johannes Baptist, dessen Innenraum entsprechend dem damaligen Zeitgeschmack von den Künstlern der Wessobrunner Schule im Stil des Rokoko umgestaltet wurde.

Nach langen Jahren der Restauration ist die „Wallfahrtskirche zum Gegeißelten Heiland" wieder ohne Gerüste zu besichtigen. Wegen ihrer wunderschönen Lage aber hat sich inzwischen überall der Name **Wieskirche** eingebürgert, und selbst auf den Landkarten wird dieses Wunderwerk deutscher Rokokokunst nur als „Wieskirche" verzeichnet. Die von außen eher unscheinbar anmutende Kirche wurde vom Baumeister Dominikus Zimmermann 1745 im Auftrag des Steingadener Klosters begonnen.

Die Königsschlösser

Von der „Wies" sind es nur noch wenige Autominuten bis nach **Füssen**, in unmittelbarer Nähe der österreichischen

Oben: Der romanische Kreuzgang im Kloster Steingaden. Rechts: Panoramablick auf Neuschwanstein und Hohenschwangau.

Grenze gelegen und Endpunkt der Romantischen Straße. Schon zur Römerzeit war *Foetibus,* wie der Ort damals hieß, ein kleiner Garnisonsposten an der viel befahrenen *Via Claudia Appia.* Das heutige Stadtbild wird von einer mittelalterlichen Wehranlage, dem **Hohen Schloß,** beherrscht. Am Schloßberg liegt die ehemalige Benediktinerklosterkirche St. Mang. Sehenswert ist auch die über und über mit Lüftlmalereien bedeckte Fassade der Spitalkirche unten am Lech. Für die meisten ist Füssen jedoch nur Ausgangspunkt zu den „Königsschlössern".

Schon zur Stauferzeit standen in der um den **Bannwaldsee** gelegenen Region drei Burgen. 1832 ließ sich Maximilian II. auf einer der Bergkuppen im englischen Tudor-Stil eine Sommerresidenz erbauen, deren Wände nach Entwürfen von Moritz von Schwind die Gestalten der deutschen Heldensagen bevölkerten – Schloß **Hohenschwangau.** Sein Sohn, Ludwig II., der „Märchenkönig", verbrachte in dieser eher düsteren Atmosphäre einen Großteil seiner Jugend und

ließ sich dann, selbst zur Macht gekommen, ab 1869 genau gegenüber eine neuromantische Burganlage mit all ihren Zinnen und Türmchen nach den Entwürfen des Theatermalers Christian Jank erbauen, die einem von Grimms Märchen entsprungen scheint und 17 Jahre bis zu ihrer Vollendung benötigte – das berühmte **Neuschwanstein.** Millionen aus aller Welt fahren oder steigen heute alljährlich den breiten Ziehweg hinauf. Tausende drängeln sich täglich in Gruppen unterteilt durch den prunkvollen Thron- und den Sängersaal sowie die Privaträume des Königs, der dieses Schloß als eine Hommage an den verehrten Richard Wagner verstanden wissen wollte.

Die Pläne zum anderen Schloß des „Märchenkönigs", dem Neo-Rokokoschlößchen **Linderhof** im idyllischen Graswangtal, stammen von Georg Dollmann, in dessen Händen zwischen 1870 und 1879 die Bauaufsicht lag. In seine kleinen, mit überladenem Prunk ausgestatteten Räume flüchtete sich Ludwig II. immer wieder, wenn er des Getriebes in

der Residenzstadt München überdrüssig war. Hier, wie auch in Neuschwanstein, ließ er sich seine einsamen Mahlzeiten auf einem versenkbaren „Tischleindeck-dich" servieren. Im 50 ha großen Park sind die künstlich angelegte Venus-Grotte, der Maurische Kiosk und die Jagdhütte „Hundinghaus" zu besichtigen.

Majestätische Bergwelt

Sagt man **Oberammergau**, denken die meisten an die Passionsspiele, die aber nur alle zehn Jahre (die nächsten im Jahr 2000) stattfinden. Zu den Sehenswürdigkeiten in diesem sehr städtisch wirkenden Dorf zählen neben der Pfarrkirche nach Plänen des Wessobrunner Baumeisters J. Schmuzer mit Stuckarbeiten seines Sohnes Franz Xaver und herrlichen Fresken von M. Günther die große Krippensamm-

Oben: Hochbetrieb herrscht selbst bei Sommerwetter auf der Zugspitze, dem höchsten Berg Deutschlands. Rechts: Der schönste Kirchturm Oberbayerns in Mittenwald.

lung des Heimatmuseums und vor allem die prächtigen Lüftlmalereien (z. B. am Pilatushaus) entlang der Straßen.

Als eine Art bayerischer „Gralstempel" wird die zwölfeckige Benediktiner-Klosterkirche im 5 km entfernten **Ettal** bezeichnet. Eine kleine Madonnenstatue, die Kaiser Ludwig der Bayer 1330 von seinem Feldzug nach Rom mitbrachte, machte die Kirche in der Nähe der großen Handelsstraße von Innsbruck nach Augsburg zu einer wichtigen Wallfahrtsstätte.

Garmisch-Partenkirchen bestand bis zu den Olympischen Winterspielen 1936 aus zwei eigenständigen Gemeinden, deren gewachsene und gemütliche Dorfmittelpunkte sich um die jeweilige Kirche gruppierten. Heute ist es einer der wichtigsten Wintersportorte Deutschlands. Die Wank-, Alpspitz- und Zugspitzbahn erschließen ein El Dorado des Weißen Sportes, und in den Talsohlen locken abwechslungsreiche Langlaufloipen.

Winters wie sommers lockt in der Umgebung von Garmisch-Partenkirchen die **Zugspitze** (2963 m) als Deutschlands höchster Berg Schaulustige und Skiläufer an. (Zugspitz-Zahnradbahn ab Partenkirchen, Eibsee-Großkabinenseilbahn ab Eibsee). Andere Natur-Attraktionen in der Umgebung von Garmisch-Partenkirchen können Sie auf Wanderungen durch die enge **Partnachklamm** (leicht, Ausgangspunkt Olympia-Skistadion in Partenkirchen) oder in der **Höllentalklamm** (schwierig, ab Grainau) entdecken.

Ab Garmisch-Partenkirchen folgt man der B 2 in Richtung Scharnitz mit einem Abstecher zum berühmten Geigenbauerort **Mittenwald** mit dem angeblich schönsten Kirchturm Oberbayerns, der spätgotischen St. Peter und Paul-Kirche, und seinen einzigartigen Lüftlmalereien an den Hausfassaden am Obermarkt.

Verzichtet man auf diesen Abstecher, so geht die Fahrt weiter ab Krün über Wallgau auf der Serpentinenstraße hinauf zum **Walchensee**, dem mit 192 m tiefsten und wohl auch einem der schönsten bayerischen Seen, in dessen grünschimmerndem Wasser sich die umliegenden Berge spiegeln. Bekannt ist der Walchensee für ein technisches Kabinettstück, das Walchensee-Kraftwerk (1923), in dem nachts das Wasser den Berg hinauf gepumpt wird, um dann tagsüber in dicken Röhren hinabschießend die talwärts gelegenen Turbinen anzutreiben.

Vom Walchensee aus geht es die Kehren der **Kesselbergstraße** hinab zum 200 m tiefer gelegenen Kochelsee, einer weiteren Perle des bayerischen Voralpenlandes – überragt vom 1731 m hohen **Herzogstand**. Nahe der Ortschaft **Kochel** gibt es ein kleines Franz-Marc-Museum. Der Mitbegründer der Künstlergruppe „Blauer Reiter" wurde hier auf dem Dorffriedhof neben seiner Frau beigesetzt.

Sein ehemaliges Wohnhaus, noch immer in Privatbesitz, steht im nahen **Ried** kurz vor der großen barocken Klosteranlage von **Benediktbeuren** im Schatten der **Benediktenwand** (1801 m). Das Kloster von Benediktbeuren ist die älteste Gründung des Benediktiner-Ordens in

ganz Oberbayern. Bei Renovierungsarbeiten fand man die romanischen Mauerreste des im 8. Jh. gegründeten Klosters. Als Karl der Große dem Orden die Armreliquie des hl. Benedikt schenkte, entwickelte sich das Kloster zu einer der wichtigsten Pilgerstätten nördlich der Alpen. Hier wurden im 12.-13. Jahrhundert die durch die Vertonung von Carl Orff berühmt gewordenen Texte der *Carmina Burana* verfaßt. Hans Georg Asam, der Vater von Cosmas und Egid, malte das Deckenfresko der Kirche. Als architektonisches Kleinod gilt die Anastasia-Kapelle von J. M. Fischer (1750-53). Die Seitenaltäre schuf Ignaz Günther, das silbervergoldete Reliquiar der hl. Anastasia ist eine Arbeit von Egid Quirin Asam.

Als Abschluß Ihres Wochenendausflugs durch das westliche Oberbayern und zum Ausklang bietet sich ein abendlicher Halt im gemütlichen Biergarten von **Kloster Schäftlarn** an. In der Kirche sind Stuckarbeiten von Johann Baptist Zimmermann und Altäre von J. B. Straub zu besichtigen.

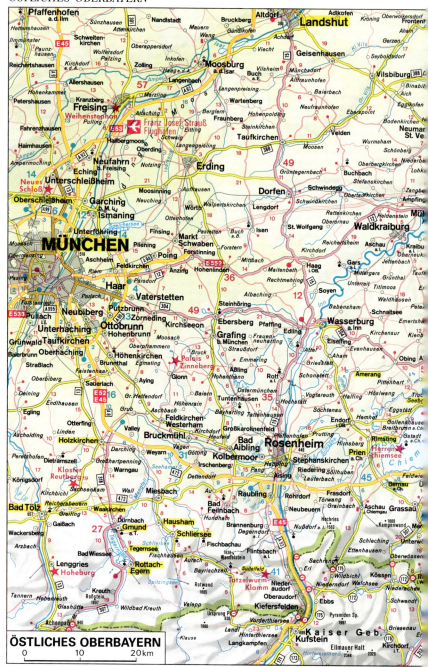

ÖSTLICHES OBERBAYERN

0   10   20km

BERGE UND SEEN

Auch der folgende Ausflug – diesmal ins östliche Oberbayern zu so markanten Punkten wie Tegernsee, Herrenchiemsee oder Königssee – sollte für zwei Tage inklusive einer Übernachtung, am besten in Rosenheim, geplant werden.

Zunächst fahren Sie auf der vielbefahrenen Salzburger Autobahn bis zur Ausfahrt **Holzkirchen**. Von hier aus verläuft die B13 direkt nach Bad Tölz (22 km), und auf halber Strecke lohnt sich allemal ein Halt kurz hinter Sachsenkam. Von hier aus wird man zum Franziskanerinnen-Kloster **Reutberg** gewiesen – und zu seinem herrlichen Biergarten und einer gemütlichen Wirtschaft auf der Anhöhe oberhalb des kleinen Kirchsees (ein Moorsee mit Bademöglichkeit). Einen phantastischen Blick auf das nahe Alpenpanorama gibt es kostenlos dazu.

Nur wenige Autominuten weiter gelangt man dann nach **Bad Tölz**. Die Isar teilt Bad Tölz in zwei sehr unterschiedliche Hälften, die nur durch eine Brücke verbunden sind. Die Altstadt von Tölz konzentriert sich entlang der **Marktstraße**, die steil den Berg hinaufklettert und beiderseits von prächtigen oberbayerischen Bürgerhäusern gesäumt ist. Der Reiz dieser Straße besteht im dichten Nebeneinander von in Pastelltönen gehaltenen Barock- und Rokokofassaden und der behäbigen Bürgerhäuser unter weit vorkragenden Dächern. Ihre Schauseiten sind mit farbenfrohen Lüftlmalereien geschmückt. Am 6. November ist alljährlich die doppeltürmige **Kreuzkirche** mit der Leonhardskapelle hoch oben auf dem Berg Ziel des „Leonhardi-Rittes", einem Ereignis, das Tausende von Schaulustigen anlockt. Jenseits der Brücke liegt der Kurteil der Stadt, dessen Jodquellen den Bürgern beiderseits des Flusses ein gesichertes Auskommen garantieren.

Vorbei an **Reichersbeuern** mit seinem Schloß Sigriz, in dem heute ein Internat untergebracht ist, verläuft die Route wei-

dern auch zum Mittelpunkt des geistig-kulturellen Lebens der ganzen Gegend. Ihre Bibliothek war weit über die Grenzen Bayerns hinaus berühmt; Anerkennung verschafften sich die Mönche auch durch ihr kunsthandwerkliches Können, etwa in der Glasmalerei und Erzgießerei. Das gute Bier im „Herzoglichen Bräustüberl" lockt noch heute die Gäste in Scharen. Lohnend ist auch ein Blick in die Klosterkirche. An der Innenausstattung des ursprünglich romanischen Baus wirkte Johann Georg Asam mit. Oberhalb des Kurzentrums liegt das **Olaf-Gulbransson-Museum**, in dem Werke des norwegischen Malers und Mitarbeiters am *Simplicissimus* (1873-1958) hängen.

Bad Wiessee am gegenüberliegenden Ufer lockt die meisten Kurzzeitgäste mit seinem Spielcasino. Die Pfarrkirche St. Laurentius des Doppelortes **Rottach-Egern** am Südzipfel des Sees hingegen dürfte eines der meistfotografierten Motive Oberbayerns sein.

Wieder in Gmund angelangt, dem Ausgangspunkt unserer Tegernsee-Rundreise, führt die Route weiter zum ehemaligen Kohlebergbauort **Hausham**, leicht zu erkennen am stillgelegten Förderturm des Kohleschachtes, und von dort aus hinüber zum **Schliersee** mit dem gleichnamigen Hauptort. Im Gegensatz zum Tegernsee bietet er sich als preisgünstiges Urlaubsdomizil an.

Knapp zehn Kilometer südlich des Schliersees lohnt sich ein Abstecher zum **Spitzingsee**, einer der beliebtesten Wochenendadressen der Münchner. Zigtausende von Ski-Fans lassen sich dort im Winter mit dem Skilift hinauf zu den herrlichen Abfahrten am Stümpfling oder Taubenstein schleppen.

Auf der Deutschen Alpenstraße Richtung Bayrischzell fahrend, kommt man – gut sichtbar – vorbei am **Wendelstein** (1838 m, Großkabinenbahn ab Bayrischzell) mit seinem herrlichen Panoramablick. Von dort aus geht es in Serpentinen hinauf zum **Sudelfeld**, einem weiteren

ter nach **Waakirchen** und folgt dann hinter dem Denkmal mit dem bayerischen Löwen den Wegweisern nach **Gmund** bzw. **Kaltenbrunn** am Tegernsee. Von „Gut Kaltenbrunn" mit dem Anlegesteg für die Rundfahrtschiffe reicht der Blick bis zum **Wallberg** (1722 m, Kabinenseilbahn), von dem sich wiederum ein herrlicher Blick über den Tegernsee bietet.

Dieser idyllisch gelegene Voralpensee hat sich vor allem seit Beginn dieses Jahrhunderts als eines der bevorzugten Baugebiete für Zweitwohnsitze der Reichen und Prominenten entwickelt, nachdem bereits Künstler wie Ludwig Thoma und Olaf Gulbransson dem Reiz dieser Landschaft verfallen waren. Lange bevor der Tegernsee „in Mode" kam, siedelten dort die Benediktiner – seit dem 8. Jh. nämlich – und machten ihr Kloster im gleichnamigen Ort **Tegernsee** nicht nur zu einem der mächtigsten Bayerns, son-

Oben: Welch ein männlicher Schnurrbart!
Rechts: Nachsaison am Tegernsee.

Wochenend-Skigebiet der Münchner. Als kürzeste und reizvollste Strecke hinüber zum Chiemsee kann die Fahrt durch die **Tatzelwurm-Klamm** empfohlen werden (Mautgebühr). Im Mittelalter mieden die Menschen den Weg durch den feucht-schummrigen Hohlweg, da sie in der fel-senfesten Überzeugung lebten, daß ein „Tatzelwurm" – bayerische Bezeichnung für Drache – dort sein Unwesen trieb.

Am Chiemsee

Als „Bayerisches Meer" bezeichnen die Einheimischen nicht ohne Stolz den 84,5 Quadratkilometer großen **Chiem-see**. Schon die Römer legten an seinen Ufern Siedlungen an, deren ausgegrabe-ne Reste im Römermuseum in **Seebruck** am Nordufer zu besichtigen sind. Wäh-rend des Mittelalters entwickelten sich die Klöster Herren- und Frauenchiemsee zu wichtigen Stützpunkten der Christia-nisierung und Besiedlung des Gebietes. Vom Kloster Frauenchiemsee weiß die Überlieferung zu berichten, daß es im 9.

Jh. von der selig gesprochenen Irmin-gard, der Tochter Kaiser Ludwigs des Deutschen, als Äbtissin geleitet wurde.

Wer mehr als nur einen flüchtigen Ein-druck vom See und seiner reizvollen Um-gebung erleben möchte, sollte mindes-tens für eine Übernachtung die Weiter-fahrt unterbrechen. Als idealer Ausgangs-punkt bietet sich in diesem Fall **Prien** an. Vom Bahnhof aus verkehrt während der Sommermonate zum 2 km entfernten Chiemseehafen **Stock** die Schmalspur-bahn *Feuriger Elias*. Dort legen ganzjäh-rig die Ausflugsdampfer hinüber nach **Herrenchiemsee** ab. Nachweislich wur-de diese Insel schon in vorchristlicher Zeit besiedelt, später ließen sich hier die Benediktiner nieder und gründeten ein Kloster, das im 10. Jh. größtenteils zer-stört wurde. Auf dem Weg vom Anlege-steg zum Neuen Schloß kommt man am ehemaligen Bibliotheksbau, einer kleinen Kapelle und einem Wirtschaftsgebäude (heute ein Ausflugslokal) dieses Klosters vorbei. 1873 kaufte Ludwig II. die Insel einem württembergischen Holzhändler

ab und legte 1878 den Grundstein zu seinem „bayerischen Versailles". Der Plan seines Architekten Georg Dollmann – derselbe, der Neuschwanstein konzipierte – sah für die Fertigstellung des Baues einen Zeitraum von 16 Jahren vor. Beim Tod des Königs (1886) waren aber erst die großen und kleinen Appartements, die Spiegelgalerie mit ihren angrenzenden Sälen sowie das Paradeschlafzimmer und das südliche Prunktreppenhaus fertig. Von den beiden geplanten Seitenflügeln stand nur der nördliche im Rohbau, der dann 1903 abgerissen wurde. In einem Nebentrakt des Schlosses ist heute das **König-Ludwig-Museum** untergebracht. In mehreren Räumen werden hier Fotos des Monarchen, aber auch sehr persönliche Erinnerungsstücke wie sein Taufkleid und seine Totenmaske neben der seines verehrten Freundes Richard Wagner gezeigt. Sehenswert sind auch die Entwürfe zu Bühnenbildern diverser Wagner-Opern.

Nur wenige Minuten dauert die Überfahrt zu der wesentlich kleineren Insel **Frauenchiemsee**, wo die letzten Chiemseefischer hauptsächlich vom Tourismus leben. Mittelpunkt dieser nur 300 Seelen zählenden Gemeinde ist das gleichnamige Frauenkloster mit dem romanischen Münster im Schatten eines achteckigen Glockenturms mit einem Zwiebeldach. Zu den sehenswerten Details der Innenausstattung zählen die romanischen Fresken in den Bogenlaibungen. Westlich des Chiemsees liegt nördlich von Rimsting das Naturschutzgebiet **Eggstätter Seenplatte** mit einer Reihe kleiner und kleinster Seen. Nur an speziell ausgewiesenen Stellen darf dort geschwommen werden – einen ausgiebigen Spaziergang ist diese reizvolle Landschaft aber allemal wert.

In dem größten Renaissance-Innenhof nördlich der Alpen, in Schloß **Amerang**, finden alljährlich im Sommer Konzerte statt. Über **Pavolding** – hier stehen die

Oben: Im Spiegelsaal von Herrenchiemsee. Rechts: Steil ragt der Watzmann über St. Bartholomä am Königssee auf.

236

überlebensgroßen Bronzeplastiken von Prof. Heinrich Kirchner (1902-84) auf der Kuhweide vor seinem Bauernhaus-Atelier – schlängelt sich die Nebenstraße bis zum romanischen **Kloster Seeon**, das zur Zeit der Gotik durch ein himmelstürmendes Netzgewölbe in die Höhe gezogen und während der Renaissance mit farbigem Ornamentschmuck ausgemalt wurde.

Im Berchtesgadener Land

Die letzte Etappe unseres Wochenendausflugs führt vom Chiemsee ins **Berchtesgadener Land**. Ab Bernau zieht sich die landschaftlich überaus reizvolle Strecke der Deutschen Alpenstraße über den bekannten Wintersportort **Reit im Winkl** vorbei an **Ruhpolding** im Schatten des 1648 m hohen Rauschbergs (Kabinenseilbahn) über **Schneizlreuth** bis nach **Bad Reichenhall** mit seinem Kurhaus im Stil der Belle Époque neben dem Kurpark und dem ehemaligen Augustiner-Chorherrenstift St. Zeno.

Über die Schürfrechte des „weißen Goldes" aus dem nur 18 km entfernten **Berchtesgaden**, wie das Salz aus seinen Salinen damals bezeichnet wurde, stritten sich Österreich und Bayern in den vergangenen Jahrhunderten immer wieder bis aufs Blut. Heute suchen in den unterirdischen Stollen nur noch Kurgäste Genesung von Allergien und Erkrankungen der Atemwege. Ein Erlebnis eigener Art ist eine Besichtigung des alten Salzbergwerkes, wenn man, als Bergmann kostümiert, auf der „Hunte" bis zu 500 m tief in das Bergwerk hinabfährt.

Vom Ort **Königssee** aus legen die Motorboote ab zu einer Fahrt über den gleichnamigen See. Mit über sieben Kilometern Länge, eingeschlossen durch die steil ansteigenden Felswände der umliegenden Berge, ist er wohl der schönste bayerische Bergsee. In knapp einer Stunde – das berühmte „Trompetenecho" ist im Fahrpreis inbegriffen – setzt man über

zu der kleinen Landkirche **St. Bartholomä**. Von hier beginnt auch über die sogenannte *Saugasse* der Anstieg hoch zum **Steinernen Meer**. Mit ihren 1800 Metern senkrechtem Fels ist die **Watzmann-Ostwand** natürlich eine große Herausforderung für Bergsteiger. Sie gehört zu den schwierigsten und anstrengendsten Klettertouren in den Ostalpen, an der schon fast hundert Alpinisten ihr Leben ließen.

Besondere Faszination auf die Besucher übt auch der **Obersalzberg** bei Berchtesgaden aus. Zwar sind von dem damaligen Landhaus Adolf Hitlers nur noch die gesprengten Grundmauern zu sehen, aber irgendwie scheint der Ort doch magische Anziehungskraft zu besitzen. Das ebenfalls dort befindliche Gästehaus wurde nach dem Krieg von den Amerikanern in ein Hotel für amerikanische GIs umgebaut. Von hier aus geht es dann auch mittels Steintunnel zu Hitler's „Adlerhorst", dem heutigen **Kehlsteinhaus** (1834 m). Hier bietet sich bei schönem Wetter ein phantastischer Blick auf die Berchtesgadener Bergwelt.

LEBENDIGES MITTELALTER

Nördlich von München, nur 33 km entfernt, liegt die alte Bischofsstadt **Freising** (36.000 Einw.), einst Rivalin des wesentlich später gegründeten München und einzige Stadtgründung der Agilolfinger, die schon um 700 auf dem Domberg residierten, später oft *mons doctus* genannt, weil dort oben zahlreiche Gelehrte wirkten. Auf seinem Gipfel thront der romanische Dom **St. Maria und Korbinian** mit seinen zwei weißen Türmen (1160-1205), der älteste Ziegelbau nördlich der Alpen und das Wahrzeichen der Stadt.

Der Dom ist eine Art Nationalheiligtum der Bayern. Sein Innenraum wurde 1724 von den Gebrüdern Asam im spätbarocken Stil anläßlich der 1000-Jahrfeier des Bistums umgestaltet. Kurfürst Max Emanuel spendete zu diesem Anlaß die gewaltige, 105 Zentner schwere **Korbi-**

Oben: Blick hinauf ins Gewölbe des Freisinger Doms. Rechts: Kriegerischer Aufmarsch bei der Landshuter Fürstenhochzeit.

niansglocke, für deren Metall 40 türkische Geschütze eingeschmolzen wurden. Der Dom beherbergt die älteste romanische Krypta Deutschlands mit der berühmten **Bestiensäule**, um deren Stamm sich Drachen und Dämonen mit bis heute ungeklärter Symbolik ranken.

Ebenfalls sehenswert sind die **Benediktuskirche** (um 1340) mit dem gotischen Marienfenster, die frühgotische **Johanniskirche** (1319) und das **Bischofsschloß** auf den Fundamenten der agilolfingischen Anlage mit den ältesten Renaissenance-Arkaden nördlich der Alpen. Hoch über den Dächern der verwinkelten Altstadt erhebt sich die gotische Hallenkirche **St. Georg**.

Unbedingt einen Ausflug wert ist das bei Freising gelegene Kloster **Weihenstephan**, eine ehemalige (1020 gegründete) Benediktinerabtei. Wie auch in anderen Freisinger Gasthöfen, kann man im Gasthof und Biergarten der Brauerei Weihenstephan die Besonderheiten der bayerischen Küche kennenlernen. Nach Anmeldung kann hier die älteste Brauerei der Welt (1040) besucht werden.

Landshuter Fürstenhochzeit

Das Stadtbild **Landshuts** (55.000 Einw.) wird von den beiden „Altstadt" und „Neustadt" genannten, langen parallelen Straßenzügen mit ihrem mittelalterlichen Erscheinungsbild geprägt, das die 1204 gegründete Stadt zu einer der schönsten Deutschlands macht.

Die **Martinskirche** (in der Altstadt) ist mit ihren 133 Metern Turmhöhe das höchste Backsteingebäude der Welt. Sie wurde während des 14. und 15. Jh. erbaut und enthält einen der Höhepunkte der deutschen Kunst, die **Rosenkranz-Madonna** von Hans Leinberger, die zwischen 1516 und 1520 entstanden ist.

Das Wittelsbacher-Schloß in Landshut, **Burg Trausnitz**, brannte 1960 teilweise nieder und wurde später restauriert. Es ist eine der bedeutendsten und besterhalte-

nen Burganlagen Deutschlands. Bis zum 13. Jh. war es nur eine hölzerne Wehranlage, die Herzog Ludwig I. im Jahr 1204 im gotischen Stil aus Stein erbauen ließ. Die Anlage wurde in den folgenden Jahrhunderten weiter aus- und umgebaut. Man errichtete dabei doppelte Arkadenreihen, die zu den wichtigsten Renaissance-Bauten Deutschlands zählen. Sehr schön erhalten und besonders sehenswert ist die **Narrentreppe** im „italienischen Anbau" der Burg, die der Italiener Scalzi für Herzog Wilhelm V. gemalt hat. Sie zeigt lebensgroße Szenen und Figuren aus der *commedia dell'arte*.

Die **Stadtresidenz** in der Altstadt ließ Herzog Ludwig X. in den Jahren 1537-43 erbauen. Er wurde zu diesem einzigen „Palazzo" nördlich der Alpen während einer Reise nach Mantua inspiriert.

Das **Rathaus** liegt ebenfalls in der Altstadt. Es wurde um 1380 erbaut und später öfters umgebaut. Im Prunksaal befindet sich eine reichgeschnitzte Holzdecke mit phantasievollen Ornamenten aus dem Jahr 1882. In der Altstadt selbst sind

zahlreiche Giebelhäuser aus dem 15. und 16. Jh. erhalten, so das **Pappenberger-Haus** (Altstadt 81) und das **Grasberger-Haus** (Altstadt 300).

Die größte Attraktion jedoch, die Landshut seinen Besuchern zu bieten hat, ist die alle drei Jahre stattfindende (Wieder-)Aufführung der **Landshuter Fürstenhochzeit** von 1475. Dieses riesige historische Schauspiel, wohl das größte Europas, wird 1994 und 1997 wieder inszeniert. Gefeiert wird dabei die Hochzeit Georgs, des Sohnes von Herzog Ludwig dem Reichen mit der polnischen Königstochter Jadwiga. Der Herzog ließ damals acht Tage lang die gesamte Stadtbevölkerung auf seine Kosten bewirten. Heute muß man leider für alles selber bezahlen – aber dafür taucht man für einige Stunden ein in mittelalterliches Lagerleben, Turnierspiele und höfisches Zeremoniell; und natürlich wird man „Augenzeuge" des Umzuges des historischen Brautpaares durch die Innenstadt, bei dem es so „originalgetreu" zugeht, daß sogar Brillen und Armbanduhren verboten sind.

Nelles Maps ...zeigen wo's lang geht.

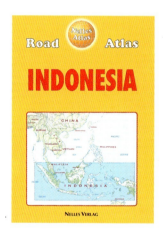

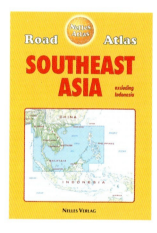

- Afghanistan
- Australia
- Bangkok
- Burma
- Caribbean Islands 1 / Bermuda, Bahamas, Greater Antilles
- Caribbean Islands 2 / Lesser Antilles
- China 1 / North-Eastern China
- China 2 / Northern China
- China 3 / Central China
- China 4 / Southern China
- Crete
- Egypt
- Hawaiian Islands
- Hawaiian Islands 1 / Kauai
- Hawaiian Islands 2 / Honolulu, Oahu

Nelles Maps

- Hawaiian Islands 3 / Maui, Molokai, Lanai
- Hawaiian Islands 4 / Hawaii
- Himalaya
- Hong Kong
- Indian Subcontinent
- India 1 / Northern India
- India 2 / Western India
- India 3 / Eastern India
- India 4 / Southern India
- India 5 / North-Eastern India
- Indonesia
- Indonesia 1 / Sumatra
- Indonesia 2 / Java + Nusa Tenggara
- Indonesia 3 / Bali
- Indonesia 4 / Kalimantan
- Indonesia 5 / Java + Bali
- Indonesia 6 / Sulawesi

- Indonesia 7 / Irian Jaya + Maluku
- Jakarta
- Japan
- Kenya
- Korea
- Malaysia
- West Malaysia
- Manila
- Mexico
- Nepal
- New Zealand
- Pakistan
- Philippines
- Singapore
- South East Asia
- Sri Lanka
- Taiwan
- Thailand
- Vietnam, Laos Cambodia

REISE-INFORMATIONEN

VORBEREITUNGEN

Klima und Reisezeit

Maritime wie kontinentale Einflüsse bestimmen das wechselhafte Münchner Wetter, dessen hervorstechendstes Merkmal der Föhn, ein trocken-warmer, von Süden kommender Fallwind ist. Er ist oft mit einer Fernsicht verbunden, die die Alpen in unmittelbare Nähe der Stadt zu rücken scheint. Die Münchner Niederschlagswerte sind leicht erhöht, Inversionslagen begünstigen die Smog-Bildung. Die Ozonwerte erreichen in jüngster Zeit während sommerlicher Hitzeperioden Spitzenwerte (Ozon-Telefon im Gesundheitsreferat, Tel: 5207365). Die wärmsten Monate des Jahres sind Juni, Juli und August, während der Wintermonate kann es empfindlich kühl werden – -20°C und mehr – und heftige Schneefälle geben. Als beste Reisezeit gelten die Monate April bis Oktober.

Bekleidung

Im Sommer empfiehlt sich leichte Kleidung, wegen der häufig auftretenden Gewitterschauer sollte man auch einen Regenmantel oder -schirm bei sich tragen. Im Winter ist ein warmer Mantel oder Anorak unerläßlich, ebenso wie festes, möglichst wasserundurchlässiges Schuhwerk. In der Übergangszeit sollte man unbedingt mit kälteren Tagen oder Regen rechnen.

Man kann in München durchaus tragen, was einem gefällt, nur in einigen Nobelbars und -restaurants empfiehlt sich gediegene Abendgarderobe.

München - statistisch betrachtet

Die Fläche des Münchner Stadtgebietes erstreckt sich über 310,45 qkm, die Längenausdehnung beträgt 26 km, in der Breite beträgt sie 21 km. Am 1.1.91 lebten in den insgesamt 41 Stadtbezirken 1.278.000 Menschen, der Anteil der ausländischen Mitbürger liegt bei ca. 16 % der Bevölkerung.

ANREISE

Mit dem Flugzeug: Im Mai 1992 wurde der neue *Franz-Josef-Strauß-Flughafen* nördlich von München im „Erdinger Moos" in Betrieb genommen. Tel: 97500, Fax: 97557906; allgemeine Flug-Information: Tel: 97521313; Passagier-Zoll: Tel: 97590860; Verkehrs-Service: Tel: 97521111. Erreichbar ist der Flughafen per Taxi oder aber mit der S-Bahn-Linie S8, die von ca. 3.30 bis 0.55 Uhr im 20-Minuten-Takt zwischen Pasing über Hauptbahnhof, Karlsplatz (Stachus) und Marienplatz zum Flughafen fährt.

Mit der Eisenbahn: Vom Hauptbahnhof kann man vorzugsweise mit Intercity-Zügen (oder ICEs) in alle großen Städte des In- und Auslandes fahren, vom Ostbahnhof aus starten Autoreisezüge in den Norden Deutschlands oder ins europäische Ausland. Reiseauskunft: Tel: 19419; Fahrpreisauskunft: Tel: 554141; Kundendienst: Tel: 1285882; Park & Rail-Reservierungen: Tel: 1285034.

Mit dem Auto: Über die verschiedenen Autobahnen und Bundesstraßen (von Osten: Bundesstraße Passau über Simbach und Mühldorf; von Südosten: Autobahn Salzburg über Autobahndreieck Inntal; von Süden: Bundesstraße Innsbruck, Autobahn Garmisch; von Südwesten: über Kempten, Kaufbeuren, Oberpfaffenhofen; von Westen: Autobahn Karlsruhe über Stuttgart, Ulm, Augsburg; von Norden: Autobahn Frankfurt/Nürnberg über Holledau und Neufahrn).

PRAKTISCHE TIPS

Autovermietung

Avis, gebührenfreie Tel-Nr: 01307733; Internationales Reservierungsbüro, Nymphenburger Str. 61, 80335 München, Tel: 126000-20; am Flughafen, Tel: 9759-7600. *Buchbinder,* Frankfurter Ring 24, 80807 München, Tel: 3006021. *Hertz,* Nymphenburger Str. 81, 80636 München, Tel: 1295001; am Flughafen, Tel:

978860 *Hertz,* Leopoldstr. 194, 80804 München, Tel: 366993; *InterRent Europcar,* Hirtenstr. 14, 80335 München, im FINA-Parkhaus, Tel: 557145; am Flughafen, Tel: 908734; Leopoldstr. 94, Tel: 332525; Berg-am-Laim-Str. 129, 81673 München, Tel: 435003; *Sixt Budget,* am Flughafen, Tel: 97596666; internationale Reservierungen, Tel: 61414480.

Badeseen

Deininger Weiher, im Münchner Süden bei Straßlach gelegener warmer Moorsee. Im Winter kann man dort Schlittschuhlaufen. *Ebersberger Klostersee,* ebenfalls ein Moorsee, erreichbar mit der S-Bahn bis Ebersberg oder mit dem Auto. *Echinger See,* Baggersee mit großflächigen Liegewiesen, S-Bahn bis Eching oder mit dem Auto. *Feldmochinger See,* sehr schöner großer See im Münchner Norden mit Wasserspielplatz für Kinder und Grillmöglichkeit, S-Bahn bis Fasanerie oder Feldmoching, dann ein Stück zu Fuß oder mit dem Auto erreichbar, es stehen vier Parkplätze zur Verfügung. *Feringa-See,* das Münchner Eldorado für Nacktbader und Surfer auf der eigens reservierten Halbinsel; mit der S-Bahn bis Unterföhring, dann aber noch ca. 2 km zu Fuß. Meist überfüllte Parkplätze am See. *Heimstettener See,* Baggersee im Münchner Osten, Gaststätte vorhanden, große Liegewiesen; mit der S-Bahn bis Feldkirchen oder mit dem Auto erreichbar. *Karlsfelder See,* großer Badesee zwischen Dachau und Karlsfeld, nur mit dem Radl oder dem Auto zu erreichen. *Kranzberger See,* familienfreundlicher See mit Freizeitanlagen bei Kranzberg, rund 30 km von München entfernt, mit dem Auto oder dem Fahrrad zu erreichen. *Lerchenauer See,* der Münchner „Stadt-See", schnell zu erreichen mit den Bussen 81 und 83, Haltestelle „Lerchenauer See"; Imbißlokal und Sporteinrichtungen vorhanden. *Olchinger See,* Baggersee bei Olching, erreichbar mit der S-Bahn bis Olching, mit dem Fahrrad oder dem Au-

to. *Unterföhringer See,* schattiger Weiher in den Isarauen mit Kinderspielplatz und Gaststätte, S-Bahn bis Unterföhring und 2 km zu Fuß, oder mit dem Radl/Auto.

Bäder

Die städtischen Freibäder sind von Mai bis Juli täglich von 8.30-20.30, im August von 8.30-20.00 und September von 10.00-18.00 Uhr geöffnet. Für Behinderte gibt es ab 50 % Minderung der Erwerbsfähigkeit Preisermäßigung, wobei die im Schwerbehindertenausweis aufgeführte Begleitperson freien Eintritt hat.

Freibäder: *Dantebad,* Dantestr. 6, 80637 München. *Georgenschwaige,* Belgradstr. 195, 80804 München. *Maria Einsiedel,* Zentralländstr. 28, 81379 München. *Michaelibad,* Heinrich-Wieland-Str. 16, 81735 München. *Prinzregentenbad,* Prinzregentenstr. 80, 81675 München. *Schyrenbad,* Claude-Lorrain-Str. 24, 81543 München. *Ungererbad,* Traubestr. 3, 80805 München. *Sommerbad West,* Weinbergerstr. 11, 81241 München.

Hallenbäder: *Cosima-Wellenbad,* Cosimastr. 4, 81927 München. *Müller'sches Volksbad,* Rosenheimer Str. 1, 81667 München. *Nordbad,* Schleißheimer Str. 142, 80797 München. *Olympia-Schwimmhalle,* Olympiapark, Spiridon-Louis-Ring 21, 80809 München. *Südbad,* Valleystr. 37, 81371 München.

Behinderten - Information

Selbsthilfe-Zentrum München, Auenstr. 31, 80469 München, Tel: 774607. Behinderten-Selbsthilfe e.V., Linus-Funke-Weg, 80995 München, Tel: 1503580. Bayerischer Blindenbund e.V., Arnulfstr. 22, 80335 München, Tel: 594155. Bayerisches Rotes Kreuz (BRK), Seitzstr. 8, 80538 München, Tel: 23731.

Festivals und Volksfeste

Im Januar und Februar wird in München Fasching gefeiert. Alle sieben Jahre treten Mitglieder der Böttcherinnung mit dem charakteristischen, auf die Pestzeit zurückgehenden „Schäfflertanz" auf. Im März findet beginnend am „Josefitag" (19.3.), der Starkbierausschank auf dem Nockherberg statt. Im April und Mai geht es auf die „Auer Dult" und den Maibockausschank der Münchner Brauereien. Alle zwei Jahre im Juni findet die Münchner Musik- und Theater-Biennale statt; jeweils im Juni das Tollwood-Festival (Kleinkunst- und Kulturfestival), daran schließt jährlich das Filmfest im Gasteig an (Juli). Im Juli gibt es dann die Münchner Opernfestspiele und das Ritterturnier in Kaltenberg (S4 bis Geltendorf). Ende Juli, Anfang August kommt es in der Au zur Jakobi-Dult, einer Spielart der Auer Dult. Im August finden Volksfeste in den München vorgelagerten Gemeinden statt, z. B. in Freising, Erding und Dachau. Mitte September bis zum ersten Sonntag im Oktober bestimmt das legendäre Oktoberfest das Münchner Leben. Im Oktober ist dann noch einmal Dult in der Au, diesmal die sog. Kirchweihdult. Im Dezember versetzt der berühmte Münchner Christkindlmarkt auf dem Marienplatz in weihnachtliche Stimmung, zusätzlich gibt es auch in Schwabing und auf dem Rotkreuzplatz kleinere, sehr heimelige Weihnachtsmärkte.

Nähere Informationen hierzu kann man dem monatlich erscheinenden offiziellen Veranstaltungskalender der Stadt München entnehmen, der in Zeitschriftenläden und Kiosken erhältlich ist.

Fluggesellschaften am Flughafen

Aero Lloyd	Tel: 97591000
Alitalia	Tel: 97591150
Air France	Tel: 97591100
American Airlines	Tel: 97591222
Austrian Airlines	Tel: 97591250
British Airways	Tel: 97591333
Canadian Airlines	Tel: 97591350
Delta Airlines	Tel: 97591600
Hapag Lloyd	Tel: 97591758
LTU	Tel: 97810
Lufthansa	Tel: 9752544
El Al Israel Airlines	Tel: 97591700
Garuda	Tel: 97591745
Japan Airlines	Tel: 97591820
KLM	Tel: 97591875
Olympic Airways	Tel: 97592500
SAS	Tel: 97591250
Swissair	Tel: 97592600
TAP Air Portugal	Tel: 97592645
United Airlines	Tel: 97592750

Fundbüros

Fundbüro der Bundesbahn, Hauptbahnhof, Landsbergerstr. 166, Tel: 128-5859 (Funde im Bereich der Bundesbahn).

Fundbüro im Ostbahnhof, Tel: 1288-4409 (Funde im S-Bahn-Bereich).

Fundbüro der Bundespost, Arnulfstr. 195, 80634 München, Zi. 104, Tel: 139552 (Funde im Bereich der Post und in öffentlichen Telefonzellen).

Fundbüro in der Stadtverwaltung, Arnulfstr. 31, 80335 München, Tel: 124080 (Funde auf Straßen und in öffentlichen Verkehrsmitteln).

Geldumtausch

Wechselstuben der DVKB (Deutsche Verkehrs- und Kreditbank) am Hauptbahnhof, 6.00-23.00 Uhr, Tel: 5510837. Am Flughafen: Wechselstube der DVKB, Tel: 9701721. Schmidt's Wechselstube, Bahnhofplatz, 80335 München (Eingang Dachauerstr.), Tel: 557870, Wechselstube am Hauptbahnhof, Schillerstr. 3a, 80336 München, Tel: 598236. Darüberhinaus bei allen Banken und Sparkassen.

Geschäftszeiten / Öffnungszeiten

Die großen Kaufhäuser der Innenstadt haben Mo-Fr durchgehend von 9.00-18.30 Uhr, Sa 8.30-14.00 Uhr geöffnet, am ersten Samstag im Monat („langer Samstag") im Sommer bis 16.00 Uhr, im Herbst / Winter bis 18.00 Uhr, donnerstags bis 20.30 Uhr. Einzelhandelsgeschäfte öffnen zwischen 7.00 und 9.00 Uhr morgens, auch sie halten sich zumeist an den „langen Donnnerstag", oft aber nicht an die „langen Samstage". Da in Bayern ein eigener Feiertagskalender existiert, steht man manchmal vor verschlossener Tür. In diesem Fall muß man sich an die Läden im Untergeschoß des Hauptbahnhofs halten, die zwischen 6.00 und 8.00 Uhr öffnen und zwischen 21.00 und 23.00 Uhr schließen.

Banken und Sparkassen haben zumeist von 8.30-12.30 und 12.30-15.45, und donnerstags bis 17.30 Uhr auf.

Postämter im Stadtgebiet sind mindestens Mo-Fr 8.00 Uhr-12.00 Uhr, 15.00-18.00 Uhr, Sa 8.00-12.00 Uhr geöffnet, die meisten im Innenstadtbereich sogar durchgehend Mo-Fr 8.00-18.00 Uhr. Das Postamt am Hauptbahnhof, Bahnhofsplatz 1, hat rund um die Uhr geöffnet.

Die meisten Münchner Museen sind jeweils dienstags bis sonntags zwischen 9.15 und 17.00 Uhr geöffnet, sie haben feiertags (und montags) geschlossen.

Kinos
Telefonischer Informationsdienst, Tel: 11604. Adressen, Spielpläne und -zeiten der Münchner Kinos können täglich den fünf Münchner Tageszeitungen entnommen werden.

Konsulate
England: British Consulate-General Munich, Amalienstr. 62, 80799 München, Tel: 3816280. *Frankreich:* Möhlstraße 5, 81675 München, Tel: 475016. *Holland:* Konsulat der Niederlande, Nymphenburger Str. 1, 80335 München, Tel: 594103. *Italien:* Möhlstr. 3, 81675 München, Tel: 4180030. *Österreich:* Ismaninger Str. 136, 81675 München, Tel: 9210900. *Schweiz:* Leopoldstr. 35, 80802 München, Tel: 347063. *USA:* Königinstr. 5, 80539 München, Tel: 28881.

Medien
Die großen Münchner Zeitungen sind die *Süddeutsche Zeitung* und der *Münchner Merkur.* Daneben gibt es die Boulevardzeitungen *AZ* (Abendzeitung) und *tz,*

sowie eine München-Ausgabe der *Bildzeitung.* Das Stadtmagazin *Prinz* informiert eher szenebezogen einmal im Monat. Das *Münchner Stadtmagazin* erscheint ebenfalls einmal im Monat.

Die Hörfunkabteilung des BR (Bayerischer Rundfunk) umfaßt vier Programme incl. der Servicewelle Bayern 3. Weiterhin senden folgende Privatsender im Münchner Raum: Antenne Bayern (101,5 MHZ), Radio Charivari (95,5), Radio Gong 2000 (96,3), Radio M1 (104), Radio Today (86,0), Radio Xanadu (93,3).

Messen
Über wichtige Münchner Messen informiert die Münchener Messe- und Ausstelllungsgeselllschaft mbH, Theresienhöhe 13, 80339 München, Postfach 121009, Tel: 51070. Es finden u. a. statt: die *C-B-R* (Caravan/Boot/Reisemarkt), die *Modewoche München* im Februar und im August, die *IHM* (Internationale Handwerksmesse) im März, *Heim und Handwerk* im November / Dezember. Die *ISPO* (intern. Fachmesse für Sportartikel und -mode) läßt sich ebenso wie INHORGENTA (Uhren, Schmuck, Edelsteine) im Frühjahr und Herbst in München nieder. Die *bauma,* Internationale Fachmesse für Baumaschinen und Baustoffmaschinen, einmal pro Jahr. Die Landwirtschaftsausstellung findet jedes Jahr während des Oktoberfestes statt.

Mitfahrzentralen
vom Studentenwerk München gibt es an der Uni-Mensa, Leopoldstr. 15, Tel: 381960. Lämmerstr. 4, 80335 München, Nähe Hauptbahnhof, Tel: 594561. Amalienstr. 87, 80799 München, Tel: 280124. Frauenmitfahrzentrale, Klenzestr. 57b, 80469 München, Tel: 2016410. Fahrdienst von Frau zu Frau, Tel: 7558537.

Notfall
Notruf Polizei 110
Feuerwehr/Notarzt 112
Notarzt Rettungsdienst 777777

Rotes Kreuz/Erste Hilfe/Notarzt 222666
Ärztlicher Notdienst 558661
Giftnotruf 41402211
Apothekennotdienst 594475
Anonyme Alkoholiker 555685
Zahnarztnotdienst 7233093
Zahnarztnachtdienst 1601
Tierarztnotdienst . . . . . 21802634/46.
Notruf für vergewaltigte Frauen 763737
Drogen-Notruf 282822
Schwulen-Notruf: Rosa Telefon 598000
Seelsorge: katholisch 11102
            evangelisch 11101
Selbstmord-Notruf: Die Arche . 334041
Anonyme Aidsberatung der städt.
Gesundheitsbehörde: 520738/5207270
Aids Hilfe e.V. 264361, 269040, 19411

Pannenhilfe
(Stadtpannendienste)
ACE . . . . Tel: 5309069
ADAC . . . . Tel: 19211
Stadt - Pannendienste
        Lübben GmbH . . Tel: 304569
DTC . . . . Tel: 8111212.
(Informationsdienste)
ACE . . . . Tel: 19216
ADAC, Am Westpark 8,
81373 München . . . . . Tel: 76760
Info-Zentrale . . . . . . Tel: 505061
AvD Club Bayern e.V., Wotanstr. 70,
80639 München . . . Tel: 1783064,
DTC, Amalienburgstr. 23,
81247 München . . . . Tel: 8111048.
(Verkehrslotsen)
Autobahn Salzburg . . . . . Tel: 672755
Autobahn Stuttgart . . . . Tel: 8112412

Parkhäuser
Am Färbergraben 5, 80331 München;
Garage am Deutschen Theater, Schwanthalerstr. 10, 80336 München; beim
Kaufhaus Hertie, Leopoldstr.; beim
Kaufhaus Karstadt-Oberpollinger, Neuhauser Str. 44, 80331 München; Mathäser, Schlosserstr., 80336 München; Motorama, Hochstr. 3, 81669 München;
Parkgarage Schwabing, Occamstr. 18,
80802 München; Karlsplatz, 80335 Mün-

chen; Tiefgarage vor dem Nationalthea-
ter. Für Frauen reservierte Parkplätze: In
der Tiefgarage am Gasteig, Rosenheimer
Str. 5, 81667 München, von 8.00-24.00
Uhr, und im Parkhaus am St.-Jakobs-
Platz, Oberanger 35-37, 80331 München.

Sport
Das Städtische Sportamt, Neuhauser
Str. 26, 80331 München, Tel: 2336224
und 2338715 erteilt Informationen über
das Sportangebot der Stadt München.

Bergsteiger wenden sich bitte an den
Deutschen Alpenverein, Praterinsel 5,
80538 München, Tel: 2350900.

Ein besonderes Vergnügen vor allem
für größere Gruppen (max. bis ca. 50
Leute) ist eine **Floßfahrt auf der Isar**
von Wolfratshausen bis nach Thalkirchen, Voranmeldung erforderlich, z. B.
beim Amtlichen Bayerischen Reisebüro,
Landshuter Allee 38, Tel: 1204481.

Golfbegeisterte wenden sich bitte an
den Fachverband der Golfer: Bayerischer
Golf-Verband, c/o Peter von Winkler,
Moosacherstr. 80, 80809 München, Tel:
3520642, oder direkt an die Golfclubs in
München. Im folgenden eine Auswahl:
Münchner Golf-Club e.V., Tölzer Straße,
82064 Straßlach, Tel: 08170/450; Golf-
Club Olching e.V., Feurstr. 89, 82140 Ol-
ching, Tel: 08142/3240; Golf-Club If-
feldorf, Gut Rettenberg, 82393 Iffeldorf,
Tel: 08856/81809.

München hat auch ein Herz für **Pfer-
de**: Ein Besuch der Trabrennbahn Daglfing, Tel: 9300010, gut zu erreichen mit
der S 3 bis Daglfing, ist immer eine kurzweilige Angelegenheit. Die Adresse für
Galopper-Freunde ist die (ehemalige)
Olympiareitanlage Riem, Tel: 907061.

Für die **Radler** bietet München allerhand: Nicht nur, daß das Radl außer in
Stoßzeiten mit in die S- und U-Bahn genommen werden kann, sondern auch diverse Fahrradverleihs erleichtern die Er-
kundung Münchens und seiner Umgebung. Für generelle Auskünfte steht der
ADFC, der Allgemeine Deutsche Fahr-

rad-Club e.V., im Radlerhaus, Steinstr. 17, Tel: 4801001, zur Verfügung. Hier eine Auswahl an Verleihstellen für Fahrräder: Hauptbahnhof: Radius Touristik, Arnulfstr. 3, Tel: 596113, und der Fahrradverleih am Englischen Garten, Eingang Veterinärstraße, Büro: Habsburgerstr. 1, Tel: 397016. Zusätzlich kann man an folgenden S-Bahn-Bahnhöfen ein Fahrrad leihen: Aying (S1), Freising (S1), Fürstenfeldbruck (S4), Geltendorf (S4), Herrsching (S5), Holzkirchen (S2), Starnberg (S6), Tutzing (S6).

Hinweise über Radl-Touren in der Umgebung gibt es beim Fremdenverkehrsamt der Stadt München im Hauptbahnhof und seinen Nebenstellen, sowie in zahlreichen Radl-Führern für München und Umgebung, erhältlich in jeder Buchhandlung oder im Zeitschriftenhandel.

Für **Segeln** und **Surfen** ist der Bayerische Segler-Verband, Georg-Brauchle-Ring 93, 80992 München, Tel: 15702366 zuständig. Hervorragend zum Segeln und Surfen eignen sich die großen Seen in der Münchner Umgebung.

Tennis kann man im Münchner Stadtgebiet auf den verschiedensten Anlagen spielen, die großen Sportgeschäfte wie z. B. Sport-Scheck geben hier gerne Auskunft, man kann sich auch an Münchner Tennisschulen wenden, z. B.: Park Club Nymphenburg, Stievestr. 15, 80638 München, Tel: 1782055, oder TSC Moosach, Günzburger Str. 46, Tel: 1492875.

Wintersportler wenden sich an das ADAC-Schneetelefon, Tel: 76762556 oder an den Deutschen Alpenverein, Alpin-Auskunft, Tel: 294940. Eislaufen kann man Oktober–Juni im Olympia-Eisstadion und im Prinzregenten-Stadion.

Stadtrundfahrten

Bei folgenden Adressen können Stadtrundfahrten gebucht werden: Panorama Tours, Arnulfstr. 8, 80335 München, Tel: 591504. Die kleine Stadtrundfahrt dauert 1 Stunde, die große 2 1/2 Stunden. Zusätzlich gibt es eine Olympia-Tour. Auch Autobus Oberbayern bietet Stadtrundfahrten an: Lenbachplatz 1, 80333 München, Tel: 558061. Radius Touristik am Münchner Hauptbahnhof (Gleis 35), Tel: 596113, vermittelt Stadtrundgänge zu Fuß und mit dem Rad. City Hopper Touren, c/o Stefanie Pokorny, Hohenzollernstr. 95, Tel: 2721131, ist auf Stadtführungen per Rad spezialisiert. Thematische Stadterkundigungen, Stadtteil- und Kinderführungen bieten Stadtreisen e.V., Tel: 2718940 an. Der Fremdenverkehrsverband Oberbayern e.V., Sonnenstr. 10, 80331 München, Tel: 597347, informiert über Ausflüge zu sehenswerten Nahzielen in der Umgebung.

Taxiruf

Taxi-Vorbestellungen bitte über die Zentrale, Tel: 21610 und 19410; Besorgungsaufträge werden entgegengenommen unter Tel: 216157 und 264220. Auf Wunsch lassen sich Kleinbus- oder Kombi-Taxis mieten. Telefonnummern und Standplätze für die Stadtteil-Taxis entnehmen Sie bitte den Info-Boxen.

Telekommunikation

Das Postamt am Bahnhofsplatz 1, 80335 München, Tel: 53882732 ist rund um die Uhr geöffnet. Die Schalterhalle verfügt über 10 Telefonkabinen mit Geldhinterlegung (7.00-23.00 Uhr), d. h., Sie können einen Geldbetrag in verschiedener Währung hinterlegen, der im Anschluß an das Gespräch verrechnet wird, sowie über 2 Münz- und 14 Kartentelefone. Es gibt ein öffentliches Schreibtelefon für Gehörlose, eine Telex- und Telefaxstelle (7.00-23.00 Uhr), und auch das Einlösen von Schecks und der Geldumtausch ist rund um die Uhr gewährleistet (23.00-7.00 Uhr ist ein Nachtschalter geöffnet). Das Telefonieren im übrigen Stadtgebiet ist von öffentlichen Telefonzellen möglich, hier gibt es einen hohen Anteil an Kartentelefonen; Telefonkarten (DM 12.- oder DM 50.-) sind bei jedem Postamt oder bei den Kartenvorkaufsstellen im Marienplatz-Untergeschoß erhältlich. Die gebührenfreie Rufnummer der Auslandsauskunft: 00118, Inlandsauskunft: 01188 (nicht gebührenfrei, in der Telefonzelle 30 Pfennig einwerfen!). Das Telefonieren von Gaststätten und Restaurants aus kostet erhöhte Gebühren.

Touristen-Information

Auskünfte erteilt das Fremdenverkehrsamt der Stadt München mit seinen Auskunftsstellen: Sendlinger Str. 1, Tel: 23911; Hauptbahnhof, Südausgang Bayerstr., Tel: 2391256/57; Auskunftsstelle am Flughafen, Tel: 97592815; sowie der Fremdenverkehrsverband Oberbayern e.V., Sonnenstr. 10, Tel: 597347. Außerdem unterhält das Fremdenverkehrsamt ein mehrsprachiges Touristentelefon: in deutscher Sprache Tel: 239161, in englischer Sprache Tel: 239171, in französischer Sprache Tel: 239181, Informationen über Kongresse, Tagungen, Messen, Ausstellungen Tel: 239162.

Unterkunft

In München gibt es in ca. 350 Hotels und Pensionen mit insgesamt etwa 37.000 Betten; es empfiehlt sich trotzdem, so bald wie möglich zu reservieren. **Zimmervermittlung**: Hauptbahnhof, Südausgang Bayerstr., Tel: 2391256/57, 8.00-22.00 Uhr, So 11.00-19.00 Uhr. Flughafen, Touristen-Information und Zimmervermittlung, Tel: 97592815, 8.30-22.00 Uhr, So 13.00-21.00 Uhr.

Luxushotels: **Arabella-Hotel**, Arabellastr. 5, 81925 München, Tel: 92320. **Arabella-Westpark**, Garmischer Str. 2, 80339 München, Tel: 51960. **Bayerischer Hof**, Promenadeplatz 2-6, 80333 München, Tel: 21200. **Continental Grand Hotel**, Max-Joseph-Str. 5, 80333 München, Tel: 551570. **Eden-Hotel-Wolff**, Arnulfstr. 4, 80335 München, Tel: 551150. **Excelsior**, Schützenstr. 11, 80335 München, Tel: 551370. **Park Hilton**, Am Tucherpark 7, 80538 München, Tel: 38450 und **City Hilton**, Rosenheim-

erstr. 15, 81667 München, Tel: 48040. **Holiday Inn**, Leopoldstr. 194, 80804 München, Tel: 381790. **Marriott**, Berliner Str. 93, 80805 München, Tel: 360020. **Palace**, Trogerstr. 21, 81675 München, Tel: 4705091. **Penta**, Hochstr. 3, 81669 München, Tel: 48030. **Prinzregent,** garni, Ismaninger Str. 42-44, 81675 München, Tel: 416050. **Rafael, Grand Hotel**, Neuturmstr. 1, 80331 München, Tel: 290980. **Sheraton**, Arabellastr. 6, 81925

248

Münchner Verkehrs- und Tarifverbund

München, Tel: 92640. **Vier Jahreszeiten Kempinski**, Maximilianstr. 17, 80539 München, Tel: 230390.

Kleinere Hotels: **Bauer,** garni, Kidlerstr. 32, 81371 München, Tel: 746190. **Blauer Bock**, Sebastiansplatz 9, 80331 München, Tel: 231780. **Bonifatiushof**, St.-Bonifatius-Str. 4, 81541 München, Tel: 6917105. **Caravelle,** garni, Occamstr. 24, 80802 München, Tel: 333086. **Europäischer Hof**, Bayerstr. 31, 80335

München, Tel: 551510. **Grünwald,** garni, Altostr. 38, 81245 München, Tel: 8633026. **Isartor,** garni, Baaderstr. 2-4, 80469 München, Tel: 292781. **Köberl**, Bodenseestr. 222, 81243 München, Tel: 876339. **Modern**, Schillerstr. 16, 80336 München, Tel: 594771. **Orly**, Gabrielenstr. 6, 80636 München, Tel: 225533. **Renata,** garni, Lämmerstr. 6, 80335 München, Tel: 555785. **Stefanie,** garni, Türkenstr. 35, 80799 München, Tel:

249

284031. **Westend,** garni, Landsberger Str. 20, 80339 München, Tel: 504004.

Hotelpensionen und Pensionen: **Alba,** Mühlbauerstr. 2, 81677 München, Tel: 472458, **Am Hofgarten,** Wurzerstr. 9, 80539 München, Tel: 229004-05. **Am Kaiserplatz,** Kaiserplatz 12, 80803 München, Tel: 349190. **Am Siegestor,** Akademiestr. 5, 80799 München, Tel: 399550/51. **Brunner,** Untere Mühlstr. 13, 80999 München, Tel: 8131528. **Isabella,** Isabellastr. 35, 80796 München, Tel: 2713503. **Josefihof,** Trivastr. 11, 80637 München, Tel: 151187. **Mainburg,** Mainburger Str. 62, 81369 München, Tel: 7148318. **Steinberg,** Ohmstr. 9, 80802 München, Tel: 331011. **Westfalia,** Mozartstr. 23, 80336 München, Tel: 530377/78.

Campingplätze: **Langwieder See,** Eschenrieder Str. 119, 81249 München, Tel: 8641566. **Obermenzing,** Lochhausener Str. 59, 81247 München, Tel: 8112235. **Thalkirchen,** Zentralländstr. 49, 81379 München, Tel: 7231707.

Jugendherbergen : **CVJM-Jugendgästehaus,** Landwehrstr. 13, 80336 München, Tel: 5521410, **Haus International,** Elisabethstr. 87, 80797 München, Tel: 120060. **Jugendhotel Marienherberge,** Goethestr. 9, 80336 München, Tel: 555891. **Kolpinghaus St. Theresia München e.V.,** Hanebergstr. 8, 80637 München, Tel: 126050. **DJH München,** Wendl-Dietrich-Str. 20, 80634 München, Tel: 131156. **DJH Jugendgästehaus,** Miesingstr. 4, 81379 München, Tel: 7236550/60.

Verkehrsmittel

S-Bahnen, U-Bahnen, Busse und Straßenbahnen sind im Münchner Verkehrs- und Tarifverbund (MVV), Thierschstr. 2, 80538 München, Tel: 238030, zusammengefaßt. Das Stadtgebiet erstreckt sich auf zwei innere, ringförmige Tarifzonen, und die Region München schließt daran mit drei weiteren Tarifzonen an. Für den Innenraum (auf den Zonenplänen in den U- und S-Bahnhöfen ist er blau markiert) entwertet man vor Antritt der Fahrt an den Automaten am Eingang der S-und U-Bahnhöfe oder in den Bussen und Straßenbahnen einen Einzelfahrschein oder einen Streifen auf einer Streifenkarte. Für Fahrten jenseits des inneren Stadtgebietes kann man sich über die Anzahl der zu entwertenden Streifen in jedem S- und U-Bahnhof an Übersichtstafeln und Tarifschemaplänen informieren. Kinder (und Hunde) fahren zu ermäßigten Preisen, und es gibt in den Sommermonaten spezielle Angebote des MVV, wie z. B. eine kombinierte MVV- und Seenkarte (Weißblaue Kombikarte, Ende Mai–Mitte Oktober), die zusätzlich zur Beförderung die Benutzung von Ausflugsbooten auf dem Starnberger See und dem Ammersee erlaubt. Für Kurzurlauber ist eine Tageskarte zu empfehlen, die es sowohl für den Innenraum als auch für das ganze Tarifgebiet des MVV gibt. Sie gilt Mo-Fr ab 9.00 Uhr und am Wochenende sowie an Feiertagen für bis zu fünf Personen (max. 2 Erwachsene) und einen Hund. Fahrräder können in S- und U- Bahnen zu folgenden Zeiten mitgenommen werden: Mo-Fr außer 6.00-8.30 Uhr und 15.00-18.30 Uhr, Sa, So, feiertags ganztägig. Einzel- und Mehrfachfahrscheine sowie Tageskarten kann man an den Automaten im S- und U-Bahn-Bereich, bei den MVV-Verkaufsstellen, z. B. im Untergeschoß vom Hauptbahnhof, Karlsplatz (Stachus), Marienplatz, oder in Zeitschriftenhandlungen kaufen.

Zu beachten sind die Höchstfahrzeiten, also der Gültigkeitszeitraum ab Entwertung (je nach Zonenanzahl verschieden). Mit einem entwerteten Fahrschein darf man nur in eine Richtung fahren; bei Richtungswechsel oder Rückfahrt muß – außer bei einer Tageskarte – ein neuer Fahrschein entwertet werden.

AUTOREN

Andreas Ascher ist ein gebürtiger Münchner und lebt als freiberuflicher Autor in seiner Heimatstadt – vornehmlich in ihren Biergärten.

Joachim Chwaszcza lebt seit 1974 in München als freiberuflicher Autor und Fotograf.

Petra Englmeier studiert Geschichte und Sozialgeschichte an der Universität München. Ihre Artikel in diesem Buch waren ihr Debüt als Autorin.

Brigitte Henninges ist freiberufliche Reise- und Fotojournalistin und lebt in München, das sie wie ihre Westentasche kennt.

Peter Herrmann, Herausgeber dieses Buches, ist gebürtiger Münchner und wohnt dort als freiberuflicher Übersetzer und Autor im Westend.

Gert Hirner ist freiberuflicher Reisejournalist und Fotograf sowie Autor von fünf Wanderführern über Kreta, die Peloponnes und Korsika. Sein ständiges Domizil ist München - Schwabing.

May Hoff studierte Publizistik. Nach diversen Auslandsaufenthalten kehrte sie immer wieder in ihre Wahlheimat München zurück. Sie lebt und arbeitet hier seit über zwanzig Jahren als Reisejournalistin und Redakteurin.

Hans und Inge Obermann haben Archäologie, Geologie und Völkerkunde studiert. Sie arbeiten als freie Autoren in München und sind in der Erwachsenenbildung in den Bereichen Kunst, Religion und Philosophie tätig.

Dr. Sabine Tzschaschel hat im Fach Sozialgeographie promoviert und lange Zeit in München gelebt, ehe sie nach Madrid umsiedelte. Sie war vor ihrer Mitarbeit an diesem Buch Herausgeberin der *Nelles Guides Spanien*.

Rainer Vestner ist ein echter „Wahlmünchner" und lebt quasi aus Überzeugung seit 1966 in München als freier Autor und Fotograf, obwohl er eigentlich Weinhändler ist.

FOTOGRAFEN